国家级职业教育规划教材

全国中等职业学校商务文秘专业教材

统计与会计基础知识（第三版）

主编　李玉玲

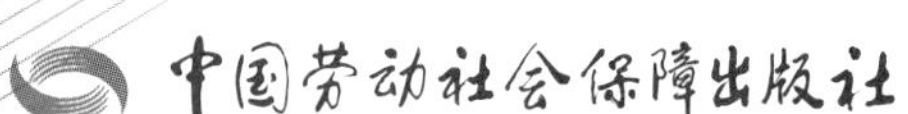

简介

本书为全国中等职业学校商务文秘专业教材，内容包括统计概述、统计调查、统计整理、统计综合指标、统计实务专题、会计概述、企业基本业务会计处理、会计账务处理流程及会计实务专题等。书中设置有想一想、点拨、知识窗、课堂活动等栏目。本书内容实用，难易适中，贴合中等职业学校教学实际，并与我国财税政策的最新变化保持一致。

本书由李玉玲任主编，牛莉萍任副主编，赵华丽、魏合瑜、孙璇、沈慧参与编写，刘梅任主审。

图书在版编目（CIP）数据

统计与会计基础知识 / 李玉玲主编. -- 3 版. -- 北京：中国劳动社会保障出版社，2020

全国中等职业学校商务文秘专业教材

ISBN 978-7-5167-4432-1

Ⅰ. ①统…　Ⅱ. ①李…　Ⅲ. ①统计学－中等专业学校－教材②会计学－中等专业学校－教材　Ⅳ. ①C8②F230

中国版本图书馆 CIP 数据核字（2020）第 188676 号

中国劳动社会保障出版社出版发行

（北京市惠新东街 1 号　邮政编码：100029）

*

北京市艺辉印刷有限公司印刷装订　新华书店经销

787 毫米 ×1092 毫米　16 开本　15.5 印张　286 千字

2020 年 10 月第 3 版　　2024 年 5 月第 2 次印刷

定价：33.00 元

营销中心电话：400-606-6496

出版社网址：http://www.class.com.cn

http://jg.class.com.cn

前 言

PREFACE

全国中等职业学校商务文秘专业教材自出版以来，在学校教学中发挥了重要作用。近年来，随着秘书行业的发展变化，企业对从业人员的知识水平和职业能力提出了更高的要求。为适应这一变化，满足学校培养人才的需求，我们组织一批教学经验丰富、实践能力强的教师与行业、企业专家，在充分调研的基础上，对现有教材进行了修订。

本次教材修订工作的重点主要体现在以下几个方面：

◆更新教材内容。根据近年来秘书工作领域的变化，在相关教材中，调整、更新了关于档案管理、办公设备使用、会计统计应用等内容；补充了与时代发展紧密相关的秘书工作案例；完善了秘书应用写作、口语交际训练等工作流程，使得教材内容更加具有前瞻性，符合时代发展特点。

◆强化职业技能和职业素质培养。教材进一步加大技能训练的比重，在涉及到文书管理、档案管理、实务管理等主要秘书工作技能的教材中，更多地加入实践题例和操作指导，方便教师开展一体化教学。同时，将与秘书行业相关的职业道德、职业操守等内容融入到教学知识、课堂问答、课后训练等环节，以加强对学生职业素质的培养。

◆提升教材表现力。通过设置案例分析、知识链接、能力提示等不同栏目，增加教材的亲和力，激发学生的学习兴趣。同时，尽可能多地以图表代替冗长的文字叙述，使教材更加生动，易于学习。

◆加强立体化资源建设。习题册修订和教材修订同步进行，同时补充开发配套的电子课件。习题册答案及电子课件可登录技工教育网（jg.class.com.cn），搜索相应的书目，在相关资源中下载。

本套教材的编写得到了有关学校的大力支持，教材的编审人员做了大量的工作，在此，我们表示衷心的感谢！同时，恳切希望广大读者对教材提出宝贵的意见和建议。

人力资源社会保障部教材办公室

目 录
CONTENTS

part

01

第一章 统计概述

学习目标

- 了解统计的含义及其作用
- 了解统计的研究对象、研究过程和主要研究方法
- 了解总体、总体单位、变量和变异的概念
- 初步掌握统计指标和标志的设计方法

第一节 统计的内涵

一、统计的含义

统计一词包括统计工作、统计资料和统计科学三个方面的含义。

统计工作是对社会客观现象进行数量方面调查、研究的一种社会实践活动。

例如：要了解我国人口情况，统计部门首先要编制调查表，设计调查项目；然后，派调查人员逐户调查，再对调查结果进行汇总、分析；最后，得出我国人口的各种总量指标、构成指标及反映人口发展变化情况的指标等。以上一系列的活动就是统计工作。

统计资料是指各种统计数据和相关的分析资料，是统计工作的结果。例如，表 1–1 是对某省历届全运会战绩进行统计后得到的统计资料。

表 1-1　　某省历届全运会战绩统计资料

届次	名次	金牌数	奖牌数
第一届	15	4	28
第二届	10	9	29
第三届	7	13	43
第四届	7	28	72
第五届	3	22	61
第六届	3	32.5	81.5
第七届	1	44	136
第八届	2	39.5	112.5
第九届	2	41	101
第十届	5	31	99

统计科学是关于如何收集、整理、分析、使用统计资料的理论和方法。

统计工作、统计资料、统计科学三者之间有着密不可分的关系。统计工作的结果是统计资料，统计资料和统计科学的基础是统计工作，统计科学既是统计工作经验的理论概括，又是指导统计工作的原理、原则和方法。它们之间的关系如图 1-1 所示。

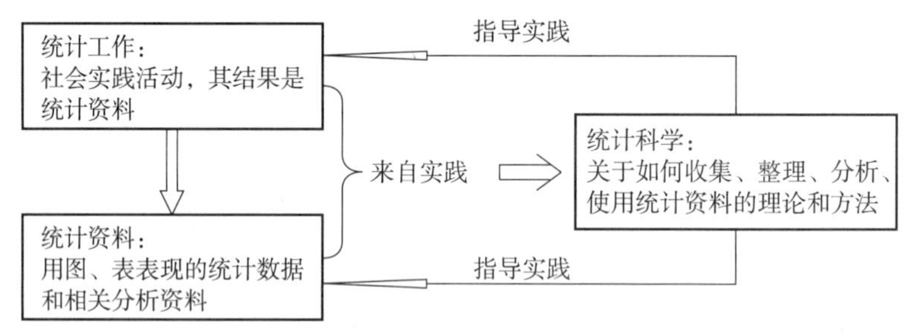

图 1-1　统计三个方面含义的关系

二、统计的研究对象

统计的研究对象是客观现象总体的数量特征和数量关系，它主要具有三个特点，即数量性、总体性、具体性。

数量性是指统计用大量的数据资料说明事物的规模、水平、结构、比例关系、差别程度、普遍程度、发展速度等。

总体性是指统计研究的成果或结论是表明大量或足够多个体的综合、整体的状况，而不是某一个或几个个体的状况。尽管在统计研究过程中也会注意到个体之间的差别，有时还会从个别典型入手研究总体的规律，但最终还是要分析、归纳出反映总体本质特征的综合数据。

具体性是指统计研究的数据不是抽象的数字，每一个数据都包含着事物在一定时间地点条件下的状况，都有具体的内容。因此，了解和分析统计公式中各个因素代表的具体内容，是学习和掌握统计学、做好统计工作中必须注意的一个问题。

想一想?

数学运算中$\frac{1}{2}+\frac{1}{2}=1$。统计研究中如果有$\frac{1}{2}$的企业亏损，有$\frac{1}{2}$的企业盈利，是否还能这样计算?

为什么统计要以客观现象总体的数量特征与数量关系作为其研究对象? 这是因为，统计研究要认识的是事物的本质特征，在很多情况下，用具体的数据描述事物可以使人更容易理解和认识事物。

例如，分别用语言和具体的数据描述举世闻名的科学家爱迪生。

描述 1：爱迪生是举世闻名的美国电学家和发明家。他非常勤奋好学，常常夜以继日、废寝忘食、不知疲倦地思考和工作，发明了许多有价值的东西，对人类的生活影响特别大。

描述 2：爱迪生是举世闻名的美国电学家和发明家。他一生的发明有 1 100 多项，其中最大的贡献是发明了留声机和自动电报机，以及改进了白炽灯和电话。他经常每天工作十八九个小时。每当有新想法时，无论自己是在干什么，他都会随时掏出 200 页厚的笔记本记下一闪而过的想法。这样的笔记本，爱迪生一生共用了 3 000 多本。

上面两种描述哪一种更具体、更清晰、更生动? 答案是不言而喻的。可以看出，用具体的统计数据对事物进行研究和描述，能够更加生动、形象、真实地揭示事物的本质。

三、统计研究过程和统计研究方法

1. 统计研究过程

统计研究一般需要经过设计、调查、整理、分析和提供服务五个阶段，其中调查、整理、分析是最主要的阶段，具体见表 1–2。

表 1-2　　统计研究过程

阶段	主要任务
统计设计	对统计研究的单个环节或整个过程进行通盘考虑，设计具体环节，做出全面安排。其中，统计指标和指标体系的设计是最为重要的
统计调查	有计划、有组织地收集统计原始资料
统计整理	审核、汇总大量的原始资料，使其系统化、条理化
统计分析	运用各种统计指标对总体现象进行描述、评价、预测
提供服务	建立、管理统计自动化信息库，为政府及社会公众提供信息，为国家宏观调控提供依据，为企业经营管理和决策提供信息

2. 统计研究方法

统计研究方法多种多样，包括大量观察法、分组法、综合指标法等。不同研究阶段使用的方法各有侧重。

表 1–3 简单列举了统计研究主要阶段用到的主要研究方法。这些方法的具体运用将在后面的章节中进行介绍。

表 1-3　　统计研究主要阶段用到的主要研究方法

主要阶段	主要研究方法
统计调查	大量观察法、方案调查法、问卷调查法等
统计整理	分组法、手工与计算机汇总法、统计图表设计绘制方法等
统计分析	综合指标法、动态分析法、相关分析法、抽样推断法等

四、统计的职能和作用

现代统计在政府决策、企业投资、学术研究、媒体传播等方面都发挥着越来越重要的作用。

1. 统计的职能

统计主要有信息管理、咨询和监督三大职能。

（1）信息管理职能

统计的信息管理职能是指系统地收集、整理、积累和提供大量以数量描述为基本特征的信息资源。

（2）咨询职能

统计的咨询职能是指利用已掌握的丰富的信息资源，运用科学方法进行综合分析，为科学决策和管理提供依据和建议。

（3）监督职能

统计的监督职能是指利用统计信息，对社会经济的运行状态进行定量检查、监测和预警，揭示社会经济运行中出现的偏差，提出矫正意见，预警可能出现的问题，提出对策，促进社会经济良性、可持续发展。

2. 统计的作用

（1）为宏观经济管理提供依据

统计能为科学制订国民经济中长期计划或规划、进行宏观管理提供可靠的依据，并对国民经济的运行实施全面及时的宏观监控。

（2）为企业经营管理和决策提供信息

市场经济条件下，企业有了充分的经营管理自主权，但这并不意味着企业经营管理决策可以随意而定，企业需要根据市场情况和自身的条件进行科学决策与科学管理。这就需要有充分、真实的信息和正确的分析作为决策和管理的依据，而统计就能为企业的经营管理和决策提供及时全面的信息。

第二节　统计常用术语

总体、总体单位、标志、指标等是统计研究与学习中的常用术语。下面结合例 1–1 初步认识这几个重要的术语。

例 1–1

某校要了解新生第 10 班 50 名学生的基本情况，以便学生之间、学生与教师之间能尽快相互了解。于是，学校打算进行一次调查统计，具体包括每位学生的姓名、性别、年龄、籍贯、政治面貌、住校情况、业余爱好、喜欢的饭菜等。

在本例中，调查统计的范围是某校新生第 10 班的全部学生（即总体），该班的每一位学生即总体单位，学生的一些基本情况如姓名、性别、年龄、籍贯、政治面貌、住校情况、业余爱好、喜欢的饭菜等即标志，汇总整理后得出反映全班学生情况的项目及数据即指标。

一、总体和总体单位

1. 总体

统计总体是指由许多客观存在、性质相同的个体单位构成的整体，简称为总体。统计总体具有同质性、大量性、差异性等特性。

同质性指组成总体的个体具有某些共同性质。

大量性指构成总体的个体应有足够多的数量，因为只有通过对大量个体的观察，才能消除个别个体表现出的偶然因素的影响，显示出总体的本质特征。

差异性又称变异性，是指组成总体的个体除了有某些或某个相同的性质以外，在其他方面存在着大量的差别。

例如，对于例 1–1 中提到的某校新生第 10 班全体学生这个总体，可理解如下：假设全班 50 名学生都是新入校的，而且都想学习某个专业，这就是所谓的同质性；如果只选择 1～2 名或者 3～5 名学生代表全班，就是以偏概全，所以需要了解大部分学生或者全部学生的情况，这就是所谓的大量性；这 50 名学生除了具备同年入学、同一个专业这两个共同性外，在其他诸多方面都存在着差别，这就是所谓的差异性。

2. 总体单位

总体单位是指构成总体的各个单位，简称个体。统计研究离不开统计调查，而统计调查是对总体单位做调查，即对一个个统计个体做调查。因此，总体单位是各项统计资料最原始与最关键的提供者，对统计资料的真实性有着决定性的影响。

讨论确定下面题目中的总体与总体单位。

（1）调查了解本班学生的基本情况。

（2）调查了解本班学生的学习情况。

（3）调查了解本班学生对学校伙食的意见和要求。

（4）调查了解本校食堂的卫生及饭菜质量状况。

（5）调查了解本班今日的卫生状况。

（6）调查了解本校今日的卫生状况。

（7）调查了解本地区工业企业的生产经营情况。

（8）调查了解本地区工业企业生产设备的利用情况。

（9）调查了解本地区上半年交通状况。

（10）调查了解某热电厂上个季度生产经营情况。

（11）调查了解某企业上月产品质量状况。

（12）调查了解某养殖户所饲养的鱼的生长状况。

在上述第（5）（6）两个题目中，本班负责的卫生区域是总体还是总体单位，会随着研究目的的不同而变化——在第（5）题中是总体，但在第（6）题中是总体单位。因此，不能机械地认识上述题目中的总体与总体单位，而应通过讨论对其真正理解。

点拨

总体和总体单位的确定

从上述内容可见，总体和总体单位不是固定不变的，研究目的与任务变了，调查的范围就随之扩大或缩小。原来的总体可能会转变为总体单位，或者总体单位转变为总体。准确无误地确定总体和总体单位的关键是明确具体的研究目的与任务。

二、标志和指标

1. 标志

（1）标志的概念

标志是反映总体单位特征的名称和具体表现。例如，在例 1–1 中，总体是该班所有学生，总体单位是该班每一位学生，所调查的姓名、性别等几项内容在统计研究中被称为标志。

（2）标志的类型

标志可分为品质标志和数量标志两大类。品质标志是表明总体单位不能量化的特征的名称，具体用文字表现；数量标志是表明总体单位数量特征的名称，具体用数值表现。

例如，在例 1–1 中，调查统计内容中的年龄为数量标志，其他几项为品质标志。

（3）标志表现

标志表现是指在标志名称的后面所列示出来的属性或数量。例如，姓名有张三、李四、王五等，年龄有 15、16、17 等。这些具体的文字或数值就是标志表现。

2. 指标

（1）指标的概念

指标是表明总体综合数量特征的概念与数值。例如，假设在例 1–1 中得到反映 50 名学生基本情况的几项数据，将其汇总后得到若干指标，见表 1–4。

表 1–4　某班学生基本情况统计表

指标名称	总人数	男生	住校	喜欢篮球	喜欢上网	喜欢套餐	喜欢美食
人数（人）	50	20	40	10	30	35	15
占总人数的百分比（%）	—	40	80	20	60	70	30

（2）指标的要素

说明具体现象总体特征的指标通常包括时间、空间、指标名称、数据、计量单位五个方面的内容。这些内容就称为指标要素。

例如：本学期（时间）　本班学生（空间）　总人数（指标名称）　50（数据）　人（计量单位）

例如：2017 年（时间）　我国（空间）　国内生产总值（指标名称）　820 754.3（数据）　亿元（计量单位）

资料来源：《中国统计年鉴 2019》。

如果统计表格的总标题或表注中已经给出时间、空间、计量单位，那么通常只列出指标名称与数值。

（3）指标的类型

统计指标可以依照不同的标准进行分类，见表 1–5。

表 1–5　统计指标的类型

分类标准	类型	含义	实例
反映总体的特征	数量指标	反映总体规模大小、量的多少等外延特征的指标，表现为绝对数	人口总量、土地面积、产品产量、商品销售额、考核成绩等
	质量指标	反映总体强度、效果、变化速度、比例关系等内涵与质量特征的指标，表现为相对数、平均数	人口密度、发展速度、增长速度、劳动效率、平均工资、平均分数、及格率等

续表

分类标准	类型	含义	实例
表现形式	总量指标	反映总体规模大小的综合指标，表现为绝对数	总人数、总成绩、总产量、总面积、总金额等
	相对指标	两个有联系的指标的比值，表现为系数、倍数、百分数、千分数、复名数等	人口密度、发展速度、比重、人口自然增长率等
	平均指标	总体标志总量与总体单位总量的比值，表现为平均值	平均成绩、平均工资、平均亩产、单位成本等
功能	描述指标	反映社会生产、生活过程和结果的指标	年末人口总量、就业人数总量、国内生产总值、居民文化程度等
	评价指标	对社会生产生活过程、结果进行比较、评估、考核的指标	劳动生产率、资金利润率、国民生产总值增长率等
	预警指标	对宏观经济运行进行监测预报的指标	物价指数、失业率、进出口贸易额等
反映现象的性质	实体指标	反映具有实体形态、客观存在的总体数量特征的指标	粮食产量、从业人数、商品销售量等
	行为指标	反映某种行为数量特征的指标	工伤事故数量、缺勤率、电视收视率、考核成绩等
数据依据	客观指标	可以通过实际度量或计数来取值、具有具体性的指标	粮食产量、从业人数、商品销售量等
	主观指标	凭人们的主观估计、评价进行取值的指标	比赛中的评委打分、顾客满意度、经理人信心指数等

点拨

统计的语言是数据，这里的数据指的是统计指标。从表 1-4 和上述其他统计指标的实例中可见，统计指标具有数量性、综合性、具体性。

3. 标志、指标的联系和区别

（1）标志和指标的联系

首先，指标数值均由总体单位的数量标志值汇总，或者根据品质标志的具体表现加工而来。其次，随着研究目的与任务的变化，总体与总体单位有可能发生变化，从而标志与指标也有可能发生相应的变化。

（2）标志和指标的区别

首先，指标是说明总体的，标志是说明总体单位的。其次，指标全用数值表示，而标志有用文字表示的，也有用数值表示的。

点拨

标志与指标的形成过程

在统计学的学习过程中，先看到标志，后看到指标，这样有利于初学者理解。但是，实际的统计研究程序是：设计指标→设计标志→实际调查→整理资料→形成指标→分析说明。也可以说，统计研究的过程是从定性到定量，再到定性。

4. 指标和指标体系

在认识事物的过程中，单单观察一个方面是不够的。要全面客观地分析和认识事物，就需要对多个指标形成的一个整体进行研究，甚至需要对许多个指标形成的多个整体进行综合研究，这就要用到指标体系。

指标体系是指由一系列既相互联系又相互制约的统计指标构成的整体。

指标体系中各指标间的关系可以用算术式表达。例如：

本期期初库存 + 本期收入 − 本期支出 = 本期期末库存

三、变量和变异

1. 变量和变量值

可变的数量标志或同名指标，统计上也称为变量，其具体表现称为变量值。

假设某企业有职工 200 人，用表 1-6 调查登记其相关资料，则表中（4）（5）（7）栏的第一行称为数量标志，也即变量，每一个变量都会有 200 个变量值。

表 1-6　　某企业职工基本情况

序号	姓名	性别	年龄	工龄	岗位	月工资（元）
（1）	（2）	（3）	（4）	（5）	（6）	（7）
1						
2						
⋮						
200						

2. 连续型变量和离散型变量

连续型变量指变量值可以取小数，也可以取整数的变量。离散型变量指变量值只能取整数而不能取小数的变量，若取小数则在现实中无意义。例如，反映企业规模的“年产值”“占地面积”“年利税额”“年营业额”等变量属连续型变量，反映企业规模的“职工人数”“设备数量”等变量属离散型变量。

3. 变异

变异可理解为日常所说的差别、变化、不同等。统计研究中的变异指各总体单位的标志表现存在差异这种现象。

例 1-2

甲学习小组五名学生专业课的成绩为 90，95，87，79，64；乙学习小组五名学生专业课的成绩为 80，85，88，90，98。“成绩”这一数量标志在各个小组五名学生中表现不同，这称为变异。甲组变化大，乙组变化小，也可以说是甲组变异大，乙组变异小。品质标志在各总体单位之间的标志表现不同也同样称为变异，例如，“住址”有 A 街 1 号、B 街 2 号等。

变异普遍存在于事物之中，观察分析事物内部的变异状况，是统计研究的重要内容。

思考与练习

1. 简述统计三个方面的含义。
2. 统计研究的五个阶段及其主要任务是什么?
3. 简述统计指标的类型。
4. 标志、指标的联系和区别是什么?
5. 指出下面研究题目中的总体、总体单位，并设计相应的指标和标志。

（1）调查本班学生的基本情况。

（2）调查本班学生上月生活费支出情况。

（3）调查本校食堂的卫生状况。

（4）调查本地区工业企业的生产经营情况。

（5）调查本地区工业企业生产设备的利用情况。

（6）调查本地区上月交通状况。

part

02

第二章 统计调查

学习目标

- 了解统计调查的主要方式和方法
- 掌握统计调查方案的内容及其制定方法
- 掌握统计调查问卷的结构及其设计方法

统计调查是根据统计研究的目的和任务，有计划、有组织地收集统计资料的工作过程。这些资料分为第一手资料和二手资料两大类。通过直接向被调查单位或个人调查收集得到的、未经加工整理的各种资料，称为第一手资料或原始资料。从各种统计年鉴、统计报表及其他媒体等途径所得到的资料称为二手资料。二手资料是加工整理过的、能说明现象总体特征的资料。本章所要讲的统计调查是指取得第一手资料的调查过程。

第一节 统计调查的方式和方法

一、统计调查的方式

统计调查主要有定期统计报表、普查、抽样调查、典型调查、重点调查等几种方式。

1. 定期统计报表

定期统计报表是依照国家统一规定的表式、内容、报送时间、报送程序自下而上逐级提供统计资料的一种统计调查方式。

定期统计报表可以全面、连续、及时地为各级政府和各个专业部门提供经济和社会发展的基本情况，具有统一性、时效性、全面性的优势。但是，这种方式需要花费大量的人力、物力和时间，中间环节多，易受人为因素的干扰。此外，其工作程序较为固定，在应用过程中缺乏灵活性和应急性。因此，在我国目前的调查体系中，定期统计报表是国情国力调查的一种补充性方式。对广大企事业单位而言，认真做好定期统计报表是履行对国家的义务以及搞好本单位经营管理的基础性工作。目前我国定期统计报表的类型见表 2–1。

表 2–1 目前我国定期统计报表的类型

分类标准	类型	含义
报表内容和实施范围	国家统计报表	国家统计部门统一制定发布并在全国范围内实施的报表，反映国民经济的基本情况，也称为国民经济基本报表
	业务部门报表	用来收集与本部门业务有关的基本情况并在本系统内实施的报表，是国家统计报表的补充
	地方报表	根据地方特点补充制定的地方性报表
填报单位性质	基层单位报表	由基层企事业单位填报的报表，反映其生产经营情况
	综合报表	由各级统计部门和基层单位上级主管部门根据基层单位报表逐级汇总填报的报表，综合反映本地区、本部门、本系统的各种情况
报送周期	日报、旬报、月报、季报、年报	由填报部门以日、旬、月、季、年为周期上报的报表
报送方式	电信报表、邮寄报表	由填报部门以电信（电话、传真、网络）或邮寄方式上报的报表

2. 普查

普查是为了某一特定目的而专门组织的一次性全面统计调查。通过普查可以收集反映整个国家人力资源、物质资源、经济发展等方面情况的系统、详细、全面的统计资料，并为制定国民经济和社会发展规划、产业政策、民生政策等提供必要的依据。目前，我国的普查主要有人口普查、农业普查、经济普查等。

普查收集的资料全面、系统、准确、详细，但因为普查是大规模的全面调查，工作量大，投入的人、财、物较多，所以统计调查成本较高。

知识窗

我国第六次人口普查

我国第六次人口普查的标准时点是2010年11月1日零时。人口普查对象是普查标准时点在中华人民共和国境内的自然人，以及在中华人民共和国境外但未定居的中国公民，不包括在中华人民共和国境内短期停留的境外人员。人口普查登记的主要内容包括姓名、性别、年龄、民族、国籍、受教育程度、行业、职业、迁移流动、社会保障、婚姻、生育、死亡、住房情况等。

3. 抽样调查

抽样调查是按照随机原则，从现象总体中抽取部分单位作为样本进行调查，并利用样本指标推断总体指标的一种统计调查方式。抽样调查从技术方面看有随机性、误差可控性两大特点。

随机性是指按照随机的原则选取样本单位，以排除人的主观意识的影响。随机抽取样本的根本目的是要保证所抽取的样本单位在总体中具有广泛的代表性，并且用这些样本单位所得到的数据推断总体能有比较高的准确性。

误差可控性是指抽样调查的样本与总体之间必然有结构性的误差，但是这种误差可以通过计算控制在一定范围内。例如，把打靶的靶心作为要推断的总体指标，如果把击中靶心的范围划得越大（可以理解为误差越大），那么命中这个范围的可能性就越高。反之，如果把击中靶心的范围划得越小（可以理解为误差越小），那么命中这个范围的可能性就越低。抽样调查在做这种推断时是以概率论、数理统计学为理论基础的，是有科学依据的。

想一想?

某校有 3 000 名学生，如果随机抽取 1% 的学生 30 名，用这 30 名学生的平均身高、平均体重去推断全校 3 000 名学生的平均身高、平均体重，这种方法可靠吗?

抽样调查从应用方面看有经济、时效性强、准确、灵活等几个特点。经济是指抽样调查的调查单位少、工作量小，与普查相比成本低；时效性强是指由于其调查单位少、工作量小，各个阶段花费的时间会大大缩短，时效性更强一些；准确一方面是指其误差的可控性好，另一方面是指采用这种方式可以避免或减少由于层层汇总、逐级上报中的人为干预所带来的差错；灵活是指抽样调查的范围大小、项目多少可以根据需要而定，组织抽样调查方便灵活。

4. 典型调查

典型调查是根据调查的目的和要求，有意识地选取同类事物中具有代表性的单位进行的统计调查。这种统计调查方式主要用于对新生事物的研究，对某种经验或者教训的总结，获得报表上显示不出的详细情况，以及在一定条件下推断总体数据。

典型调查具有调查单位非常少，省时、省力、省费用，调查深入细致，调查结果的准确度不确定等特点。

5. 重点调查

重点调查是从研究现象总体中选择若干重点单位进行的统计调查。重点单位是指其标志值在总体的标志总量中占有较大比重的单位。这些重点单位的数量虽然只占总体的较小一部分，但在某一方面却有着举足轻重的作用。

例如，某市有 18 个区县，年产大枣共 2 000 吨，其中有两个区县年产大枣 1 600 吨，占全市大枣年产量的 80%。要了解该市大枣的生产经营基本情况，只需要调查这两个区县即可。因此，这两个区县在这项调查中称为重点单位。

重点调查中的调查单位少，其结果仅仅反映了总体某种特征的基本情况而非全面情况，不能用来推算总体。应用这种统计调查方式的必备前提，一是只要求获得总体的基本情况，二是有重点单位存在。

以上五种统计调查方式的特点见表 2–2。

表 2-2　　五种统计调查方式的特点

统计调查方式	调查单位名称及选取方式	应用	优点	缺点
定期统计报表	调查单位，为法定范围内的每个单位	收集国民经济运行基本情况	及时、全面、准确	不够灵活，不能反映个体情况，易受干扰
普查	调查单位，为划定范围内的每个单位	全面、重大的国情国力调查，基层单位经营管理情况调查	全面、准确	费时、费力、费用高
抽样调查	样本单位，随机选取	不能、不便、没必要进行全面调查，但又需要全面调查资料	经济、时效性强、准确、灵活	掌握这种方法需要一定的理论和实践基础
典型调查	典型单位，有意识选取	了解具体情况、新生事物、正反两方面经验和教训	方便、灵活	准确度不确定
重点调查	重点单位，有意客观选取	要迅速掌握总体的基本情况，并且有重点单位存在	省时、省力	调查结果不能用来推算总体

二、统计调查的方法

统计调查的方法是指选用以上各种统计调查方式收集各种资料的具体做法，主要有直接观察法、报告法、问卷法、采访法等。

1. 直接观察法

直接观察法是调查者到现场对调查单位的情况进行直接观察、计数、测量，以取得第一手资料的一种统计调查方法。用这种方法取得的资料比较真实、详细，但是花费的人力、物力、时间较多。人口普查、农作物产量预测、工业品质量检测、库存商品盘点等多采用这种方法。

想一想?

直接观察法能用于对历史问题的研究吗?

2. 报告法

报告法是以各种原始记录和核算资料为基础，由负责报送资料的单位按照有关规定逐级向上报告统计资料的一种统计调查方法。这种方法要求各单位建立健全原始记录及台账，并且在平时按照国家的相关制度正确、真实、连续地做好登记。目前，我国的定期统计报表制度就是采用这种方法。

3. 问卷法

问卷法是调查者根据调查目的设计一系列相关问题，并制成表格或其他形式的问卷，收集被调查者有关信息的一种统计调查方法。这种方法简便易行，适用性广，但所收集资料的真实性值得检验。

4. 采访法

采访法是指调查者向被调查者提问以收集资料的一种统计调查方法，包括个别访问、开调查会两种形式。

个别访问可以保证调查资料的真实性，虽然费时费力，但对有些涉及商业秘密或者不便在公开场合说的情况，经常会采用这种方法。

开调查会就是通过邀请熟悉情况的人员座谈来收集资料的统计调查方法。这种方法节约时间和人力，效率比较高，适合一些公共话题及项目的调查。

讨论下面的调查题目适合采用哪些统计调查方式和方法。

（1）调查了解本班学生的基本情况。

（2）调查了解本班学生对学校伙食的意见和要求。

（3）调查了解本市上半年交通状况。

（4）调查了解某养殖户所饲养的鱼的生长状况。

第二节　统计调查方案制定

统计调查是一项复杂细致的工作，为确保调查能够有序、顺利地进行，在调查之前要对调查工作进行统筹安排并做出计划即统计调查方案。一般而言，制定一份完整的统计调查方案应包括确定调查目的和任务、确定调查对象和调查单位、确定调查方式和方法、确定调查项目和调查表、确定调查时间和期限、拟订调查组织实施计划几个环节。

一、确定调查目的和任务

调查目的就是为什么要做调查，或者说调查结果要回答或解决什么问题。调查目的不明确会影响调查的质量；目的明确了但是所选的题目不能够紧密结合实际工作的需要，会影响调查结果的应用价值。因此，在实际工作中应选择那些紧迫的、关键的或者有重要影响的题目进行调查。

调查的任务是指要收集哪些方面的内容。调查任务应完全服从调查目的的需要，与调查目的无关或关系不紧密的内容不能列为调查任务。

例 2-1

某校为了促使学生科学合理地用眼，计划调查了解该校学生的视力状况。其中，“为了促使学生科学合理地用眼”是这项调查的目的，“调查了解该校学生的视力状况”是这项调查的任务。

例 2-2

第六次全国人口普查的目的是为科学制定国民经济和社会发展规划，统筹安排人民的物质和文化生活，实现可持续发展战略，构建社会主义和谐社会提供真实准确、完整及时的人口统计信息支持。普查的任务是查清 2000 年以来我国人口数量、分布和居住环境等方面的变化情况。

这两个例子中的调查任务都非常明确，而且符合调查目的的需要。调查学生视力状况这个题目关系到学生的身体健康和对日常良好行为习惯的培养，调查结果会受到学生、家长、学校等方面广泛的关注。第六次全国人口普查则是关系国计民生的重大事项，其重要意义是显而易见的。

二、确定调查对象和调查单位

调查对象就是根据调查目的所确定的统计总体。

调查单位是调查对象中被标志登记的个体，这个概念与总体单位是有所区别的。总体单位是指总体中的每一个个体，调查单位则根据所选择的调查方式不同而有所不同。例如：如果选择全面调查，则调查单位包括调查对象中的每一个个体；如果选择非全面调查，则调查单位是指被选中的那些样本单位、典型单位、重点单位等。

知识窗

报告单位和调查单位的区别

报告单位是指负责向统计部门报告统计资料的单位。报告单位与调查单位有时是一致的，有时是不一致的。例如：进行工业普查时，调查单位是每一家工业企业，负责填报统计资料的报告单位同样是每一家工业企业，这时两者是一致的；但进行工业设备普查时，报告单位是指负责向统计部门报告统计资料的单位，而调查单位是每一台设备，这时两者是不一致的。

想一想?

“调查了解某校学生的视力状况”“第六次全国人口普查”这两项调查中的调查单位和报告单位是不是一致的?

三、确定调查方式和方法

确定调查方式就是在定期统计报表、普查、抽样调查、典型调查、重点调查等方式中选择某种方式实施调查。确定调查方法是在调查方式确定以后，选择一种或多种收集资料的具体方法。确定调查方式和方法时，要根据调查单位的情况及调查组织者自身的情况综合考虑。

例 2-3

对于“调查了解某校学生的视力状况”这个题目，是采用普查方式还是采用抽样调查的方式，要根据调查时间和学生的具体情况而定。如果采用普查的方式，调查对象是该校的所有学生，调查单位是该校的每一位学生。如果采用抽样调查的方式，调查对象是该校的所有学生，调查单位是被随机抽中的学生。

无论采用哪种调查方式，调查方法均可结合使用报告法、问卷法、采访法等方法。

例 2-4

第六次全国人口普查的调查对象是普查标准时点在中华人民共和国境内的自然人，以及在中华人民共和国境外但未定居的中国公民，不包括在中华人民共和国境内短期停留的境外人员。调查单位是普查对象范围内的每一个人。调查方式是普查，调查方法是入户访问和现场采集、填报确认。

四、确定调查项目和调查表

调查项目是调查时要登记的各种标志。

调查表是将调查项目按照一定顺序排列而成的表格。调查表有单一表和一览表两种。一张表上只登记一个调查单位情况的调查表称为单一表，调查项目多而且内容繁杂时适合用单一表。一张表上能登记多个调查单位情况的调查表称为一览表，调查项目比较少而且内容比较简单时适合用一览表。

为了确保资料的全面性、准确性，有些不便在表格中列出的内容，可以在表格下方注明，包括填表说明、各个项目的解释、数据的计算方法、填报时间、填报人、审核人等。

例 2-5

“调查了解某校学生的视力状况”这项调查选择姓名、性别、双眼裸眼视力、使用过的护眼方法等项目可以达到调查的预定目的。

这项调查的项目较少，因此适合采用一览表形式的调查表，见表 2-3。

表 2-3　　学生视力状况调查表

序号	姓名	性别	双眼裸眼视力	使用过的护眼方法
1				
2				
……				

例 2-6

“调查本校学生对学校伙食的意见和要求”这项调查应主要包括学生的姓名、性别、是否住校，以及对学校食堂卫生、饭菜质量等多方面情况的意见和要求。

这项调查的项目和内容比较多，因此可以采用单一表——一张表上只调查登记一位学生的意见和要求，见表 2-4。

表 2-4　　学生对学校伙食的意见和要求征询表

学生姓名（　　）　　性别（　　）　　是否住校（　　）

调查项目	满意	基本满意	不满意	要求
1. 卫生情况				
2. 饭菜品种				
3. 饭菜质量				
4. 饭菜价格				

注：1.“要求”栏文字表述要具体简洁。
2. 其他栏用“√”填写。

五、确定调查时间和期限

调查的时间是指调查资料所属的时间，调查的期限是指完成调查任务所需要的工作时间。

例 2-7

“调查了解某校学生的视力状况”这项调查的时间定在实际调查的时间比较合适。具体来讲，姓名、性别、双眼裸眼视力、使用过的护眼方法等项目要收集的资料是实际调查时的状况。

完成这项调查任务的调查期限，要根据学校学生人数及可利用时间的多少而定。假设有 2 000 多名学生，从制定方案到形成调查报告，如果安排得当应需要一周时间。

例 2-8

第六次全国人口普查的标准时点是 2010 年 11 月 1 日零时。这意味着人口数量等都以这个时间点的状况为准。调查期限则指人口普查组织实施的期限，此次人口普查工作大致可分为普查准备、登记和复查、数据处理和公布三个阶段，时长为 4～5 年。

想一想?

如果要调查焦裕禄的生平事迹，其调查时间和期限应该怎么确定?

六、拟订调查组织实施计划

为了确保统计调查的顺利实施，调查方案还应包括开展调查的具体安排（也称组织实施计划），以便调查人员协调行动。除去上面所列各事项外的安排都应包括在该计划内，主要包括组织领导机构，调查人员的构成及分工，调查前的宣传、培训、资料收集、表格设计、费用筹集、设备采购、专业软件开发等各项准备工作，各阶段的时限及工作进度，调查方案的制定、下达，调查工作的试点、总结及完善等项内容。

例 2-9

根据例 2-1 做一份完整的调查方案。

某校学生视力状况统计调查方案

1. 确定调查目的和任务

目的：促使某校学生科学合理地用眼。

任务：调查了解某校学生的视力状况。

2. 确定调查对象、调查单位、调查方式及方法

调查对象：某校本学期注册的所有学生。

调查单位：某校本学期注册的每一位学生。

调查方式：普查。

调查方法：实际检测与个人现场报告相结合的方法。各班可以利用班会、自习课或者课外活动时间集中收集资料。收集资料的具体做法是：组织学生按名册顺序依次在班里报告调查表中的姓名、性别、使用过的护眼方法等，一人报告，大家做记录；组织学生按名册顺序实际检测双眼裸眼视力；将收集到的原始资料以班为单位整理之后，交学生处或统计研究小组汇总。

3. 确定调查项目和调查表（见表 2–5）

表 2–5　______班学生视力状况调查表

序号	姓名	性别	双眼裸眼视力	使用过的护眼方法

4. 确定调查时间和期限

调查时间：本学期开学以来的情况（调查资料所属的时间）。

调查期限：开学第二个月的第二周（完成调查工作的期限）。

5. 拟订调查组织实施计划

此项活动由学生处或统计研究小组根据课时计划统筹安排，每个班安排一名学生负责，两名学生协助，组织安排本班的具体调查。

学生处或统计研究小组统一负责为每个班准备视力表一张、胶带若干、调查表一份、汇总整理表一份、统计表一份。

各班的班主任提供必要的支持，统计课教师、统计活动小组的成员应对负责此项活动的学生进行简单培训。活动结束后，由负责本次活动的学生安排人员把收集到的资料汇总、整理并上交给学生处或统计研究小组。

学生处或统计研究小组汇总全校各班的调查资料，根据调查资料撰写调查报告，并将调查报告提供给相关部门和广大学生参考。

围绕“了解本校学生对课外活动的要求”这一调查题目，分小组讨论制定调查方案。

第三节　统计调查问卷设计

问卷调查法是以问卷的形式提出问题，并通过被调查者自愿回答来收集资料的调查方法。这种方法简单灵活、易于操作，因此被广泛采用。

问卷调查能否收到预期的效果，受调查者的工作态度、交流技巧、耐心等因素的影响。同时，问卷的设计是否科学合理、是否符合被调查者的心理也是非常重要的。

一、统计调查问卷的类型

统计调查问卷是将一系列相关问题进行科学合理设计而形成的卡片或者答题纸。根据不同的标准，统计调查问卷可以分为若干类型，见表 2–6。

表 2–6　　统计调查问卷的类型

分类标准	问卷类型	特点
收集资料的方式	访问问卷	调查者根据调查目的和要求，把要调查的内容拟成问题，向被调查者提问。根据被调查者的回答来获取资料
	邮寄问卷	调查者将设计好的问卷邮寄给被调查者，由被调查者填写以后再寄回
问卷的结构	无结构问卷	问卷的内容较为松散、简单，无须进行严格的顺序排列。调查者将要调查的内容拟成问题，但不列出备选答案，由被调查者自由作答
	结构型问卷	问卷内容较为复杂，需要按照一定的顺序排列。调查者将要调查的内容拟成问题，按照一定的顺序排列好，并且列出备选答案，由被调查者根据自己的认知作答
问卷的提问方式	封闭型问卷	问卷上同时列出问题和各种备选答案，被调查者只能在备选答案中选出一项或多项。备选答案的类型有定类型、定序型、定距型等
	开放型问卷	问卷上仅给出问题，但不列出备选答案，由被调查者自由表达自己的看法

其中，开放型问卷、无结构问卷的设计比较简单，应用较广，适合于一些探讨性的、需要广泛讨论的问题。

二、统计调查问卷的结构和内容

一份调查问卷一般由说明词、问题和答案、问卷结尾三个部分组成。

1. 说明词

说明词也称问卷说明，主要内容包括：调查组织者的身份及合法性，调查的目的、意义，调查资料的保密性、安全性，对被调查者的支持与配合给予的奖励或表达的谢意。

说明词的作用主要是让被调查者了解调查意图，消除其顾虑，赢得其支持和配合，保证问卷调查的顺利进行。

说明词表述要简洁、准确，语气要诚恳。

例 2–10

以下是“中秋月饼调查问卷”的说明词。

您好！打扰您了，我们是 ×××× 学院统计研究小组的学生，现利用课余时间对中秋月饼做一些统计调查，想征求您对中秋月饼的一些看法，希望您能给我们提供一些帮助，谢谢！

2. 问题和答案

问题和答案是问卷的主体，应给予足够重视并进行精心设计。为了使调查能够取得预期效果，这里主要考虑提出哪些问题以及怎么提问。具体步骤是：

首先，设计问卷要问的问题。问题应结合调查目的、被调查者的接受程度进行确定。可以先把与调查目的相关的问题罗列出来，逐一分析哪些问题既能达到研究目的又比较容易收集到第一手资料，然后把这些问题保留下来，并进一步设计成表格或者其他形式的问卷。

其次，对保留的问题恰当地安排顺序，以便被调查者容易接受和回答。这一点对于封闭型、结构型问卷尤其重要。实际工作中应注意以下原则：

不同性质的问题分开排，同一类问题连在一起排；简单易答的问题排在前，复杂疑难的问题排在后；近期的问题排在前，远期的问题排在后；熟悉的问题排在前，生疏的问题排在后。

例 2-11

以下是例 2-10“中秋月饼调查问卷”中设计的问题。

1. 您今年中秋节买月饼、吃月饼了吗？

A. 买了也吃了　B. 买了但没吃　C. 没买但吃了　D. 没买也没吃

2. 您希望月饼是什么形状？

A. 圆形　B. 心形　C. 卡通型　D. 无所谓

3. 您喜欢什么馅的月饼？

A. 五仁　B. 蛋黄　C. 豆沙　D. ________

4. 您喜欢什么口味的月饼？

A. 甜味　B. 咸味　C. 甜咸味　D. ________

5. 您一般喜欢吃什么价位的月饼？（单位：元 / 千克）

A. 20 以下　B. 20～40　C. 40～60　D. 60 以上

6. 您对月饼的包装有哪些要求？

A. 简单　B. 华丽　C. 精致　D. 无所谓

7. 您希望厂家今后还能开发哪些口味的月饼？________________________

8. 您最喜欢的月饼品牌是哪一个？________________________

3. 问卷结尾

问卷结尾部分的内容主要包括问卷收回的时间、地址，填写或回答的要求，对问卷中一些项目的解释，是否给予被调查者奖励及奖励的具体事项，被调查者的情况（主要便于对调查资料进行分类整理和分析），调查者的情况（主要便于明确责任和查询）。

例 2-12

以下是例 2-10“中秋月饼调查问卷”的结尾部分内容。

为了便于研究，我们想请您提供您的相关信息。

A. 年龄________　B. 性别________　C. 民族________

祝您身体健康、阖家幸福！再次感谢您的支持！

讨论下面两项调查中调查问卷的说明词和结尾语。

（1）调查本校学生对课外活动的要求。

（2）调查某小区居民对创建国家卫生城市的看法。

思考与练习

1. 我国定期统计报表的类型有哪些?

2. 五种常用统计调查方式的优点和缺点各是什么?

3. 简述制定统计调查方案的六个环节。

4. 统计调查问卷有哪些类型? 各有哪些特点?

5. 以本班学生上月生活费支出情况为题，试设计一份简单的统计调查问卷。

part

03

第三章 统计整理

学习目标

- 了解统计整理的步骤
- 掌握统计资料审核和订正的方法
- 掌握统计分组的步骤和方法
- 掌握统计汇总的方式和方法
- 掌握常见统计图表的制作方法

统计整理是根据统计研究的目的，对大量的原始资料进行分组、汇总，使其系统化、条理化的过程。

统计整理是统计研究过程中承前启后的环节。统计调查阶段所收集到的大量、零散的第一手资料只能说明一个个调查单位的某些情况，并不能说明被研究现象总体的本质特征。例如，通过“调查了解某校学生的视力状况”，能得到某学校 2 000 名学生的双眼裸眼视力等相关资料。但是，这些资料不经加工整理无法具体说明该校学生总体的视力状况。

统计整理一般包括以下几个步骤：第一步，对获得的原始资料进行审核和订正；第二步，对审核订正后的资料进行科学分组；第三步，对分组后的资料进行汇总；第四步，将汇总后的统计数据编制成统计表或绘制成统计图。

第一节　资料审核和订正

审核订正原始资料是统计整理过程中必需的程序。

一、审核内容和方法

对原始资料的审核主要是审核原始资料的准确性、及时性和完整性，具体内容及方法见表 3-1。

表 3-1　原始资料审核的内容及方法

审核项目	审核内容	审核方法
准确性	主要审核原始资料是否真实、可靠，这是原始资料审核的重点	逻辑检查：各个项目之间是否符合逻辑，有无相互矛盾 计算检查：各项数字的计算方法、口径、结果、平行关系等方面是否准确 利用正规报表逐一核对每份资料的每一数据是否准确
及时性、完整性	主要审核是否有迟报的单位、未报的项目	利用单位目录逐一查验核对应报单位是否及时报齐

二、订正要求

对于审核出的问题或差错要进行订正，订正方法见表 3-2。

表 3-2　原始资料订正方法

订正项目	订正方法
一般性错误	可代为更正，并与上报单位进行核对
可疑之处或无法代为更正的错误	通知上报单位复查更正
雷同的错误	通知已上报的单位更正错误，通知尚未上报的单位注意避免错误
严重的错误	退回上报单位重报，查明原因并追究相关人员的责任

第二节　统计分组

统计分组就是根据统计研究的目的和研究对象的特征，选择一定的标志并把总体分成若干性质不同的组。统计分组是一种非常重要的统计研究方法。

一、统计分组的作用和原则

1. 统计分组的作用

（1）划分客观事物类型

通过统计分组可以把不同性质、不同类型的事物区别开，以便认识各类事物的数量差异和本质特征。例如，把社会再生产过程分为生产、分配、消费等环节，然后研究各个环节的现状及关系，以便统筹兼顾整个社会再生产过程的协调发展。

（2）研究事物内部结构和性质

事物的性质主要取决于其内部结构，通过研究其内部结构可以认识和分析事物的性质。例如，我国六次全国人口普查中各年龄组人口占总人口的比重（见表 3-3）反映了我国人口的年龄结构。

表 3-3　我国六次全国人口普查中各年龄组人口占总人口的比重　%

按年龄分组	1953 年	1964 年	1982 年	1990 年	2000 年	2010 年
0 ~ 14 岁	36.28	40.69	33.59	27.69	22.89	16.60
15 ~ 64 岁	59.31	55.75	61.50	66.74	70.15	74.53
65 岁及以上	4.41	3.56	4.91	5.57	6.96	8.87
合计	100	100	100	100	100	100

资料来源：《中国统计年鉴 2011》。

通过表 3-3 中的数据，可以看到 2010 年我国人口中 0 ~ 14 岁的人口所占比重是 16.60%，65 岁及以上的人口所占比重是 8.87%。这说明我国已进入老龄化社会。

（3）反映现象的发展变化过程及趋势

将统计分组和时间数列相结合，可以反映现象的发展变化过程及趋势。例如，由表 3-3 可见，从 1953 年到 2010 年的近 60 年中，我国人口结构呈现从年轻型到壮年型再到老年型的转变过程和趋势。

（4）分析现象之间的依存关系

许多客观现象之间都有着密切的关系。例如：农田施肥量增多，亩产量会随之提高；但如果不加限制地一直提高施肥量，农作物将会受到损害，亩产量则会随之下降。把不同的施肥量与相应的亩产量结合起来分组，可以观察和分析两者之间的关系。

2. 统计分组的原则

（1）所分的各组内部要有同质性，组与组之间要有本质上的差异性

如表 3–3 所示，把我国人口按照年龄所分的三个组符合上述原则，并有利于对问题的分析和研究。

（2）要做到分组的完整性和归属的唯一性

每一个总体单位都能分到一个组并且只能在一个组。例如，按照学生的考核成绩分三个组：60 分以下，60～80 分，80～100 分。按惯例，相邻两组的上、下限重叠时，正好位于上、下限的总体单位应划分到较高组。因此，60 分只能在第二组，而不能既在第一组又在第二组。59.9 分、79.99 分分别在第一组和第二组，而不能因其是小数而分不到任何组中。

二、统计分组的步骤和方法

1. 正确选择分组标志

统计分组首先要正确选择分组标志。分组标志是将总体划分为性质不同的组别的标准，分组标志的选择原则有以下几条：

一是要选择与统计研究目的和任务密切相关的标志。

二是在多个与研究目的相关的标志中要选择最能反映现象本质特征的标志。

三是对同样一个问题，在不同的条件下要注意选择不同的标志。

例 3–1

要研究“某校某班某学期学生的学习状况”，有许多反映学生特征的标志可供选择，如学生的姓名、性别、年龄、身高、体重、出勤情况、按时交作业情况、课堂活动表现、教师评价情况、考核成绩等。在这 10 项标志中，姓名、性别、年龄、身高、体重这 5 项与学习状况无关的标志不能选。出勤情况、按时交作业情况、课堂活动表现、教师评价情况、考核成绩这 5 项与学习状况有关的标志可以选。其中，最能综合反映学生学习状况的标志是“考核成绩”。因此，选取“考核成绩”对学生进行分组是相对正确的选择。

例 3–2

要研究“企业规模”，在不同的历史条件下应选择不同的标志。在技术比较落后的历史条件下，可选择“企业人数”作为分组标志；在技术发达的历史条件下，可选择“产值”“营业额”或者“纳税额”等作为分组标志。要研究“地区经济发展”，过去看重的是“GDP 总量”这项标志，而现在看重的是“人均 GDP”这项标志。

2. 科学确定各组界限

对统计总体进行统计分组，可分为按照品质标志分组和按照数量标志分组。

例 3–3

人口按“性别”分组，应分为男、女两个组。商品按“用途”分组，可分为生活用品、生产经营用品、其他用品三个组；如果按照“商品性质”分组，可分为工业产品、农副产品两组。国民经济按照“行业”分组，企业按照“所有制”分组等，均属按照品质标志分组。

在按照品质标志分组时，有的比较简单，有的就比较复杂。例如，例 3–3 中的人口按“性别”分组就比较简单，如果按照“职业”分组就比较复杂，可分为农民、工人、学生、其他四个组。但是，一位成年人在一年中有一半时间种地，另一半时间外出从事机械维修，那么这位成年人是工人还是农民？又如，糯米是农产品，而用现代化机器做成的糯米酒是工业品。但是，个体户用手工做成的糯米酒是工业品还是农副产品？类似问题有许多，对于这些比较复杂的分组，国家相关部门制定有统一的分类标准，规定了每一类别的内涵与外延，统计分组时可以遵照执行。

例 3–4

如果按照“考核成绩”对学生进行分组，可分为 60 分以下、60 分及以上两组，也可分为 30 分以下、30～60 分、60～75 分、75～90 分、90 分以上五个组。居民的生活水平根据恩格尔系数可分为六个组：大于 60% 为贫穷，50%～60% 为温饱，40%～50% 为小康，30%～40% 属于相对富裕，20%～30% 为富裕，20% 以下为极其富裕。此外，企业规模按照“营业额”“资产额”分组，工人按照“日产量”分组，农耕地按照“亩产量”分组等都属于按照数量标志分组。

在按照数量标志分组时，确定各组的数量界限尤为关键。实际工作中，有国际标准的按照国际标准分组，有国家标准的按照国家标准分组。如果上述标准均没有，那么要根据研究目的和实际情况分组，并且要符合“组内有同质性，组间有差异性，不重不漏”的原则。

知识窗

恩格尔系数

恩格尔系数是表示生活水平高低的一个指标，其计算公式如下：

$$恩格尔系数=\frac{食物支出金额}{总支出金额}$$

在总支出金额不变的条件下，恩格尔系数越大，说明用于食物支出的金额越多；恩格尔系数越小，说明用于食物支出的金额越少。一般来说，在其他条件相同的情况下，恩格尔系数较高，作为家庭来说表明该家庭收入较低，作为国家来说则表明该国较穷。反之，恩格尔系数较低，作为家庭来说表明该家庭收入较高，作为国家来说则表明该国较富裕。因此，恩格尔系数是衡量一个家庭或一个国家富裕程度的主要指标之一。

3. 选择合适的分组体系

分组体系是根据统计研究的需要，同时按照两个或两个以上的标志对总体进行分组时所采用的分组形式。分组体系包括由多个简单分组形成的平行分组体系和复合分组体系两种类型。

例 3-5

根据例 2-11，对所收集到的中秋月饼的调查资料进行简单平行分组，见表 3-4。

表 3-4　中秋月饼调查资料简单平行分组表　人

品种				价位（元 / 千克）			
五仁	蛋黄	豆沙	其他	20 以下	20 ~ 40	40 ~ 60	60 以上

这种分组形式是在每一次选定一个标志后将总体单位全部分到各个组，其分组方式比较简单，称为简单分组。为了对事物进行多角度分析，通常会同时选择两个或两个以上的标志对资料做简单分组，并把它们做平行排列。这种分组形式最主要的特点是每一次分组都要把总体单位全部分完。例如，表 3-4 按照“品种”和“价位”两个标志分组，假如共收集到 200 名被调查者的资料，那么按照“品种”所分的四个组合计人数是 200 人，再按照“价位”所分的四个组合计人数也一定是 200 人。

复合分组体系是选择两个或两个以上的标志，并将其层叠起来对总体进行分组所形成的分组体系。

例 3-6

根据例 2-11，对所收集到的中秋月饼的调查资料进行复合分组，见表 3-5 和表 3-6。

表 3-5 中秋月饼调查资料复合分组表 1 人

五仁（元/千克）				蛋黄（元/千克）				豆沙（元/千克）				其他（元/千克）			
20以下	20～40	40～60	60以上	20以下	20～40	40～60	60以上	20以下	20～40	40～60	60以上	20以下	20～40	40～60	60以上

表 3-6 中秋月饼调查资料复合分组表 2 人

品种 \ 性别 / 年龄	男				女			
	40岁以下	40～60岁	60岁以上	人数小计	40岁以下	40～60岁	60岁以上	人数小计
五仁								
蛋黄								
豆沙								
其他								
合计								

表 3-5 采用“品种”与“价位”两个标志层叠分组，表 3-6 采用“品种”“性别”“年龄”三个标志层叠分组。为了对事物进行深入细致的分析研究，通常会采取复合分组。这种分组形式最主要的特点是几个标志层叠起来，每一次分组所分的总体单位数越来越少。

在实际工作中，究竟是选择简单平行分组还是选择复合分组，主要看研究问题的需要。从表 3-6 可以看到，选择的标志越多，表格越复杂。所以，复合分组每次不应选取过多的标志。但是，如果确实需要，可以分几次做几个表格来完成。这样既避免了过多层叠分组的不便，又满足了实际需要。

想一想?

如果在例 3-6 中同时选择品种、性别、年龄、价位四个标志进行复合分组，会得到什么样的表格?

4. 对调查资料进行分组整理

在做完了上面的工作以后，即可利用整理表和统计表对获得的调查资料进行详细的分组整理。分组所使用的整理表样例见表 3-7、表 3-8。

表 3-7　　中秋月饼调查资料简单分组整理表　　人

品种	五仁	蛋黄	豆沙	其他	人数总计
划记栏					
人数合计					

表 3-8　　某校学生视力状况调查资料简单分组整理表

裸眼视力	人数小计（人）	裸眼视力过录栏	裸眼视力合计
0.5 以下			
0.5～1.0			
1.0～1.5			
1.5 以上			
合计		—	

如果要对中秋月饼调查资料做复合分组整理也可使用表 3-4，将表中的各个空格作为划记栏即可。表 3-7 只有划记栏，因此只能用来整理总体单位数的分组资料。如果要整理出各组的标志总量，可以参考表 3-8 制作整理表。

制成分组整理表以后，需要把整理表简化、美化，以便于进一步计算和分析。规范的统计表样例见表 3-9、表 3-10。

表 3-9　　中秋月饼调查资料统计表　　人

品种	五仁	蛋黄	豆沙	其他	人数总计
人数合计					

表 3-10　　某校学生视力状况统计表

裸眼视力	各组人数小计（人）	各组裸眼视力合计
0.5 以下		
0.5～1.0		
1.0～1.5		
1.5 以上		
合计		

三、分配数列编制

大量零散的调查资料经过分组整理，形成了总体单位在各组间的分布，这种分布状况称为次数分布，也即分配数列。

1. 分配数列的类型和构成

分配数列有两种，按照品质标志分组形成的数列为品质分配数列，按照数量标志分组形成的数列为变量分配数列（数量标志和同名指标也称为变量）。每一种分配数列都由两个要素构成。

品质分配数列的两个构成要素是各组名称、各组次数（或频数），见表 3–11。

表 3–11　　中秋月饼调查资料统计表　　人

	品种	五仁	蛋黄	豆沙	其他	人数总计
各组名称→						
各组次数→	人数合计	100	30	30	40	200

变量分配数列的两个构成要素是各组变量值、各组次数（或频数），见表 3–12。

表 3–12　　某校学生视力状况分组表

裸眼视力	各组人数（人）	各组人数比重（%）
0.5 以下	300	15
0.5 ~ 1.0	1 000	50
1.0 ~ 1.5	500	25
1.5 以上	200	10
合计	2 000	100
各组变量值↑	各组次数↑	各组频数↑

2. 品质分配数列编制

品质分配数列的编制步骤是：审核资料、分组整理汇总资料、制作统计表形成数列。

在编制品质分配数列时应特别注意，各个不同性质组的内涵要确切，外延要全面、明晰，也就是各个组要给出一个确切的定义和具体范围。

3. 变量分配数列编制

（1）变量分配数列的类型

变量分配数列有单项式和组距式两种。

如表 3–13 所示，某学校的 3 000 名学生按照年龄分为四个组，每一个组只有一个变量值，即 15，16，17，18。这样的数列称为单项式变量分配数列。

表 3-13　　某学校 3 000 名学生分组表

年龄	人数（人）	各组人数比重（%）
15 岁	801	27
16 岁	999	33
17 岁	900	30
18 岁	300	10
合计	3 000	100

如表 3-14 所示，某培训班的 50 名学员（5～65 岁）按照年龄分为四个组，每一个组有若干变量值，即 7 岁以下、7～12 岁等。这样的数列称为组距式变量分配数列。

表 3-14　　某培训班学员分组表

年龄	人数（人）	各组人数比重（%）
7 岁以下	10	20
7～12 岁	20	40
12～18 岁	10	20
18 岁以上	10	20
合计	50	100

（2）变量分配数列类型选择

编制变量分配数列首先应确定分配数列是单项式还是组距式。如果变量值的变动范围小，适合采用单项式；如果变量值的变动范围大，则适合采用组距式。例如，虽然表 3-13 中的某校学生数量远远大于表 3-14 中的某培训班学员数量。但是，某校 3 000 名学生的年龄都在 15～18 岁，年龄的变化不大，因此适合编制单项式变量分配数列。而某培训班 50 名学员的年龄范围是从 5 岁到 65 岁，如果编制单项式变量分配数列则需要分很多组，不便于分析研究，因此适合编制组距式变量分配数列。

（3）单项式变量分配数列编制

单项式变量分配数列的编制方法比较简单，即把资料中出现的不同变量值列出来，并将其从小到大排列，然后按照分组整理方法整理。

（4）组距式变量分配数列编制

组距式变量分配数列的编制稍微复杂一些。首先，需要了解与组距式变量分配数列相关的术语，包括全距、组距、组限（下限、上限）、组中值、等距离、异距离、开口式、封闭式、离散型、连续型等。上述术语的含义可结合表 3-14 来理解。

全距 = 数列中的最大值 – 最小值 =65–5=60。

组距 = 每一组中的最大值（上限）– 每一组中的最小值（下限），如第二组组距 =12–7=5，第三组组距 =18–12=6。

组中值 =（每组上限 + 每组下限）÷2，如第二组的组中值 =（12+7）÷2=9.5，第三组的组中值 =（18+12）÷2=15。

如果各个组的组距相等，称为等距离；如果组距不等，称为异距离。通过上述计算可知，表 3–14 中的分配数列是异距离数列。

开口式是指分配数列的最大值组或者最小值组缺少上限或者下限，缺少上限或下限的组称为开口组。例如，表 3–14 中的最大值组（18 岁以上组）缺少上限，最小值组（7 岁以下组）缺少下限，所以该分配数列就称为全开口式数列。最大值组和最小值组均有上限和下限的分配数列称为全封闭式数列。

计算开口组的组中值时，以相邻组的组距为这一组的组距，先补上所缺的上限值或者下限值，然后再计算组中值。例如，计算表 3–14 中第四组的组中值时，相邻组的组距为 6，先补上第四组上限值 18+6=24，则组中值 =（18+24）÷2=21。同理可计算出第一组组中值是 4.5。

组距式变量分配数列的编制步骤和方法可通过例 3–7 来说明。

例 3–7

假如调查得到某校某班 50 名学生双眼裸眼视力的资料如下，根据资料编制组距式变量分配数列。

0.4	0.2	0.8	1.0	1.2	0.2	0.1	1.5	1.2	0.1
0.5	0.4	0.6	0.8	1.2	1.0	1.5	0.12	0.25	0.6
0.8	1.0	1.2	1.2	0.8	1.5	1.2	1.2	0.6	0.12
0.6	0.6	0.8	0.5	0.6	1.5	1.2	1.0	0.8	0.8
2.0	1.5	1.5	2.0	0.15	2.0	1.2	2.0	1.5	2.0

第一步，确定组数。要根据研究目的确定适量的组，同时确保组与组之间有质的差别。如果为了选拔射击选手或者飞行员，那么分 2.0 及以上、2.0 以下两组即可。如果为了排座位，分 0.5 以下、0.5～1.0、1.0 以上三组即可。本例是为了了解学生的视力状况，促使大家科学合理用眼，因此可分高度近视组（0.5 以下）、中度近视组（0.5～1.0）、正常组（1.0～1.5）、超常组（1.5 以上）四个组。

第二步，确定组限。首先，根据变量的性质确定相邻两组的上下限是否重叠。连续型变量一般要重叠，即相邻两组的上下限用同一个数（若变量值无小数可例外），以防止分组时遗漏单位，见表 3–15。离散型变量一般不重叠，相邻两组上下限用顺序两个自然数，见表 3–16。为防止重复分配，对于正好位于相邻两组上下限的单位，一般遵循“就高不就低”的原则，将其划分到较高组。例如，表 3–15 中的 0.5 划到第二组，1.0 划到第三组。然后，根据变量值的离散程度，决定最大组和最小组是否设为开口式。离散程度大的需要设为开口式，例如，表 3–14 中 50 名培训班学员的年龄最小值、最大值都比较分散，适合用开口式。

第三步，利用整理表划记、过录原始资料，然后汇总各组的次数及标志值，见表 3–15、表 3–16。

表 3–15　　某校某班 50 名学生裸眼视力分组整理表

裸眼视力	人数（人）	裸眼视力过录栏	裸眼视力合计
0.5 以下	10	0.4，0.2，0.2，0.1，0.1，0.4，0.12，0.25，0.12，0.15	2.04
0.5 ~ 1.0	15	0.8，0.5，0.6，0.8，0.6，0.8，0.8，0.6，0.6，0.6，0.8，0.5，0.6，0.8，0.8	10.2
1.0 ~ 1.5	20	1.0，1.2，1.5，1.2，1.2，1.0，1.5，1.0，1.2，1.2，1.5，1.2，1.2，1.5，1.2，1.0，1.5，1.5，1.2，1.5	25.3
1.5 以上	5	2.0，2.0，2.0，2.0，2.0	10.0
合计	50	47.54	47.54

第四步，制作统计表并作简要说明。

从表 3–15 可以看出，该班有一半学生有不同程度的近视，应引起重视。

编制好的组距式变量分配数列样例见表 3–16、表 3–17。

表 3–16　　工人分组表

日产量（件 / 人）	人数（人）
5 ~ 10	5
11 ~ 15	14
16 ~ 20	18
21 ~ 25	3
26 ~ 35	6
合计	46

表 3-17 学生分组表

成绩（分）	人数（人）
60 以下	5
60～70	10
70～80	20
80～90	10
90～100	5
合计	50

表 3-16 中的日产量是一个离散型、异距离、封闭式变量分配数列，表 3-17 中的成绩是一个连续型、等距离、半开口式变量分配数列。

4. 分配数列的图、表呈现

（1）统计表

按照变量值从小到大的顺序依次加总各组次数或比重，称为向上累计；按照变量值从大到小的顺序依次加总各组次数或比重，称为向下累计。简单来说，小→大为向上累计，大→小为向下累计。

例 3-8

某校某班将 50 名学生的专业课考核成绩制成了一张统计表，见表 3-18。

从表 3-18 可以看出：60 分以下（不及格）的有 5 人，占全班总人数的 10%；80～90 分的有 10 人，占全班总人数的 20%；80 分以上的累计为 15 人，占全班总人数的 30%；80 分以下（不包括 80 分）的累计为 35 人，占全班总人数的 70%。

表 3-18 某校某班学生按照成绩分组次数分布统计表

成绩（分）	学生		向上累计		向下累计	
	人数（人）	比重（%）	累计人数（人）	累计比重（%）	累计人数（人）	累计比重（%）
60 以下	5	10	5	10	50	100
60～70	10	20	15	30	45	90
70～80	20	40	35	70	35	70
80～90	10	20	45	90	15	30
90～100	5	10	50	100	5	10
合计	50	100	—	—	—	—

（2）统计图

利用统计条形图或者折线图分析次数分布可更加直观生动。

制作统计图显示和分析次数分布，首先要计算相关的数据，然后，用计算机或者手工绘制统计图。次数分布适合用条形图、折线图呈现。

例 3-9

某校某班将 50 名学生的专业课考核成绩制成了一张统计图，如图 3-1 所示。

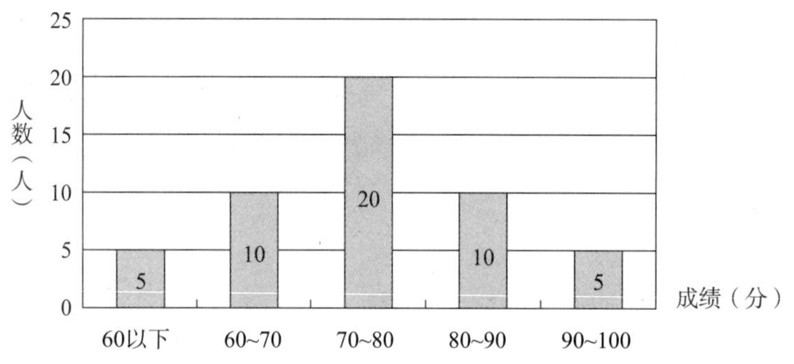

图 3-1　某校某班 50 名学生按照成绩分组次数分布柱形图

如图 3-1 所示，每一组柱形的不同高度更加清晰地显示出该班 50 名学生按照成绩分组的状况：70 ~ 80 分的居多，60 ~ 70 分、80 ~ 90 分的均为 10 人，不及格与 90 ~ 100 分的学生都是少量的。

如图 3-2 所示，两条不同的折线显示出该班学生按照成绩分组的累计分布状况。“-■-”代表向下累计，“-◆-”代表向上累计。从图上可直观地看到 70 分及以上的学生累计 35 人，70 分以下的学生累计 15 人。

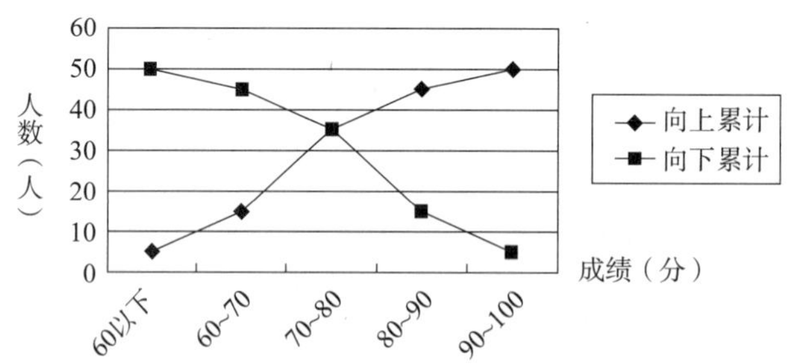

图 3-2　某校某班 50 名学生按照成绩分组累计次数分布折线图

根据表 3-15 中的数据，用统计图反映该班学生按照裸眼视力分组的分布状况。

第三节 统计汇总

统计汇总是将审核、分组后的统计调查资料归类并计算出各组总体单位数及各组标志值，或者是把各单位上报的报表审核后汇总得出总体单位总量或总体标志总量的过程。

一、统计汇总的方式

1. 逐级汇总

逐级汇总是自下而上分级汇总统计资料的一种汇总方式。例如，在例 2-1“调查了解某校学生的视力状况”中，如果通过实际调查收集到了该校全部学生的相关资料，可以采用“班级汇总→年级汇总→全校汇总”的方式，最终得到全校所有学生的总体数据。

我国现行的定期统计报表就是部分采用这种汇总方式。综合报表依照“基层单位→乡镇统计部门→县级统计局→地级统计局→省级统计局→国家统计局”的顺序逐级提供和汇总；专业报表依照“基层单位→县级对口的行业局委统计部门→地级对口的行业局委统计部门→省级负责该行业的厅委统计部门→国家级负责该行业的部委统计部门”的顺序逐级提供和汇总。

逐级汇总方式便于就地对报表资料进行核对，能够及时满足各级政府和专业主管部门对统计信息的需要。但是，其中间环节多，有时会影响到资料的时效性。

2. 集中汇总

集中汇总是将所有的调查资料集中到组织调查最高机构统一汇总的汇总方式。例如，在例 2-1“调查了解某校学生的视力状况”中，可以将收集到的该校全部学生的相关资料集中起来并利用学校的计算机统一汇总，这样做的效率虽然比逐级汇总要高一些，但是如果资料有错误，纠正起来就没有逐级汇总方便、及时。我国现行的企业一套表就采用集中汇总方式。

3. 综合汇总

综合汇总是把逐级汇总、集中汇总两种方式结合使用的一种汇总方式。例如，在例 2-1“调查了解某校学生的视力状况”中，在收集到该校全部学生的相关资料后，各班汇总各班所需的资料，同时这些资料还需要集中到学校汇总。我国人口普查的资料即采用这种汇总方式。这种方式既方便了资料的审核，又保证了资料的及时性，但是费用比较高。

4. 会审汇编

会审汇编是下属单位的统计人员携带报表及相关资料，到上一级综合部门集中，以会议的形式共同审核、编制综合报表的汇总方式。在上报定期统计报表季报、半年报、年报时，有时采用这种方式。这种方式便于当面审核订正数据，提高汇总效率和质量，还便于互相交流经验。

点拨

上述四种统计汇总方式各有优缺点，应用时应以确保汇总质量为目的，同时还要考虑各方面对统计信息的需要和汇总的现实条件。

二、统计汇总的方法

统计汇总有计算机汇总和手工汇总两种方法。

1. 计算机汇总

使用计算机汇总的流程主要是：编制和输入专门的应用程序→输入审核订正后的原始数据→利用计算机汇总计算数据→制作统计表格→通过输出设备打印汇总结果。使用计算机汇总速度快，精确度及效率都非常高，广泛使用计算机技术是统计研究的发展方向。

2. 手工汇总

尽管计算机已比较普及，但手工汇总因其简单易行、不受条件限制的特点，仍然有一定的用途。

常用的手工汇总方法有划记法、过录法、折叠法、卡片法等，见表 3-19。

表 3-19　常用的手工汇总方法

方法	做法	应用
划记法	在事先设计好的汇总整理表上，按照各组的组限要求将总体各单位画线做记号，最后计算线的数目，通常用一个“正”代表 5 个单位	（1）适合总体单位数的分组整理及汇总 （2）零售商店里小件商品的销售记录常用这种方法

续表

方法	做法	应用
过录法	事先设计好整理表，将调查资料逐一过录到相应的组中，最后计算各组的数据	（1）适合汇总各总体单位的标志值 （2）总体单位数量过多时不宜使用
折叠法	审核相同的表格形式与项目调查资料后，将要汇总的某项指标数据分别折到表格的同一栏边线上，依次叠放，然后进行汇总	（1）适合汇总定期综合报表、专业报表 （2）总体单位数量不多时适用 （3）平时工作中也有使用，如教师一次批阅多份考卷
卡片法	将要汇总的项目逐一、集中摘录到特制的卡片上，最后汇总各组数据，填入统计表中	（1）总体单位较多、分组较复杂时比较适用 （2）平时对自己比较感兴趣的资料也可使用这种方法进行积累，使用较方便

第四节　统计表和统计图

一、统计表

统计表是以纵横交叉的线条制成，用来表现统计数据的表格。广义的统计表包括统计调查表、统计汇总整理表、统计分析计算表等在统计研究各个工作阶段使用的表格。狭义的统计表仅指表现统计整理结果的统计表。

用统计表来表现各种数据，具有条理清晰、一目了然、方便阅读，便于计算和分析，便于查、用和积累资料等优点。

1. 统计表的构成

构成统计表的必备要素见表 3–20。

表 3–20　2010 年 11 月 1 日我国大陆人口统计表　←总标题

指标 分组	零时数（万人）	比重（%）
全国总人口	133 972	100
其中：城镇	66 558	49.68
乡村	67 415	50.32
其中：男性	68 685	51.27
女性	65 287	48.73

←纵栏标题；横行标题；数据资料；主词；宾词

资料来源：《2010 年第六次全国人口普查主要数据公报（第 1 号）》。

从形式上看，一般的统计表由总标题、横行标题、纵栏标题和数据资料四部分构成。每一部分都表明一定的内容并且有相对固定的位置。总标题是统计表的名称，说明表的内容，放在统计表上端中央位置；横行标题一般表明总体或者各组的名称（各组的变量值），放在表格的左边；纵栏标题表明每一栏的内容，放在表格内上方；数据资料是各组的各项指标数值，放在表格的空格中。

点拨

表 3–20 中“分组 \ 指标”的含义

这个位置很特殊，在简单的表格中它只表明横行标题或者纵栏标题，见表 3–15、表 3–16、表 3–17 等。在较复杂的分组表中，它既是横行标题栏，又是纵栏标题栏，需要两条或更多的斜线表明不同横行和纵栏的标题，见表 3–6。

从内容上看，统计表由主词和宾词两部分构成。主词是统计表要说明的总体及其各个组成部分，一般放在表的左边；宾词是要说明的总体及其组成部分的名称和数值，一般放在表的右边。为了方便分析和阅读，有时主词和宾词的位置可以互换。

另外，有时需要在统计表的下方做注解，内容包括填表说明、指标解释、资料来源、填制单位、填表人、审核人、填制日期等。

2. 统计表的类型

统计表按照总体是否分组及分组的程度不同，可分为简单表、简单分组表、复合分组表。

（1）简单表

简单表是总体未经任何分组的统计表，见表 3–21、表 3–22。

表 3–21　　某地区粮食产量统计表

年份	粮食产量（吨）
2014	49 804
2015	50 160
2016	52 871
2017	53 082
2018	54 641

表 3-22 某企业 2018 年销售额统计表

单位	销售额（万元）
合计	1 300
一公司	200
二公司	280
三公司	320
服务部	500

简单表只有两种情况。一种情况见表 3-21，按照年份的顺序排列出总体的指标数值；另一种情况是仅仅列出各总体单位的名称与数值，见表 3-22。上述两种表也可称为未分组表。

（2）简单分组表

简单分组表是将总体按照一个标志进行简单分组的统计表，见表 3-23。

表 3-23 某地区的地区生产总值统计表 万元

年份＼指标	地区生产总值	第一产业增加值	第二产业增加值	第三产业增加值
2013	183 216	22 420	87 364	73 432
2014	214 623	24 040	103 162	87 421
2015	257 305	28 627	124 799	103 879
2016	300 669	34 000	146 183	120 486
2017	335 353	35 477	156 958	142 918
2018	397 983	40 497	186 481	171 005

注：一个国家所有常住单位在一定时期内生产活动的最终成果即国内生产总值（GDP），对于一个地区来说，称为地区生产总值或地区 GDP。

表 3-23 是按照“产业”这一品质标志把 2013—2018 年某地区的地区生产总值进行了简单分组，因此称为简单分组表。

（3）复合分组表

复合分组表是将总体按照两个或两个以上的标志层叠分组的统计表。例如，表 3-24 将某地区的人口总量按照“性别”“年龄”两个标志层叠起来进行复合分组，因此称为复合分组表。

表 3-24　　某地区人口构成统计表　　人

年份	年末总人口	男		女	
		60 岁及以上	60 岁以下	60 岁及以上	60 岁以下
2013	130 756	14 149	53 226	13 310	50 071
2014	131 448	17 609	50 119	16 567	47 153
2015	132 129	19 053	48 995	17 943	46 138
2016	132 802	20 507	47 850	19 334	45 111
2017	133 474	21 189	47 463	20 095	44 727
2018	133 972	21 979	46 706	20 892	44 395

二、统计图

统计图是利用点、线、面表现统计资料的几何图形，是表现统计数据的最好形式之一。统计图与统计表的共同点是简明清晰、一目了然，不同的是统计图比统计表更加直观、生动、形象。因此，统计图除了在统计研究中经常用到，还广泛地应用于教育和商业等众多领域。

1. 统计图的类型

常见的统计图有柱形图、条形图、折线图、饼图等，它们用来表明各种现象已达到的规模、水平以及变化的方向和规律，表明事物的内部结构，表明现象间的差异，表明事物在地区间的分布状况，表明工作进度和计划执行结果等。具体说明见表 3-25。

表 3-25　　常见统计图类型

名称	含义	图示
柱形图	柱形图将时间或各个类别放在水平轴上，将指标数值放在垂直轴上，主要用于表示不同时间内的数据变化或不同类别之间的差别	
条形图	条形图和柱形图具有某种相似性，但是其纵轴表示分类项目，横轴表示项目数值。它表示了各个项目之间的比较情况，主要强调各个项目数值之间的比较，不太强调时间因素	

续表

名称	含义	图示
折线图	折线图将引起数据变化的因素（如时间等）间距放在横轴上，将与之对应的数值放在纵轴上，用于表示数据的变化情况和趋势	
饼图	饼图的基本形状是一个圆形，再根据项目类型和数值划分若干扇区。这种图仅显示一个数据系列，强调了某个重要元素。饼图特别适用于表示组成整体的内部结构	

2. 统计图的结构

统计图主要由图式、图例、标题构成，如图 3-3 所示。

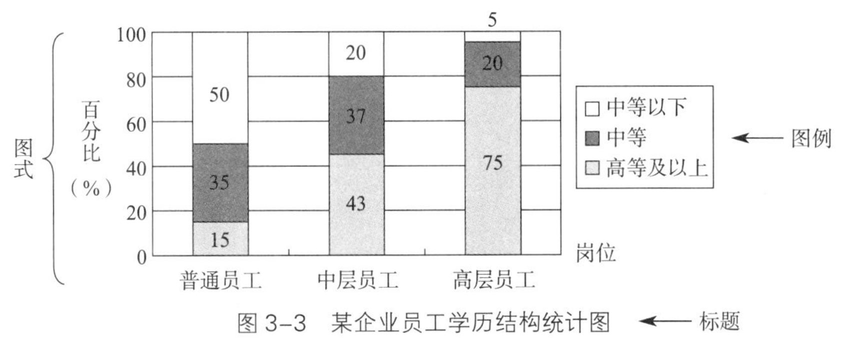

图 3-3　某企业员工学历结构统计图

（1）图式

图式是表明某些对象或数值间对比关系的图形的总体。在一般的统计图中，图式、图例、标题三大要素缺一不可，但是图式是最主要的要素，其他要素都是为图式而存在的。多数统计图图式由直角坐标系、尺度（一般在 Y 轴上）、分组或年份（一般在 X 轴上）、几何图形等组成。

（2）图例

图例用来说明图式中各种图形所代表的对象。图例的位置要和整幅图相协调。

（3）标题

标题即统计图的名称，它概括统计图的主要内容，一般放在图的正上方或正下方。

思考与练习

1. 简述统计调查资料审核的内容和方法。

2. 简述统计分组的步骤和方法。

3. 简述变量分配数列的编制方法。

4. 统计汇总有哪些方式？各有什么特点？

5. 调查本班学生上月生活费支出情况，并根据调查资料制作统计图、统计表。

part 04

第四章 统计综合指标

学习目标

- 了解总量指标、相对指标、平均指标、标志变异指标的作用和区别
- 掌握总量指标、相对指标、平均指标、标志变异指标的计算方法和应用条件

统计研究离不开各种指标，因此，有人把统计指标称为统计研究的语言。常用的统计指标有总量指标、相对指标、平均指标与标志变异指标。这些指标从不同的角度综合反映客观现象的特征，统称为综合指标。用这些指标分析现象特征、认识现象本质的方法称为综合指标法。在上述指标中，最基本的是总量指标。

第一节　总量指标

总量指标是反映现象在一定时间、地点所达到的总规模或总水平的综合指标，总量指标也称为绝对数或绝对指标。

例如，我国 2017 年粮食产量 61 791 万吨，棉花产量 549 万吨，年末全国大陆总人口 139 008 万人，这三个指标均属于总量指标，综合反映了我国 2017 年粮食、棉花的生产水平及人口总规模等情况。(资料来源：《中华人民共和国 2017 年国民经

济和社会发展统计公报》。)

一、总量指标的作用

第一，总量指标是认识现象最基本的指标。要了解和认识一个单位、一个地区或一个国家的情况，首先就要从总量上了解其在人、财、物等各个方面所达到的规模或水平。在这个基础上，才能够对其进行更加深入的分析。例如，要分析认识我国的粮食供求状况，首先就要确切知道我国的粮食总产量、人口总量及其他相关的总量指标。然后，才能据以分析我国的人均粮食拥有量及其变化等情况。

第二，总量指标是国家制定宏观政策和规划以及企业编制生产经营计划最基本的依据。国家制定各项宏观调控政策，必须根据国民经济各部门、社会生产各环节的各种总量指标进行综合分析，才能制定出切实可行的政策和远期规划。企业制订生产经营计划时，需要依据过去的生产经营规模和水平来预测未来的生产经营规模和水平。

第三，总量指标是计算其他各种分析指标的基础。例如，相对指标、平均指标等各种分析指标虽然对认识事物有着总量指标所不能及的作用，但它们都是总量指标的派生指标。

想一想?

总量指标的计算是否科学合理，对统计研究有什么样的影响?

二、总量指标的类型

总量指标按照不同的分类标准可以分为若干类，见表 4-1。

表 4-1　　总量指标的类型

分类标准	类型	含义	实例
指标反映的现象内容	总体单位总量	总体中所有总体单位的数量	在研究某地区职业学校的状况时，某地区 2018 年 26 所职业学校是总体单位总量；在校生 28 000 人、教师 1 500 人等是总体标志总量
	总体标志总量	总体中所有单位的某一标志值之和	
指标反映的时间状况	时期指标	反映现象在一定时期内所达到的水平或规模	某地某年的消费品零售额、国内生产总值、财政收入等
	时点指标	反映现象在某一时点所达到的水平或规模	某地某年末的人口总量、居民储蓄余额、法人单位数量等

续表

分类标准	类型	含义	实例
指标的计量单位	实物指标	按照实物单位计量的指标，主要有自然实物单位、度量衡单位、标准实物单位等	2 000 辆汽车、50 吨化肥、20 方木料、10 公顷土地等
	价值指标	以货币单位计量的指标	商品零售额 5 000 万元、年末外汇储备 500 亿美元等
	劳动量指标	以劳动量单位计量的指标	工日、工时、工件等

讨论下列指标分别是哪一类指标。

（1）本学期开学以来共有六周，某班每周的综合得分分别为 95 分、98 分、97 分、89 分、99 分、100 分，每周一第一节课出勤人数分别为 45 人、46 人、48 人、50 人、47 人、50 人。

（2）2017 年，我国全年粮食种植面积 11 222 万公顷，棉花种植面积 323 万公顷，全国一般公共预算收入 172 567 亿元，年末国家外汇储备 31 399 亿美元。（资料来源：《中华人民共和国 2017 年国民经济和社会发展统计公报》）

三、总量指标的计算方法

总量指标的计算方法有直接计算法和间接推算法两种。

直接计算法是指对要研究的现象总体进行直接计量、汇总而得到总量指标的方法。这是最常见、最基本的总量指标计算方法，统计普查、统计报表中的绝大部分总量指标都是采用这种方法得到的。

间接推算法是指根据现象间相互依存、相互制约的关系推算得到总量指标的方法，如利用期初库存、本期购进、本期销售推算本期库存总量。

第二节　相对指标

相对指标又称统计相对数，是两个有联系的指标数值的比值。用来对比的两个数可以是绝对数、平均数，也可以是相对数。相对指标的特点是把用来对比的两个具体数值抽象化，从而更加清晰、深刻地说明现象间的关系，以助于人们对事物的了解和认识。

一、相对指标的作用

第一，相对指标能具体表明现象间的相互关联程度，以便于人们对现象进行对比分析。总量指标是人们认识事物的基础，能够反映现象的总规模、总水平，但是现象发展的快慢、好坏只用总量指标是难以说明的，还必须用相对指标进行说明。

例如，2017 年我国全社会固定资产投资 641 238 亿元，比上年增长 7.0%。其中固定资产投资（不含农户）631 684 亿元，增长 7.2%。中部地区投资 163 400 亿元，增长 6.9%；东部地区投资 265 837 亿元，增长 8.3%；西部地区投资 166 571 亿元，增长 8.5%；东北地区投资 30 655 亿元，增长 2.8%；跨区域投资 5 221 亿元。通过上述相对指标可以清楚地看到我国 2017 年固定资产投资整体及区域的增长情况。（资料来源：《中华人民共和国 2017 年国民经济和社会发展统计公报》。）

第二，相对指标能够从合理的角度对现象进行对比。例如，由于企业生产经营的范围和环境不同，所以在分析对比不同企业经营管理水平和效率时，不能把不同行业、不同规模、不同地区企业之间的利润额、增加值等指标进行对比，而应该用资金利润率、产值计划完成程度、产值发展速度、劳动生产率等相对指标进行对比，才更为合理。

第三，相对指标是宏观调控依据的重要指标。例如，我国的经济增长速度、居民消费价格、失业率等都是国家宏观调控所依据的重要指标。

第四，相对指标是组织和评价企业经营管理水平的重要依据。例如，企业的产品合格率、劳动效率、资金利用率、资产负债率、计划完成程度、平均工资等，既是企业有序有效组织生产经营的重要参考依据，也是评价企业经营管理水平的重要指标。

二、相对指标的基本公式和表现形式

1. 相对指标的基本公式

常用相对指标有计划完成相对数、结构相对数、比例相对数、比较相对数、强度相对数、动态相对数。

由于分析问题的角度不同，每种相对指标具体的计算公式各不相同，但它们的基本表达式是相同的，即：

$$C=\frac{A}{B} \tag{4-1}$$

式中 C——相对指标；

A——要研究说明的事物的数值；

B——参照对比事物的数值。

点拨

本节中相对指标的计算公式都有一个共同点，即要研究说明某个事物时，就把那个事物的数值放在分子的位置上。

2. 相对指标的表现形式

相对指标的表现形式（计量单位）有很多种，见表 4–2。

表 4–2 相对指标的表现形式

表现形式	含义	应用条件
系数（小数）	将对比的基数抽象化为 1	分子分母数值相差不大
倍数（倍）	将对比的基数抽象化为 1	分子比分母数值大很多
成数（成）	将对比的基数抽象化为 10	常用于农业生产经营
百分数（%）	将对比的基数抽象化为 100	分子分母的比值通常为 0 ~ 2
千分数（‰）	将对比的基数抽象化为 1 000	分子数值比分母小得多
复名数（…… / ……）	两个有联系的数值的比较	分子分母计量单位结合使用

表 4–2 所介绍的相对指标的六种表现形式可分为有名数和无名数两类。有名数指复名数，这种表现形式只有强度相对数使用。例如，人口密度用“人 / 平方千米”，全员劳动效率用“元 / 人”等。无名数的应用则非常广泛。

三、相对指标的类型及应用

1. 计划完成相对数

计划完成相对数是反映实际完成状况与计划任务的相对数，用百分数作为计量单位，所以有时也称为计划完成百分比。

$$计划完成百分比=\frac{实际完成数}{计划任务数}\times 100\% \tag{4-2}$$

应用这个公式时应注意两点：

第一，它是要看实际完成任务的情况如何，所以无论检查分析哪一种情况，都应把实际完成数放在分子的位置上。

第二，实际完成数的口径要与计划指标的要求一致。

计划完成百分比可以进行进一步的应用，用于绝对数计划、相对数计划和平均数计划等的检查，如图 4–1 所示。

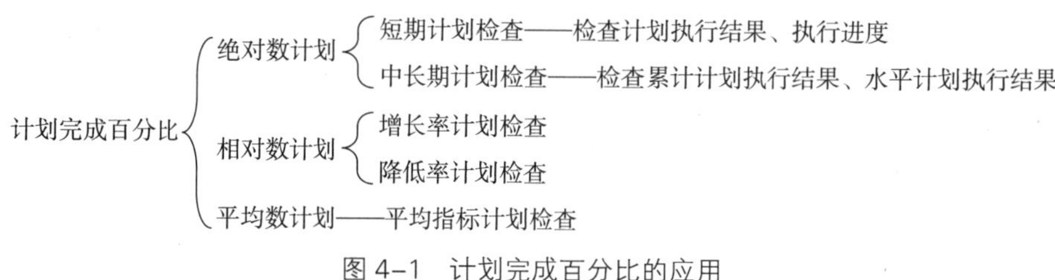

图 4–1　计划完成百分比的应用

下面按照图 4–1 所示的顺序介绍计划完成相对数的具体应用和计算，以及根据计划完成相对数基本计算公式推导出的几个计算公式。

（1）绝对数短期计划执行结果

$$计划完成百分比=\frac{实际完成数}{计划任务数}\times 100\% \tag{4-3}$$

例 4–1

张丰同学计划本学期专业课考核考 90 分，结果得到 95 分，该学生计划完成得如何？

$$张丰专业课考核计划完成百分比=\frac{95}{90}\times 100\%\approx 105.6\%$$

计算表明：张丰同学超额完成计划 5.6%（105.6%–100%=5.6%）。

例 4–2

王明同学计划节约生活费用，上个月计划总花费 400 元，到月底合计生活费总支出 460 元。王明完成了原定计划吗？

$$王明节约生活费用计划完成百分比=\frac{460}{400}\times 100\%=115\%$$

计算表明：王明同学还差 15%（115%–100%=15%）才完成原定节约生活费用的计划。

点拨

计划完成百分比的说明

计划完成百分比不一定都是等于或大于 100% 为好，概括起来有三种情况：

1. 无论是什么性质的指标，计算结果等于 100% 就表明正好完成了预定计划。

2. 收入成果类指标以大于 100% 为超额完成计划，小于 100% 为未完成计划。

3. 费用支出类指标以小于 100% 为超额完成计划，大于 100% 为未完成计划。

课堂活动

讨论以下问题：例 4-1、例 4-2 中计算结果都是大于 100%，为什么一个是超额完成计划，一个是未完成计划？

（2）绝对数短期计划执行进度

$$计划完成百分比 = \frac{实际完成累计数}{全期计划任务数} \times 100\% \quad (4-4)$$

例 4-3

某企业计划全年销售额为 500 万元，1—9 月份实际完成 300 万元，该企业年度计划完成情况如何？年底是否能完成年度计划？

$$该企业年度销售计划执行进度百分比 = \frac{300}{500} \times 100\% = 60\%$$

计算表明：该企业 1—9 月份完成年度销售计划的 60%，时间已过四分之三，任务只完成 60%，照此进度，年底将难以完成全年计划。

例 4-4

本学期有 4 个月，赵成同学计划在本学期末之前给父母做 15 次饭，实际完成的情况是：第一个月 4 次，第二个月 3 次，第三个月 5 次，赵成的计划完成得如何？预计能否按时完成全部计划？

$$\text{赵成本学期做饭计划执行进度百分比} = \frac{4+3+5}{15} = \frac{12}{15} \times 100\% = 80\%$$

计算表明：赵成同学前三个月完成本学期做饭计划的 80%，时间已过四分之三，任务已完成 80%，照此进度，期末将会完成预定计划。

想一想?

1. 如果要在每一季度末对年度计划进度进行检查，那么应用公式（4-4）时，分子位置上应分别放哪个时间的实际完成累计数值?

2. 这样的计划检查是否还需要考虑指标是收入类还是支出类?

（3）绝对数中长期累计计划执行结果

$$\text{中长期累计计划完成百分比} = \frac{\text{计划期内实际完成累计数}}{\text{计划期内计划累计数}} \times 100\% \quad （4-5）$$

例 4-5

赵明同学计划在校 3 年内完成计算机文字录入累计 100 万字的目标。第一年实际录入 20 万字，第二年实际录入 50 万字，第三年 1—6 月实际录入 30 万字，第三年全年累计录入 36 万字。赵明同学的计划完成得如何？他提前多长时间实现了自己的计划目标?

$$\text{赵明 3 年计算机文字录入累计计划完成百分比} = \frac{20+50+36}{100} = \frac{106}{100} \times 100\% = 106\%$$

计算表明：赵明同学 3 年的预定计划完成 106%，超额 6%（106%-100%=6%）完成计划，截至第三年 6 月底已累计完成 100 万字（20+50+30），剩余 6 个月为提前完成计划的时间。

（4）绝对数中长期水平计划执行结果

$$\text{中长期水平计划完成百分比} = \frac{\text{计划期最后一期实际达到的水平}}{\text{计划最后一期达到的水平}} \times 100\% \quad （4-6）$$

例 4-6

赵明同学计划第三年毕业时计算机文字录入水平达到 100 字 / 分钟，实际结果是第一年年底达到 30 字 / 分钟，第二年年底达到 80 字 / 分钟，第三年 5 月底达到 100 字 / 分钟，第三年年末达到 120 字 / 分钟。赵明同学的计划完成得如何？他提前多长时间实现了自己的计划目标?

$$赵明计算机文字录入水平计划完成百分比 = \frac{120}{100} \times 100\% = 120\%$$

计算表明：赵明同学 3 年的预定计划完成 120%，超额 20%（120%–100%=20%）完成计划，截至第三年 5 月底已达到 100 字 / 分钟的计划速度，剩余 7 个月为提前完成计划的时间。

例 4–7

某企业计划到第五年期末某种产品的年产量达到 100 吨，该企业第四年、第五年的实际生产情况见表 4–3。根据表中资料计算该企业计划完成情况及提前完成计划时间。

表 4–3　　某企业某产品第四年及第五年生产情况　　吨

年 \ 月份	1	2	3	4	5	6	7	8	9	10	11	12	全年合计
第四年	6	7	7	7	8	8	8	8	7	8	9	8	91
第五年	8	9	9	9	8	9	10	9	10	10	11	11	113

$$该企业某产品生产水平计划完成百分比 = \frac{113}{100} \times 100\% = 113\%$$

计算表明：该企业某产品生产水平计划超额完成 13%（113%–100%=13%），第四年 7 月份至第五年 6 月份，在跨年度的 12 个月里生产量已达到 100 吨，剩余的 6 个月为提前完成计划的时间。

点拨

检查中长期计划执行结果时可以跨年度计算实际完成数值，但必须是连续 12 个月的数值累计。

（5）相对数增长率计划执行结果

$$增长率计划完成百比分 = \frac{1+实际增长率}{1+计划增长率} \times 100\% \tag{4–7}$$

例 4–8

光明超市文具部计划本季度利润率比上年同期增长 3%，实际增长 4%，文具部完成计划了吗？

$$光明超市文具部利润率增长计划完成百分比=\frac{1+4\%}{1+3\%}\times100\%\approx100.97\%$$

计算表明：光明超市文具部利润率增长计划完成 100.97%，超额 0.97%（100.97%−100%=0.97%）完成预定计划。

例 4-9

某企业计划本季度职工的劳动效率比上年同期提高 2%，实际提高 1%，该企业完成计划了吗？

$$该企业职工劳动效率提高计划完成百分比=\frac{1+1\%}{1+2\%}\times100\%\approx99.02\%$$

计算表明：该企业职工劳动效率提高计划完成 99.02%，差 0.98%（99.02%−100%=−0.98%），未完成预定计划。

（6）相对数降低率计划执行结果

$$降低率计划完成百分比=\frac{1-实际降低率}{1-计划降低率}\times100\% \qquad (4-8)$$

例 4-10

某企业计划本季度商品损耗率比上季度降低 1%，实际降低了 2%，该企业完成计划了吗？

$$该企业商品损耗率降低计划完成百分比=\frac{1-2\%}{1-1\%}\times100\%\approx98.99\%$$

计算表明：该企业商品损耗率降低计划完成 98.99%，超额 1.01%（98.99%−100%=−1.01%）完成计划。

点拨

在公式（4-7）、公式（4-8）中，“1+ 增长率”和“1− 降低率”之中的“1”代表上年或上季同期。计算增减率计划完成百分数时，分子分母不能漏掉上期的基数 1。

想一想?

相对数计划完成百分比的计算能否直接用增长率或降低率相比较？例如，例 4-10 中，能否直接用 2% 除以 1%？为什么？

（7）平均指标计划执行结果

$$平均指标计划完成百分比 = \frac{实际平均数}{计划平均数} \times 100\% \qquad (4-9)$$

例 4-11

某企业计划年度每名工人平均日产量达到 500 件，实际达到了 520 件，该企业完成计划了吗?

$$该企业年度每名工人平均日产量计划完成百分比 = \frac{520}{500} \times 100\% = 104\%$$

计算表明：该企业年度每名工人平均日产量计划完成 104%，超额 4%（104%-100%=4%）完成计划。

2. 结构相对数

结构相对数是总体中的每一部分数值与总体数值的比值。结构相对数是在统计分组的基础上计算得到的，反映了总体各个组成部分在总体中所占的比重。

$$结构相对数 = \frac{总体部分数值}{总体全部数值} \times 100\% \qquad (4-10)$$

结构相对数一般用百分数表示，各组比重之和应等于 1 或 100%。结构相对数在统计研究中应用非常广泛，它的主要作用有：

一是反映事物的内部结构，说明事物的性质和特征。

2017 年我国国内生产总值三次产业构成情况见表 4-4。

表 4-4　　2017 年我国国内生产总值三次产业构成情况　　亿元

合计	第一产业增加值	第二产业增加值	第三产业增加值
827 122	65 468	334 623	427 032

资料来源：《中华人民共和国 2017 年国民经济和社会发展统计公报》。

例 4-12

计算 2017 年我国国内生产总值中三次产业增加值所占比重，并分析计算结果。

$$第一产业增加值所占比重 = \frac{65\ 468}{827\ 122} \times 100\% \approx 7.9\%$$

$$第二产业增加值所占比重 = \frac{334\ 623}{827\ 122} \times 100\% \approx 40.5\%$$

$$第三产业增加值所占比重 = \frac{427\ 032}{827\ 122} \times 100\% \approx 51.6\%$$

计算表明：2017 年我国第三产业增加值占国内生产总值比重已超过第一产业和第二产业，达到 51.6%。而 21 世纪初世界中等收入国家国内生产总值中第三产业所占比重是 53%，世界平均水平是 69%。由此可见，我国现在仍属于欠发达的发展中国家。

二是反映事物结构的变化，说明事物的发展变化过程和趋势。

我国国内生产总值按三次产业划分的结构变化情况见表 4–5。

表 4–5　　我国国内生产总值按三次产业划分的结构变化情况　　%

年份	第一产业增加值占国内生产总值比重	第二产业增加值占国内生产总值比重	第三产业增加值占国内生产总值比重
1978	27.7	47.7	24.6
1990	26.6	41.0	32.4
2000	14.7	45.5	39.8
2010	9.5	46.4	44.1
2015	8.8	40.9	50.2
2016	8.6	39.9	51.6
2017	7.9	40.5	51.6

资料来源：《中国统计年鉴 2018》。

从表 4–5 中的数据可见，自我国改革开放以来，第一产业增加值在国内生产总值中所占的比重逐步下降，第三产业增加值所占的比重逐步提高。

三是反映人、财、物力的利用程度。利用一些结构相对数，如出勤率、产品合格率、商品损耗率、设备利用率等，可以分析说明事物的质量，以及人、财、物力的利用效率和使用状况等。

四是结构相对数对计算和分析加权平均数的大小有重要作用。

想一想?

1. 如果没有对总体进行科学分组，能计算结构相对数吗?
2. 结构相对数的分子分母能用不同总体的数值吗?
3. 结构相对数的合计数能大于 100% 或小于 100% 吗？为什么?

3. 比例相对数

比例相对数是同一总体中不同部分指标数值的比值，一般用百分数或倍数表示。比例相对数主要用于研究和分析总体内部的比例关系。

$$比例相对数=\frac{总体某一部分数值}{总体另一部分数值}\times 100\% \tag{4-11}$$

例 4-13

2017 年年末我国大陆总人口 139 008 万人，其中男性人口 71 137 万人，女性人口 67 871 万人。计算说明我国总人口中男性人口与女性人口的比例。（资料来源：《中华人民共和国 2017 年国民经济和社会发展统计公报》。）

$$我国男性人口与女性人口的比例=\frac{71\ 137}{67\ 871}\times 100\% \approx 104.8\%$$

计算表明：2017 年年末我国总人口中男性人口与女性人口的比例为 104.8∶100（以女性为 100）。

计算和应用比例相对数时应注意：第一，分子分母必须是同一总体内的同类指标；第二，分子分母可以互换位置，但是互换位置后反映问题的角度也会跟着发生变化。

4. 比较相对数

比较相对数是不同总体同类指标数值的比值，它反映同类事物或现象在不同时间、空间条件下的数量对比关系，常用来分析研究不同单位、部门、地区、国家之间经济社会发展的差异，一般用百分数或者倍数表示。

$$比较相对数=\frac{某总体某指标数值}{另一总体同类指标数值} \tag{4-12}$$

例 4-14

甲乙单位生产某种产品的单位成本分别是 50 元 / 千克和 52 元 / 千克。比较两个单位的生产成本。

$$甲与乙的比较相对数=\frac{50}{52}\approx 96.2\%$$

计算表明：甲单位生产某种产品的单位成本是乙单位的 96.2%。

在这个例子中，也可以用乙单位作为分子，甲单位作为分母进行比较。

$$乙与甲的比较相对数=\frac{52}{50}=104\%$$

计算表明：乙单位生产某种产品的单位成本是甲单位的 104%。

计算和应用比较相对数时应注意：第一，用来对比的两个指标可以是平均数、绝对数，也可以是相对数；第二，一般来讲，比较相对数的两个数值可以在分子分母位置上互换，但是互换以后反映问题的角度也随之变化，如例 4-14 所示；第三，如果要把行业、国家或国际规定的统一标准作为比较的基础，则这些数值应该在分母位置上，而且分子分母不能互换。

5. 强度相对数

强度相对数是两个性质不同但有一定联系的总量指标的比值，它反映事物或现象的强度、密度和普遍程度，常用来说明一个部门、地区、国家的经济实力及经济效益，一般用有名数表示。

$$强度相对数=\frac{某一总量指标数值}{另一性质不同但有联系的总量指标数值} \qquad (4-13)$$

例 4-15

甲乙两地区的人口、粮食产量、地区生产总值等资料见表 4-6。计算强度相对数并说明计算结果。

表 4-6　　2018 年甲乙两地区基本情况统计表

地区＼指标	土地面积（平方千米）	年末总人口（万人）	粮食产量（万吨）	地区生产总值（亿元）	人口密度（人 / 平方千米）	人均粮食产量（千克 / 人）	人均地区生产总值（元 / 人）
甲	15 000	760	380	2 432	506.7	500	32 000
乙	18 000	800	416	2 400	444.4	520	30 000

$$甲地区的人口密度=\frac{7\ 600\ 000\ 人}{15\ 000\ 平方千米}\approx 506.7（人/平方千米）$$

$$乙地区的人口密度=\frac{8\ 000\ 000\ 人}{18\ 000\ 平方千米}\approx 444.4（人/平方千米）$$

计算表明：2018 年年底，甲地区人口密度为每平方千米 506.7 人，乙地区为每平方千米 444.4 人，甲地区的人口密度大于乙地区。

用同样的方法可以计算得出：甲地区人均粮食产量为每人 500 千克，小于乙地区的每人 520 千克；甲地区人均地区生产总值为每人 3.2 万元，大于乙地区的每人 3 万元。仅从这两组数据来看，乙地区粮食生产水平略强于甲地区，而甲地区的经济实力要略强于乙地区。

强度相对数的分子和分母可以互换。与比较相对数、比例相对数不同的是，强度相对数的分子和分母互换以后，反映问题的角度和分析结论是一样的。例如，例 4-15 中甲乙两地区的人口密度也可以计算如下：

$$甲地区的人口密度 = \frac{15\,000\ 平方千米}{760\ 万人} \approx 19.74（平方千米/万人）$$

$$乙地区的人口密度 = \frac{18\,000\ 平方千米}{800\ 万人} = 22.5（平方千米/万人）$$

计算表明：2018 年年底，甲地区人口密度为每万人 19.74 平方千米，乙地区为每万人 22.5 平方千米，甲地区的人口密度大于乙地区。

点拨

例 4–15 计算人口密度时，把人口数放在分子位置上，计算出来的数值大，说明人口的密度大。这种计算方法称为正算法，得出的指标称为正指标。如果把人口数放在分母位置上，计算出来的数值小，说明人口密度大，这种计算方法称为逆算法，得出的指标称为逆指标。无论是正算还是逆算，结论都是一样的：甲地区的人口密度大于乙地区。

所有的强度指标都有这个特点，在分析问题时究竟是用正指标还是逆指标，要根据人们对这一问题的认识习惯来定。例如，在计算人口密度时，人们一般容易理解和使用正指标。

在例 4–15 中，计算出的人均粮食产量、人均地区生产总值、人口密度等指标虽然都带有“人均”两个字，但它们都不是平均指标，两者有明显的区别。

例 4–16

某班上学期有学生 50 名，其中有 35 名志愿者参加了各种公益活动，累计进行公益服务 60 次。计算其强度相对数与平均数。

$$强度相对数 = \frac{60\ 次}{50\ 人} = 1.2（次/人）$$

$$平均数 = \frac{60\ 次}{35\ 人} \approx 1.71（次/人）$$

计算表明：该班学生上学期进行公益服务的普遍程度是 1.2 次 / 人，志愿者平均每人进行公益服务 1.71 次。

知识窗

强度指标和平均指标的区别

强度指标的分子分母虽然有一定联系，但是没有平均指标联系密切。

例 4-16 中，分母位置上的 50 个人就有一部分没有参与公益活动。平均指标的分母上一般要放总体单位总量，分子要放总体标志总量，而且每一个总体单位都具有这种标志值，分子与分母的联系十分紧密。例如，例 4-16 的 35 个人中每个人都参与了公益活动，这是与强度指标的区别之一。另外，两者分析说明问题的角度不一样，强度指标分析说明现象的密度或强度，平均指标说明现象的一般水平。

6. 动态相对数

动态相对数是同类指标不同时期数值的比值，它反映现象发展的趋势和程度，常用来说明某种现象报告期（要分析研究的时期）情况与对比基期情况相比较是上升还是下降，上升多少或者下降多少。它一般用百分数表示。

$$\text{动态相对数} = \frac{\text{报告期数值}}{\text{基期数值}} \times 100\% \qquad (4\text{–}14)$$

例 4–17

我国居民年人均可支配收入为：2016 年 23 821 元，2017 年 25 974 元。计算动态相对数并分析计算结果。（资料来源：《中国统计年鉴 2018》。）

$$2017\text{ 年与 }2016\text{ 年相比的动态相对数} = \frac{25\,974}{23\,821} \times 100\% \approx 109.04\%$$

计算表明：2017 年我国居民年人均可支配收入是上年同期的 109.04%，比上年增长 9.04%。

计算和应用动态相对数时应注意：第一，分子位置上的指标数值可以是现在的，也可以是过去的，但是总是比分母位置上的指标数值距离现时近；第二，分子分母数值位置不能互换。

四、计算和应用相对指标的原则

1. 正确选择对比基数

正确选择相对指标的对比基数对于客观地分析和认识问题很重要。如何确定对比的基数，主要应根据研究问题的目的而定。例如，2017 年年末我国大陆人口总量为 139 008 万人。这个总量指标与我国国土面积相比，反映我国的人口密度；与其他国家人口总量相比，反映我国人口与其他国家人口的差异程度；与 2016 年年末我国大陆人口总量相比，反映我国人口在一年内的变化情况。究竟选择哪一个作为对比的基数，要看分析和研究问题的目的是什么。

2. 确保分子和分母的可比性

分子和分母在内涵、计算范围、计算方法、计量单位、计算价格、所属时间等方面是否一致，是计算和应用相对指标的关键。如果分子和分母在这些方面有任何的不一致，其计算结果都将影响对问题的认识和评价。

3. 相对指标应和总量指标结合运用

相对指标具有抽象化的特点，从而掩盖了现象间绝对量的差别。只有把相对指标与总量指标结合运用，才能对现象有一个具体、全面的认识。例如，甲乙两个企业在一次雪灾中库存商品均损失 15%，现在要组织和调动救灾力量去援助，能否平均分配？这时单看损失率是不妥当的，还应看两个企业的库存总量及受损商品的总量才能合理安排援助力量。

4. 多种相对指标应结合运用

每种相对指标只能从一个侧面反映和说明现象间的关系，而现象的发展变化是多方面的。要对其做出全面的、符合实际的评价，往往需要多种相对指标结合运用。例如，某地要对甲乙两个企业的发展情况进行评价。2017 年甲企业的增加值为 160 万元，乙企业为 200 万元。2018 年甲企业的增加值为 200 万元，乙企业为 220 万元。经计算可知：甲企业 2017 年增加值是乙企业的 80%，2018 年增加值是乙企业的 90.9%。只从这两个指标来看，甲企业的发展不如乙。但是，从动态相对指标来看，2018 年甲企业增加值是上年的 125%，乙企业是上年的 110%。可见，甲企业的发展势头强于乙，应该给予甲企业积极的评价和鼓励。

分小组总结归纳六种相对指标的共同点和不同点。

第三节　平均指标

一、平均指标概述

1. 平均指标的概念

平均指标是反映同质总体内各单位的某一数量标志在一定条件下所达到的一般

水平的综合指标，又称平均数。例如，企业工人的技术水平有高有低，每天生产的产品数量有多有少，以最多或最少的产品数量代表整个企业工人的生产水平都是不合适的。而用“月人均产量”来反映企业工人的一般生产水平就比较合适。类似的情况有许多，例如，通常使用平均分数、平均价格、平均工资、平均利率等平均数代表现象的一般水平。

2. 平均指标的特点

（1）平均指标是一个抽象数值，反映现象的集中趋势

平均指标把总体各单位的差异通过计算抹平了，抽象为反映总体特征的综合性数值。例如，某车间有 50 名工人，月平均工资 5 001.5 元，也许 50 名工人中没有一个人的工资正好是 5 001.5 元。但是，这 50 名工人的月工资数额都是围绕着 5 001.5 元上下波动的。所以，平均指标能够反映总体内各单位某一特征的集中趋势，并且是一个抽象化的数值。

（2）平均指标是一个代表值

平均指标代表大多数总体单位某一标志值达到或接近的水平。平均指标的代表性对于分析问题非常重要。一个代表性很弱的平均数说明不了问题的本质。平均指标究竟有无代表性以及代表性的大小主要取决于总体内部的差异程度。差异大则代表性相对比较弱，差异小则代表性相对强一些。另外，计算方法也会影响代表性。因此，为了增强其代表性，应该根据具体情况选择合适的方法来计算平均数。

3. 平均指标的作用

（1）平均指标可用于同类现象在不同条件下的对比

例如，两个企业规模不同，生产的产品不同，用职工的平均工资、产品的单位成本、工人的劳动效率等平均指标就可以比较分析两个企业的工资水平、管理水平。

（2）平均指标可用于分析研究同一现象在不同时间发展变化的趋势

例如，我国花生产量有关数据见表 4-7。

表 4-7　　我国 1978—2016 年花生单位面积产量

指标 \ 年份	1978	1990	2000	2010	2015	2016
单位面积产量（千克 / 公顷）	1 344	2 191	2 973	3 460	3 640	3 678
与前期相比增长（%）	—	163	135.7	116.4	105.2	101

注：1. 资料来源为《中国统计年鉴 2018》。
　　2. 1 公顷 =15 亩。
　　3. 1978—2016 年的统计时间间隔不等。

从表 4-7 中花生的“单位面积产量”这一平均指标可以清楚地看到，改革开放以来我国花生生产水平总体上是在不断提高的，但是每一时段的提高幅度不大而且不均衡。

（3）平均指标可以作为评判事物和经济活动的参考标准

例如，工人的劳动效率可以作为核定工作量的参考标准，平均工资可以作为支付赔偿额、核定社会保障费用等重要数据的标准。

（4）平均指标可以用于分析现象之间的依存关系

例如，商品流通费用率与商品流转额之间的关系、农作物单位面积产量与施肥量之间的关系都可以用平均指标进行分析说明。

4. 平均指标的类型

常用的平均指标有算术平均数（包括简单式、加权式、调和式）、位置平均数（包括众数、中位数）、几何平均数（简单式、加权式）三大类。

二、算术平均数

根据所掌握资料的齐全程度不同，算术平均数有三种计算方法，分别是简单法、加权法、调和法。其基本的计算公式如下：

$$算术平均数 = \frac{总体标志总量}{总体单位总量} \tag{4-15}$$

这个公式的特点是：分子与分母的数值有一一对应的关系，分子与分母位置上的数值不能互换位置。

1. 简单算术平均数

在分子与分母资料齐全的条件下，可以用简单法计算平均数。

$$\bar{x}=\frac{x_1+x_2+x_3+\cdots+x_n}{n}=\frac{\sum x}{n} \tag{4-16}$$

式中 $\bar{x}$——平均数；

x——变量值，即各个标志值；

n——总体单位数；

$\sum$——求和符号。

例 4-18

假设某生产小组有 7 名工人组装某种产品，某日每个人完成的数量分别为 30，32，35，29，38，26，25 件。计算 7 名工人当天的平均产量。

$$7名工人当天的平均产量=\frac{\sum x}{n}=\frac{30+32+35+29+38+26+25}{7}=\frac{215}{7}\approx 30.7（件/人）$$

计算表明：7 名工人当天的平均产量是 30.7 件 / 人。

从上面的计算可以看出，在这种条件下计算平均数确实比较简单。同时，简单算术平均数易受极大值或极小值的影响。因此，在一些竞技比赛中，通常会去掉一个最高分和一个最低分，然后加总平均，以防个别极值抬高或拉低平均值。

2. 加权算术平均数

在分母资料齐全、缺少分子资料的条件下，可以使用加权法计算平均数。

$$\bar{x}=\frac{x_1f_1+x_2f_2+x_3f_3+\cdots+x_nf_n}{f_1+f_2+f_3+\cdots+f_n}=\frac{\sum xf}{\sum f} \tag{4-17}$$

式中 x——各组变量值；

f——各组单位数（次数、频数）。

例 4-19

某班工人的日产量数据见表 4-8，计算该班工人的平均日产量。

表 4-8　　某班工人日产量数据及平均日产量计算表

各组日产量 x（件）	各组人数 f（人）	各组标志量 xf
10	3	30
12	5	60
14	2	28
合计	10	118

$$\bar{x}=\frac{\sum xf}{\sum f}=\frac{118}{10}=11.8（件）$$

计算表明：该班 10 名工人的平均日产量是 11.8 件。

从例 4-19 可以看出，在分组的情况下各组的人数（次数）不等，计算平均指标时，分母位置上的总体单位总量直接相加即可得到，分子位置上的标志总量需要先求出各组的标志量，然后相加才能得到。

这种计算平均数的方法称为加权法。为什么把这种计算方法称为加权法，把计算结果称为加权算术平均数呢？通过例 4-20 可说明这个问题。

例 4-20

某小组工人日产量数据见表 4-9。比较不同的次数结构对平均数的影响。

表 4-9　　某小组工人日产量数据及平均日产量计算表

各班日产量 x（件）	人数 f_1（人）	人数 f_2（人）	人数 f_3（人）	人数 f_4（人）	标志量 xf_1	标志量 xf_2	标志量 xf_3	标志量 xf_4
10	2	3	30	5	20	30	300	50
12	2	5	50	3	24	60	600	36
14	2	2	20	2	28	28	280	28
合计	6	10	100	10	72	118	1 180	114

本例中各班单位数为人数，当工人人数结构为 f_1 时，平均日产量 $\bar{x}=\frac{\sum xf}{\sum f}=\frac{72}{6}=12$（件），计算结果与简单算术平均数 $\bar{x}=\frac{\sum x}{n}=\frac{10+12+14}{3}=\frac{36}{3}=12$（件）一样。

当工人人数结构为 f_2 时，平均日产量 $\bar{x}=\frac{\sum xf}{\sum f}=\frac{118}{10}=11.8$（件）。

当工人人数结构为 f_3 时，平均日产量 $\bar{x}=\frac{\sum xf}{\sum f}=\frac{1\,180}{100}=11.8$（件）。

当工人人数结构为 f_4 时，平均日产量 $\bar{x}=\frac{\sum xf}{\sum f}=\frac{114}{10}=11.4$（件）。

点拨

在例 4-20 中，当工人人数结构为 f_1，即各班人数（次数）相等时，加权法的计算结果与简单法一样，各班人数对平均数没有影响；当工人总量不同，但是人数结构相同即 f_2 与 f_3 结构相同时，计算出的平均数相同；当工人总量相同，但是人数结构不同即 f_2 与 f_4 结构不同时，计算出的平均数不同。

这说明，在工人日产量（各班变量值）一定的情况下，平均数的大小与总体人数的多少无关，而与各班人数的多少或结构有直接关系。

从公式（4-17）及例 4-20 的计算和分析中不难看出，平均数的大小受两个因素的影响：一是变量值，二是各组次数。如果人数结构已定，变量值增大或减小，平均数也会随之增大或减小。如果变量值已定，则各组次数的多少或结构的变化对平均数的大小有着重要的影响。因此，通常把影响平均数大小的因素——次数称为权数，把这种计算方法称为加权法，把用这种方法计算的平均数称为加权算术平均数。

有时，计算加权算术平均数的权数不是用次数，而是用比重（$f \div \sum f$）。

$$\bar{x}=\sum\left(x \cdot \frac{f}{\sum f}\right) \tag{4-18}$$

想一想?

在例 4-20 中，如果要求计算出的平均日产量大于 11.8 件或者小于 11.4 件，该如何调整各组的人数结构?

例 4-21

某小组工人日产量数据见表 4-10，用结构相对数（比重）计算工人的平均日产量。

表 4-10　　某小组工人日产量数据及平均日产量计算表

各班日产量 x（件）	各班人数 f（人）	各班人数比重（$f/\sum f$）（%）	x（$f/\sum f$）（件）
10	5	50	5
12	3	30	3.6
14	2	20	2.8
合计	10	100	11.4

$$\bar{x}=\sum\left(x \cdot \frac{f}{\sum f}\right)=11.4\text{（件）}$$

从例 4-20、例 4-21 可以看出，用比重作为权数和用次数作为权数的计算结果是一样的。用比重计算时，权数的作用更直观一些。

例 4-22

赵楚购买了一批糖果，共有 5 种，具体的购进价格及数量资料见表 4-11。计算其平均购进单价。

表 4-11　　赵楚糖果购进资料及平均购进单价计算表

项目 \ 品种	品种 1	品种 2	品种 3	品种 4	品种 5	合计
单价 x（元 / 千克）	25	18	15	10	5	—
购进量比重（$f/\sum f$）（%）	10	10	10	50	20	100
x（$f/\sum f$）（元 / 千克）	2.5	1.8	1.5	5	1	11.8

$$\bar{x}=\sum\left(x \cdot \frac{f}{\sum f}\right)=11.8\text{（元/千克）}$$

计算表明：赵楚购进的糖果平均价格为每千克 11.8 元。

3. 调和平均数

在分子资料齐全，缺少分母资料的条件下，可以使用调和法计算平均数。

$$\bar{x}=\frac{\sum m}{\sum \frac{m}{x}} \qquad (4\text{–}19)$$

式中 m——各组的标志总量；

x——各组变量值。

对于公式（4–19），设 $m=xf$，则：

$$\bar{x}=\frac{\sum m}{\sum \frac{m}{x}}=\frac{\sum xf}{\sum \frac{xf}{x}}=\frac{\sum xf}{\sum f}$$

由此可见，调和平均数的计算公式是加权算术平均数计算公式的变形，只是计算过程稍有不同。如果是同样一份资料，计算的结果应该是一样的。

例 4–23

某地小麦产量资料见表 4–12。计算该地小麦的平均亩产量。

表 4–12　　某地小麦产量资料及平均亩产量计算表

各组亩产量 x（千克 / 亩）	各组总产量 m（千克）	各组播种面积 f（亩）
（1）	（2）	（3）=（2）÷（1）
400	66 500	166.25
450	50 000	111.11
460	68 000	147.83
合计	184 500	425.19

已知各组亩产量、各组总产量，缺少分母播种面积资料，求总体的平均亩产量。应先求出各组的播种面积，然后计算平均亩产量。

$$\bar{x}=\frac{\sum m}{\sum \frac{m}{x}}=\frac{184\,500}{425.19}\approx 433.92\text{（千克/亩）}$$

计算表明：该地小麦的平均亩产量是 433.92 千克 / 亩。

4. 用组距式数列计算算术平均数

例 4-24

某地小麦产量资料见表 4-13。计算该地小麦的平均亩产量。

表 4-13　某地小麦产量资料及平均亩产量计算表

各组亩产量（千克/亩）	各组总产量 m（千克）	各组组中值 x（千克/亩）	各组播种面积 f（亩）
（1）	（2）	（3）	（4）=（2）÷（3）
400～420	66 500	410	162.20
420～450	50 000	435	114.94
450～480	68 000	465	146.24
合计	184 500	—	423.38

$$\bar{x}=\frac{\sum m}{\sum \frac{m}{x}}=\frac{184\ 500}{423.38}\approx 435.78\text{（千克/亩）}$$

计算表明：该地小麦的平均亩产量是 435.78 千克/亩。

从例 4-24 的计算过程可见，用组距式数列计算算术平均数，首先要计算一个组中值，见表 4-13（3）栏，然后用组中值代表每一组的变量值计算平均数。

点拨

例 4-24 使用组中值作为每一组的变量值计算平均亩产量，带有一定的假设性，即假设每一组的所有数值都是位于组中值的位置，或者假设各组的标志值是均匀分布的。但是，这与实际情况可能并不完全吻合。因此，用组距式数列计算的算术平均数带有一定的假设性，是一个近似值。

讨论以下问题：

1. 如果甲乙两个班的专业课考核平均分都是 85 分，是否说明两个班学生的实际学习状况及效果一样？如果不一样，可能会有哪几种情况？

2. 算术平均数的三种计算方法有什么相同点与不同点？

三、位置平均数

位置平均数是根据其位置而确定的平均数，包括中位数和众数。这两种平均数最大的特点是，计算时不受极大值和极小值的影响。在有极值存在的情况下，算术平均数的代表性会受到一定影响，而位置平均数的代表性会更好。

1. 中位数 M_e

中位数是指标志值按照大小顺序排列后，处于变量数列中间位置上的变量值。中位数的确定根据所掌握的资料不同分以下三种情况：

（1）根据未分组资料确定中位数

$$中位数的位置=\frac{n+1}{2} \tag{4-20}$$

式中　n——变量值项数。

例 4-25

在一次技能比赛中，某支队伍的 6 名队员某项技能的得分分别为 3，6，7，8，8，9 分。确定其中位数。

第一步，确定中位数的位置。

$$中位数所在位置=\frac{6+1}{2}=3.5$$

第二步，计算中位数。第 3.5 项应该是第三个数值与第四个数值的平均值，所以中位数应该是（7+8）÷2=7.5（分）。

计算表明：6 名队员的得分中位数为 7.5 分。

点拨

在例 4-25 中，用算术平均法计算出的平均数为 6.8 分，中位数则为 7.5 分。6 位队员中有 4 位得分在 7 分以上，因此，在这个具体问题中，中位数 7.5 分比算术平均数 6.8 分更具有代表性。

当 n 为奇数时，中位数的位置更加容易确定，用公式（4-20）计算出中位数所在位置后，正对着那个位置的变量值即为中位数。在例 4-25 中，假如有 7 名队员参赛，得分分别为 2，3，6，7，8，8，9 分，则中位数位置是（7+1）÷2=4，即第四个位置上的分数“7 分”为中位数。

（2）根据单项式数列确定中位数

分组后的资料有单项式数列和组距式数列两种情况。

$$\text{分组资料中位数的位置}=\frac{\sum f}{2} \tag{4-21}$$

式中　$\sum f$——次数之和。

根据单项式数列确定和计算中位数的具体步骤见例 4-26。

例 4-26

某车间工人的日产量资料见表 4-14。确定和计算其中位数。

表 4-14　　某车间工人日产量资料及中位数计算表

每组日产量 x（件）	每组人数 f（人）	向上累计人数 f（人）	向下累计人数 f（人）
（1）	（2）	（3）	（4）
12	2	2	70
15	12	14	68
18	34	48	56
21	18	66	22
22	4	70	4
合计	70	—	—

第一步，计算累计次数（即累计人数）。

向上累计与向下累计均可，见表 4-14（3）（4）栏。

第二步，确定中位数的位置。

$$\text{中位数位置}=\frac{\sum f}{2}=\frac{70}{2}=35$$

第三步，确定中位数。

中位数是处于数列中间位置上的那个变量值。根据计算，中间位置是累计人数第 35 名工人。本例中无论是向上累计还是向下累计，第 35 名工人均在第三组。因此，第三组所对应的日产量“18 件”即为中位数。

（3）根据组距式数列确定和计算中位数

在这种情况下，中位数的位置确定以后，中位数有以下两个计算公式：

下限公式（向上累计使用）：

$$M_e=x_l+\frac{\frac{\sum f}{2}-s_{m-1}}{f_m}\times d \tag{4-22}$$

上限公式（向下累计使用）：

$$M_e=x_u-\frac{\frac{\sum f}{2}-s_{m+1}}{f_m}\times d \tag{4-23}$$

式中 x_l 与 x_u——中位数所在组的下限和上限；

s_{m-1}——中位数所在组以下的累计次数；

s_{m+1}——中位数所在组以上的累计次数；

f_m——中位数所在组的次数；

d——中位数所在组的组距。

根据组距式数列确定和计算中位数的具体步骤见例 4–27。

例 4–27

某公司职工的月工资资料见表 4–15。确定和计算职工月工资的中位数。

表 4–15 某公司职工月工资资料及中位数计算表

月工资（元）	人数 f（人）	组中值 x（元）	向上累计 f（人）	向下累计 f（人）
（1）	（2）	（3）	（4）	（5）
1 000～1 500	200	1 250	200	1 200
1 500～2 000	300	1 750	500	1 000
2 000～2 500	360	2 250	860	700
2 500～3 000	280	2 750	1 140	340
3 000 以上	60	3 250	1 200	60
合计	1 200	—	—	—

第一步，计算累计次数（即累计人数）。向上累计与向下累计均可，见表 4–15（4）（5）栏。

第二步，确定中位数的位置。

根据公式（4–21），中位数位置 $=\frac{\sum f}{2}=\frac{1\ 200}{2}=600$。

中位数应该在累计第 600 名工人所在的位置，第 600 名工人在第三组，第三组的月工资为 2 000～2 500 元。究竟是哪一个数值，还要通过计算才能够确定。

第三步，计算中位数。

根据公式（4–22）和公式（4–23），分别用下限公式、上限公式计算中位数。

根据下限公式计算中位数：

$$M_e=x_l+\frac{\frac{\sum f}{2}-s_{m-1}}{f_m}\times d=2\,000+\frac{\frac{1\,200}{2}-500}{360}\times 500\approx 2\,138.9\text{（元）}$$

根据上限公式计算中位数：

$$M_e=x_u-\frac{\frac{\sum f}{2}-s_{m+1}}{f_m}\times d=2\,500-\frac{\frac{1\,200}{2}-340}{360}\times 500\approx 2\,138.9\text{（元）}$$

计算表明：该公司职工的月平均工资为 2 138.9 元。

从上面的计算可见，用同一份资料计算中位数时，使用上限公式、下限公式的计算结果是一样的。

2. 众数 M_o

众数是总体中出现次数最多的那个变量值。根据所掌握的资料不同，众数的计算分以下三种情况：

（1）根据未分组资料确定众数

根据未分组资料确定众数是采用直接观察的方法，看哪一个变量值出现次数最多，它即是众数。在例 4–25 中，6 位队员的比赛得分分别为 3，6，7，8，8，9 分，其中有两人得 8 分，那么“8 分”即为众数。

（2）根据单项式数列确定众数

根据单项式数列确定众数的方法和根据未分组资料确定众数的方法是一样的，即根据分组资料直接观察，出现次数最多的那个组的变量值即为众数。例如，表 4–14 中出现次数最多的是第三组 34 人，那么这一组的变量值“18 件”即为众数。

（3）根据组距式数列确定和计算众数

众数有以下两个计算公式：

下限公式：

$$M_o=x_l+\frac{\varDelta_1}{\varDelta_1+\varDelta_2}\times d \tag{4–24}$$

上限公式：

$$M_o=x_u-\frac{\varDelta_2}{\varDelta_1+\varDelta_2}\times d \tag{4–25}$$

式中 x_l——众数所在组的下限；

x_u——众数所在组的上限；

$\varDelta_1$——众数所在组的次数与其前一组次数之差；

$\varDelta_2$——众数所在组的次数与其后一组次数之差；

d——众数组的组距。

根据组距式数列确定和计算众数的具体步骤如下：

第一步，确定众数所在组。

在例 4-27 中，根据表 4-15（1）（2）栏数据，出现次数最多的组是第三组 360 人，因此众数应该在这一组的 2 000～2 500 元之间。

第二步，计算众数。

将表 4-15 中的数据代入下限公式计算众数：

$$M_o=x_l+\frac{\Delta_1}{\Delta_1+\Delta_2}\times d=2\,000+\frac{360-300}{(360-300)+(360-280)}\times 500\approx 2\,214.3\text{（元）}$$

将表 4-15 中的数据代入上限公式计算众数：

$$M_o=x_u-\frac{\Delta_2}{\Delta_1+\Delta_2}\times d=2\,500-\frac{360-280}{(360-300)+(360-280)}\times 500\approx 2\,214.3\text{（元）}$$

计算表明：该公司职工的月平均工资为 2 214.3 元。用同一份资料计算众数时，使用上限公式、下限公式的计算结果是一样的。

想一想?

使用表 4-15 中的数据计算出的中位数是 2 138.9 元，计算出的众数是 2 214.3 元，两者为什么会不同？中位数与众数是否有数量关系？它们与算术平均数之间是否有数量关系？

四、几何平均数

几何平均数是 n 项变量值连乘积的 n 次方根，适合平均速度、平均比率等指标的计算。例如，某地区经济发展的年平均速度、某金融机构的平均利率、某产品几道工序的平均合格率等。几何平均数分为以下两种：

1. 简单几何平均数

简单几何平均数适用于根据未分组资料计算平均比率或平均速度，其计算公式为：

$$\bar{x}_G=\sqrt[n]{x_1\cdot x_2\cdot x_3\cdot\cdots\cdot x_n}=\sqrt[n]{\prod x} \tag{4-26}$$

式中 $\bar{x}_G$——几何平均数；

x——各变量值；

n——变量值项数；

Π——连乘符号。

例 4-28

某公司某种电器产品有流水线作业生产车间四个，某季度该产品的合格率分别是 96%，96%，95%，98%。计算其平均合格率。

$$\bar{x}_G=\sqrt[n]{\prod x}=\sqrt[4]{96\%\times96\%\times95\%\times98\%}\approx96.24\%$$

计算表明：该产品的平均合格率是 96.24%。

2. 加权几何平均数

加权几何平均数适用于根据分组资料计算平均比率或平均速度，其计算公式为：

$$\bar{x}_G=\sqrt[\sum f]{x_1^{f_1}\cdot x_2^{f_2}\cdot x_3^{f_3}\cdot\cdots\cdot x_n^{f_n}}=\sqrt[\sum f]{\prod x} \tag{4-27}$$

式中　f——变量值项数；

$\sum f$——变量值项数之和。

例 4-29

某商户在银行存款，第 1～3 年的本利率是 102%，第 4～5 年的本利率是 104%，第 6～8 年的本利率是 103%。计算该商户 8 年间的年平均存款本利率。

$$\bar{x}_G=\sqrt[\sum f]{x_1^{f_1}\cdot x_2^{f_2}\cdot x_3^{f_3}\cdot\cdots\cdot x_n^{f_n}}=\sqrt[8]{102\%^3\times104\%^2\times103\%^3}$$

两边取对数得：

$$\lg\bar{x}_G=\frac{1}{8}(3\lg102+2\lg104+3\lg103)=\frac{1}{8}\times16.098\,2\approx2.012\,3$$

$$\bar{x}_G\approx102.9\%$$

计算表明：该商户 8 年间年平均存款本利率为 102.9%，利率为 2.9%（102.9%−100%=2.9%）。

点拨

例 4-28 中计算几何平均数时采用的是直接用计算器开 4 次方，例 4-29 中用的是对数计算方法，这是开高次方常用的方法。

五、计算和应用平均指标的原则

1. 平均指标只能用于同质总体

平均指标表明的是同质总体的状况，只有在同质总体内，各单位才具有共同的特征，才能用平均数来说明现象的一般水平。如果把不同总体放在一起计算平均数，会缺乏代表性。例如，把企业投资者和生产一线职工合在一起计算平均工资，把发达地区和欠发达地区混在一起计算经济发展速度或者人均收入等平均指标，都是违背上述原则的做法。违反这一原则计算出的平均指标的代表性会受到人们的质疑。

2. 应以组平均数补充说明总平均数

用组平均数补充说明总平均数，可以更好地揭示事物内部结构的影响，避免对事物的片面认识。

例 4-30

甲乙两个企业工人的平均工资见表 4-16，对其进行分析。

表 4-16 甲乙两个企业工人平均工资

指标 岗位	甲企业			乙企业		
	平均工资（元 / 人）	人数（人）	工资总额（元）	平均工资（元 / 人）	人数（人）	工资总额（元）
普通工人	1 500	120	180 000	1 600	105	168 000
技术工人	3 000	80	240 000	3 100	45	139 500
合计	—	200	420 000	—	150	307 500

从总平均数来看，甲企业的每人 2 100 元（420 000 ÷ 200）大于乙企业的每人 2 050 元（307 500 ÷ 150）；从组平均数来看，甲企业普通工人组、技术工人组的平均工资都小于乙企业的同类型组。为什么甲企业的两个组平均数都小于乙，而总平均数却大于乙呢？主要是因为两个企业的工人结构存在差别，甲企业工资水平较高的技术工人所占比重为 40%（80 ÷ 200），大于乙企业的 30%（45 ÷ 150）。如果不参考组平均数，就会片面认为甲企业工人的工资水平高于乙企业。

3. 应以分配数列补充说明平均数

用分配数列补充说明平均数，能够反映总体各单位的差异状况。

例 4-31

某企业集团的 35 个下属企业上年完成利润计划情况见表 4-17。分析该情况。

表 4-17　　某企业集团完成利润计划情况

计划完成（%）	下属的企业数（个）	实际利润（万元）	计划利润（万元）
80 以下	2	22	30
80～100	4	30	32
100～120	25	260	226
120 以上	4	80	54
合计	35	392	342

计算该企业集团计划完成百分数：

$$计划完成百分数=\frac{实际完成数}{计划任务数}\times 100\%=\frac{392}{342}\approx 114.6\%$$

计算结果表明：该企业集团 35 个下属企业平均完成利润计划程度为 114.6%。

综合分析：该企业集团利润计划整体完成得比较好，平均超额完成计划 14.6%。但是，如果结合分配数列来看，计划完成情况并不均衡，有 6 个单位未完成预定计划。因此，应该分析原因，进一步挖掘潜力。

4. 应结合标志变异指标说明平均数的代表性

平均数的代表性是应用平均指标最为核心的问题。标志变异指标能够测定总体各单位的差异程度，用标志变异指标可以更好地衡量平均数的代表性。因此，可以形象地说，平均指标和标志变异指标是一对亲密伙伴，两者结合应用才更具有说服力。

第四节　标志变异指标

一、标志变异指标概述

1. 变异指标的概念

变异指标是反映总体各单位标志值差异程度的综合指标。标志的差异程度也称离散程度、离中程度。变异指标也称为标志变动度，用它可以衡量总体各单位某种标志的离散程度。

平均指标是把总体各个单位的某种差异抽象化，以反映现象的集中趋势。通过平均指标只能看出现象的一般水平，看不出内部的差异状况。但是，每一个同质总体内部都存在着差异是客观现实。如果要对事物进行全面而深入的研究，就有必要对这种差异进行计算和分析，而标志变异指标能够解决这样的问题。

2. 变异指标的作用

（1）测定和评价平均数的代表性

通过计算标志变异指标能够测定和评价平均数的代表性。

例 4-32

甲乙两个学习小组各有 5 名学生，他们统计课的考核成绩如下：

甲组：75，76，81，83，95　　平均分 82

乙组：68，76，78，89，99　　平均分 82

甲乙两个小组的平均分虽然都是 82 分，但是可以明显看出，甲组 5 名学生的成绩差异小一些，乙组 5 名学生的成绩差异大一些。因此，甲组平均分的代表性要比乙组的强一些。可见，通过计算和分析标志变异指标，可以对各种平均指标的代表性做出比较准确的认识和评价。

（2）研究现象发展变化的稳定性、均衡性

研究工业生产过程中产品质量的稳定性、农作物新品种的筛选和推广、经济活动过程的均衡性等，都会用到标志变异指标。例如，在家用电器、食品的质量达标检测中，如果各批产品之间的差异小，说明质量稳定，反之则说明质量不稳定，就有必要进一步查找原因并进行改进。又如，一种新型小麦品种是否有推广价值，需要看其在各种自然条件下平均产量的差异状况，差异大则推广价值小，差异小则推广价值大。再如，某企业各月完成全年利润计划的进度差别大，表明生产经营不均衡，不利于如期全面完成计划，差异小则表明生产经营稳定均衡。这些都要通过计算和分析各种变异指标来实现。

3. 标志变异指标的类型

标志变异指标主要有极差、平均差、标准差和离散系数等，这四种变异指标的区别在于处理资料的方法不同，但其作用和分析说明的方法都一样。

二、极差

极差是数列中最大的标志值与最小的标志值之差，用“R”表示。极差反映了总体内部标志变动的最大可能范围。极差大，表明总体各单位的差异大，平均数的代表性相对弱（差）；极差小，表明总体各单位的差异小，平均数的代表性相对强

（好）。

$$R=\text{最大标志值}-\text{最小标志值} \tag{4-28}$$

在例 4–32 中，甲组的极差 =95–75=20（分），乙组的极差 =99–68=31（分）。在平均分相等的情况下，甲组的极差小于乙组，说明甲组内部成绩的差异小于乙组。所以，甲组平均分的代表性强于乙组。

从上面的计算和分析可以看出，极差计算方法简单，是测定标志差异程度最为简便易行的方法，计算结果的意义具体明了。在工业产品的生产过程中，很多产品的质量指标都规定有一定误差范围，超出一定范围就应查找原因。因此，极差常用来检查产品质量的稳定性和进行质量控制。但是，它易受最大值、最小值的影响，因而不能反映中间各项标志值的变动情况，而且无法显示次数分配的影响。所以，极差适用于对现象进行粗略的计算分析。

三、平均差

平均差是总体各单位标志值与总体平均数离差绝对值的平均数，用“$A\cdot D$”表示。由于各项离差之和等于 0，所以在计算过程中采用的是离差的绝对值。

平均差是根据所有标志值计算的。与极差相比，它更能够综合反映总体各单位标志值的差异程度。平均差大，表明总体内部的差异大，平均数的代表性弱；平均差小，表明总体内部的差异小，平均数的代表性强。根据掌握资料的不同，平均差分为简单式和加权式两种。

1. 简单平均差

未分组资料适合使用简单平均差，其计算公式如下：

$$A\cdot D=\frac{\sum|x-\bar{x}|}{n} \tag{4-29}$$

式中 $A\cdot D$——平均差；

x——各变量值；

$\bar{x}$——总体平均值；

n——变量值项数。

例 4–33

根据例 4–32，计算分析甲乙两个小组考核成绩的平均差。

根据例 4–32，可以计算得出甲乙小组考核成绩简单平均差的有关数据，见表 4–18。

表 4-18　　　　甲乙小组考核成绩简单平均差计算表

甲组			乙组		
分数 x（分）	$x-\bar{x}$	$\lvert x-\bar{x}\rvert$	分数 x（分）	$x-\bar{x}$	$\lvert x-\bar{x}\rvert$
75	−7	7	68	−14	14
76	−6	6	76	−6	6
81	−1	1	78	−4	4
83	1	1	89	7	7
95	13	13	99	17	17
合计	0	28	合计	0	48

$$甲组考核成绩平均差\ A\cdot D=\frac{\sum|x-\bar{x}|}{n}=\frac{28}{5}=5.6\text{（分）}$$

$$乙组考核成绩平均差\ A\cdot D=\frac{\sum|x-\bar{x}|}{n}=\frac{48}{5}=9.6\text{（分）}$$

计算表明：甲组 5 名学生考核成绩的平均差是 5.6 分，乙组 5 名学生考核成绩的平均差是 9.6 分。因此，在甲乙两组平均分相等的情况下，甲组的差异小于乙组，说明甲组平均分的代表性强于乙组。

2. 加权平均差

分组资料适合使用加权平均差，其计算公式如下：

$$A\cdot D=\frac{\sum|x-\bar{x}|\cdot f}{\sum f} \tag{4-30}$$

式中　$A\cdot D$——平均差；

x——各组变量值；

$\bar{x}$——总体平均值；

f——各组次数或频数。

例 4-34

根据例 4-32，假设甲组人数及结构均有变化，见表 4-19。计算甲组考核成绩的平均差。

$$甲组考核成绩平均分：\bar{x}=\frac{\sum xf}{\sum f}=\frac{1\ 224}{15}=81.6\text{（分）}$$

$$甲组考核成绩平均差：A\cdot D=\frac{\sum|x-\bar{x}|\cdot f}{\sum f}=\frac{64.8}{15}=4.32\text{（分）}$$

计算表明：甲组考核成绩的平均数为 81.6 分，平均差为 4.32 分。

表 4-19　　甲组考核成绩加权平均差计算表

分数 x（分）	人数 f（人）	xf	$x-\bar{x}$	$\lvert x-\bar{x} \rvert$	$\lvert x-\bar{x} \rvert \cdot f$
75	2	150	−6.6	6.6	13.2
76	3	228	−5.6	5.6	16.8
81	4	324	−0.6	0.6	2.4
83	4	332	1.4	1.4	5.6
95	2	190	13.4	13.4	26.8
合计	15	1 224	2	−	64.8

如果乙组人数结构也有变化，那么用同样的方法可以计算出乙组考核成绩的平均数和平均差。

点拨

在例 4-33 和例 4-34 中，甲组的变量值未变，但是计算出的平均分分别是 82 分、81.6 分。为什么会不同？是因为人数结构有变化。例 4-33 的各组人数（或比重）相同，都是 1（或 20%），而例 4-34 的各组人数（或比重）不同。这种结构的变化还引起各组变量值与平均数离差之和的变化：前者为 0，后者为 2。

想一想?

如果在例 4-33 和例 4-34 中，直接用各个变量值与平均数的离差（$x-\bar{x}$）之和计算平均差，会是什么结果?

四、标准差

为了解决各个变量值与总体平均数的离差正负相抵后无法计算平均离差的问题，通常采用取绝对值或求平方值的办法来计算。其中，用求平方值的方法计算的结果叫标准差。

标准差是总体各单位标志值与其平均数的离差平方的算术平均数的平方根，又称为均方差，用“σ”（σ 读作西格玛）表示。标准差的平方称为方差，用“σ^2”表示。

标准差与平均差的实质是一样的，只是对离差的数学处理方法有所不同。标准差采用计算离差平方的方法来消除正负离差，比平均差更为合理。因此，标准差是最常用的标志变异指标之一。标准差也分为简单式和加权式两种。

1. 简单标准差

未分组资料适合使用简单标准差，其计算公式如下：

$$\sigma=\sqrt{\frac{\sum(x-\bar{x})^2}{n}} \tag{4-31}$$

式中 x——各变量值；

$\bar{x}$——总体平均值；

n——变量值项数。

例 4-35

根据例 4-32，计算分析甲乙两个小组考核成绩的标准差，见表 4-20。

表 4-20　　甲乙小组考核成绩标准差计算表

甲组			乙组		
分数 x（分）	$x-\bar{x}$	$(x-\bar{x})^2$	分数 x（分）	$x-\bar{x}$	$(x-\bar{x})^2$
75	−7	49	68	−14	196
76	−6	36	76	−6	36
81	−1	1	78	−4	16
83	1	1	89	7	49
95	13	169	99	17	289
合计	0	256	合计	0	586

$$\text{甲组考核成绩标准差：}\sigma=\sqrt{\frac{\sum(x-\bar{x})^2}{n}}=\sqrt{\frac{256}{5}}\approx 7.2\text{（分）}$$

$$\text{乙组考核成绩标准差：}\sigma=\sqrt{\frac{\sum(x-\bar{x})^2}{n}}=\sqrt{\frac{586}{5}}\approx 10.8\text{（分）}$$

计算表明：甲组 5 名学生考核成绩的标准差为 7.2 分，乙组 5 名学生考核成绩的标准差为 10.8 分。在甲乙两组平均分相等的情况下，甲组的差异小于乙组，说明甲组平均分的代表性强于乙组。

2. 加权标准差

分组资料适合使用加权标准差，其计算公式如下：

$$\sigma=\sqrt{\frac{\sum(x-\bar{x})^2f}{\sum f}} \quad (4-32)$$

式中　x——各组变量值；

$\bar{x}$——各组平均值；

f——各组次数或频数。

例 4-36

某科研所在相同的自然条件下栽种甲乙两种水稻。其中，乙品种平均每亩产量为 662.5 千克，标准差为 34.5 千克，甲品种的资料见表 4-21。计算甲品种的平均亩产量和标准差，并分析计算结果。

表 4-21　　　　甲品种水稻资料及平均亩产量、标准差计算表

田块号码	播种面积 f（亩）	组产量 m（千克）	平均亩产量 x（千克 / 亩）	$x-\bar{x}$	$(x-\bar{x})^2$	$(x-\bar{x})^2f$
一	1.5	900	600	−63.3	4 006.89	6 010.3
二	3.5	2 310	660	−3.3	10.89	38.1
三	4	2 760	690	26.7	712.89	2 851.6
合计	9	5 970	—	—	—	8 900

甲品种的平均亩产量：$\bar{x}=\frac{\text{总产量}}{\text{总播种面积}}=\frac{5\,970}{9}\approx663.3$（千克 / 亩）

甲品种的标准差：$\sigma=\sqrt{\frac{\sum(x-\bar{x})^2f}{\sum f}}=\sqrt{\frac{8\,900}{9}}\approx31.4$（千克 / 亩）

计算表明：甲品种平均亩产量是 663.3 千克 / 亩，标准差是 31.4 千克 / 亩。在相同的自然条件下，甲乙两个水稻品种的平均亩产量基本相等。甲品种标准差小于乙品种，说明甲品种产量的稳定性略好于乙品种，应优先推广种植甲品种水稻。

想一想?

前面介绍的极差、平均差、标准差三种标志变异指标共同的应用条件是平均数相等或基本相等。在这一条件下，才能比较变异指标的大小，判断平均指标的代表性或现象的均衡性。如果平均数不等甚至差别很大，还能够应用这些标志变异指标吗？

五、离散系数

在不同的地域、生产方式、生活条件下，同一种现象的平均值会有差别甚至差别很大。如果条件相同但是平均指标、变异指标也很接近，那么在分析现象的变异状况时就要用离散系数。

离散系数也称标志变动系数，它是极差、平均差或标准差与平均数的比值，以百分数作为计量单位。最常用的是标准差离散系数，用“v_σ”表示，计算公式如下：

$$v_\sigma = \frac{\sigma}{\bar{x}} \times 100\% \tag{4-33}$$

式中 v_σ——标准差离散系数；

σ——标准差；

$\bar{x}$——平均值。

离散系数值越小，说明平均数的代表性越强；离散系数值越大，说明平均数的代表性越弱。

例 4-37

飞翔公司生产某种机器零件的工人平均日产量是 32 件 / 人，标准差是 5 件 / 人。新兴公司生产同一种机器零件的工人日产量资料见表 4-22。计算比较两个企业工人平均日产量的代表性。

表 4-22　　新兴公司工人日产量资料及平均日产量标准差计算表

平均日产量（件 / 人）	人数 f（人）	组中值 x（件 / 人）	xf	$x-\bar{x}$	$(x-\bar{x})^2$	$(x-\bar{x})^2f$
6～8	6	7	42	−2.9	8.41	50.46
8～10	8	9	72	−0.9	0.81	6.48
10～12	12	11	132	1.1	1.21	14.52
12 以上	4	13	52	3.1	9.61	38.44
合计	30	—	298	—	—	109.9

新兴公司工人每人的平均日产量：$\bar{x}=\frac{\sum xf}{\sum f}=\frac{298}{30}\approx 9.9$（件 / 人）

新兴公司工人平均日产量的标准差：$\sigma=\sqrt{\frac{\sum(x-\bar{x})^2f}{\sum f}}=\sqrt{\frac{109.9}{30}}\approx 1.91$（件 / 人）

新兴公司工人平均日产量的离散系数：$v_\sigma=\frac{\sigma}{\bar{x}}\times 100\%=\frac{1.91}{9.9}\times 100\%\approx 19.3\%$

飞翔公司工人平均日产量的离散系数：$\nu_\sigma=\frac{\sigma}{\bar{X}}\times100\%=\frac{5}{32}\times100\%\approx15.6\%$

计算表明：飞翔公司工人的平均日产量是 32 件 / 人，新兴公司是 9.9 件 / 人；飞翔公司工人平均日产量的离散系数是 15.6%，新兴公司是 19.3%。新兴公司工人平均日产量的离散系数大于飞翔公司，说明新兴公司工人的日产量差别大于飞翔公司，因此其平均数的代表性弱于飞翔公司。

点拨

例 4-37 中，由于两个企业的平均日产量相差很大，直接用标准差不能判断究竟哪一个变异更大。然而，两个企业的标准差是在各自平均日产量的基础上计算得到的，用各自的标准差占各自平均日产量的比重进行比较分析是比较合适的。

课堂活动

讨论以下问题：变异指标中的极差、平均差、标准差、离散系数等，从表现形式（计量单位）上看分别属于什么指标（绝对数、平均数、相对数）?

思考与练习

1. 什么是总量指标和相对指标？它们各有什么作用?

2. 简述总量指标、相对指标、平均指标和标志变异指标的分类。

3. 计算和应用平均指标时应注意哪些原则?

4. 某生计划本学期各科考试平均分为 85 分，实际各科考试平均分为 88 分，请计算分析该生计划完成的情况。

5. 某企业 2017 年前三季度利润计划完成情况见表 4-23，请计算分析该企业各个季度计划完成的结果，以及各个季度末的年度计划执行进度，并分析该企业能否完成全年的利润计划。

表 4-23　　某企业 2017 年前三季度利润计划完成情况

季度	计划利润（万元）	实际利润（万元）	各季度计划完成百分比（%）	累计实际利润（万元）	累计完成全年计划（%）
一季度	145	142			
二季度	155	156			
三季度	150	148			
四季度	150	—	—	—	—
全年合计	600	—	—	—	—

6. 某地区人口资料见表 4-24，请计算分析其结构相对数、动态相对数、比例相对数。

表 4-24　　某地区人口资料

指标	2000 年（人）	2010 年（人）	比重（%）		增长	
			2000 年	2010 年	增长量（人）	增长率（%）
总人口	126 583	133 972				
其中：男性人口	65 355	68 685				
女性人口	61 228	65 287				
其中：0～14 岁	28 979	22 246				
15～59 岁	84 437	93 961				
60 岁及以上	13 167	17 765				

part

05

第五章 | 统计实务专题

学习目标

- 掌握制订企业中长期计划的步骤和方法
- 了解统计指数的类型及作用
- 了解我国居民消费价格指数的计算方法和意义
- 掌握利用指数体系进行两因素分析的方法
- 掌握抽样平均误差的实际意义和计算方法
- 掌握区间推断的方法

第一节　企业中长期计划的制订

企业作为市场经济活动的主体，是创造社会财富的最基本单位，对社会经济的发展有重要作用。企业要实现健康持续的经营和发展，就必须适时制订符合自身特点和市场情况的近期和远期计划。

企业的经营发展计划有 1～2 年的近期计划（又称短期计划）、3～5 年的中长期计划和 5 年以上的远期规划。这里着重讨论中长期计划的制订。

一、制订中长期计划的步骤

制订中长期计划实际上就是预测、计划 3 ~ 5 年内企业的生产经营要达到什么目标。制订中长期计划大致有三个步骤：

第一，整理企业近 5 年、10 年或更长时期经营发展状况的统计资料，客观地分析和认识影响这一时期企业经营的内外部条件。

第二，编制动态数列，计算相关的指标或参数，建立数学模型。

第三，根据计算出的数据确定预测值。在此基础上，分析过去的客观条件对企业经营发展的影响，结合企业未来将要面临的情况，制订出比较切合实际的中长期计划。

二、采用动态数列法制订中长期计划

制订中长期计划有多种方法，其中动态数列法较为常用。动态数列是将要说明的现象总体的某一指标按时间顺序排列而成的数列，又称时间数列。如表 5–1 所示，它由时间和指标数值两个因素构成。用动态数列制订中长期计划，首先要整理历史资料并编制动态数列，然后计算相关的水平指标和速度分析指标，最后确定计划指标。

例 5–1

某企业 2010—2015 年的增加值资料见表 5–1。根据资料计算相关的分析指标，并制订“十三五”期间该企业的增加值发展计划。

表 5–1　　某企业 2010—2015 年增加值资料

年份 指标	2010	2011	2012	2013	2014	2015
（甲）	a_0	a_1	a_2	a_3	a_4	a_5
增加值（万元）	200	212	229	243	258	279

表 5–1 中的增加值称为发展水平，用 a 表示。2010 年的增加值用 a_0 表示，2011 年的增加值用 a_1 表示，以此类推。其中 a_0 称为最初水平，a_5 称为最末水平，其他各项称为中间水平。所研究的那个时期称为报告期，用来作为对比基础的时期称为基期。根据上述资料，用动态数列法制订中长期计划的具体步骤如下：

1. 编制动态数列

动态数列见表 5–1。

2. 计算分析指标

根据上面所编制的动态数列计算相关的分析指标，这些指标的计算公式如下：

逐期增长量：

$$a_n - a_{n-1} \tag{5-1}$$

累计增长量：

$$a_n - a_0 \tag{5-2}$$

环比发展速度：

$$\frac{a_n}{a_{n-1}} \tag{5-3}$$

定基发展速度：

$$\frac{a_n}{a_0} \tag{5-4}$$

环比发展速度与定基发展速度之间有一定的数量换算关系。定基发展速度等于相应各期环比发展速度的连乘积，即：

$$\frac{a_n}{a_0} = \frac{a_1}{a_0} \times \frac{a_2}{a_1} \times \cdots \times \frac{a_n}{a_{n-1}} \tag{5-5}$$

相邻两个时期的定基发展速度之商，等于相应时期的环比发展速度，即：

$$\frac{a_i}{a_0} \div \frac{a_{i-1}}{a_0} = \frac{a_i}{a_{i-1}} \tag{5-6}$$

由于增长速度 $= \frac{\text{增长量}}{\text{基期水平}} = \frac{\text{报告期水平} - \text{基期水平}}{\text{基期水平}} =$ 发展速度 −1，所以增长速度既可以用增长量除以基期水平求得，也可以用发展速度求得。

$$\text{环比增长速度} = \text{环比发展速度} - 1 \tag{5-7}$$

$$\text{定基增长速度} = \text{定基发展速度} - 1 \tag{5-8}$$

$$\text{增长 1\% 的绝对值} = \frac{\text{前期水平}}{100} \tag{5-9}$$

根据上面的公式可以计算出各个指标数据，见表 5-2。

如果以 2015 年为例，每一个指标的实际经济意义是：该企业 2015 年增加值为 279 万元；与 2014 年相比增长了 21 万元，与 2010 年相比增长了 79 万元；2015 年的增加值是 2014 年的 108%，是 2010 年的 139.5%；2015 年的增加值比 2014 年增长 8%，比 2010 年增长了 39.5%；2015 年与 2014 年相比，增加值每增长 1% 的数量是 2.58 万元。

表 5-2　　某企业 2010—2015 年增加值计算表

指标 \ 年份		2010	2011	2012	2013	2014	2015
（甲）		a_0	a_1	a_2	a_3	a_4	a_5
增加值（万元）		200	212	229	243	258	279
增长量（万元）	逐期	—	12	17	14	15	21
	累计	—	12	29	43	58	79
发展速度（%）	环比	—	106	108	106	106	108
	定基	100	106	114.5	121.5	129	139.5
增长速度（%）	环比	—	6	8	6	6	8
	定基	—	6	14.5	21.5	29	39.5
增长 1% 绝对值（万元）		—	2	2.12	2.29	2.43	2.58

通过上面这些分析指标可以了解该企业在“十二五”期间经营的大致情况。如果要预计该企业“十三五”期间的增加值，则要在这些分析指标的基础上计算“十二五”期间的平均速度指标。

根据所掌握的资料，计算平均发展速度可以采用公式（5-10）或公式（5-11）。在掌握最初水平和最末水平的情况下可以采用公式（5-10）：

$$\bar{x}=\sqrt[n]{\frac{a_n}{a_0}}=\sqrt[n]{R} \tag{5-10}$$

式中　$\bar{x}$——平均发展速度；

R——最末时期的定基发展速度，也称为总速度。

如果有各期的环比发展速度可以采用公式（5-11）：

$$\bar{x}=\sqrt[n]{x_1 \cdot x_2 \cdot x_3 \cdot \cdots \cdot x_n}=\sqrt[n]{\prod x} \tag{5-11}$$

式中　$\bar{x}$——平均发展速度；

x——环比发展速度；

$\prod$——连乘符号。

用公式（5-11）来计算表 5-2 所示某企业在“十二五”期间增加值的年平均发展速度，设其为 $\bar{x}$，则：

$$\bar{x}=\sqrt[n]{\frac{a_n}{a_0}}=\sqrt[5]{\frac{279}{200}}$$

对这个式子两边取对数得：

$$\lg\bar{x}=\frac{1}{5}(\lg279-\lg200)=\frac{1}{5}(2.445\,6-2.301\,0)\approx0.028\,92$$

$$\bar{x}\approx1.069=106.9\%$$

计算结果表明：该企业在“十二五”期间增加值的年平均发展速度为 106.9%，年平均增长速度为 6.9%。

采用公式（5-11）同样可以计算出上述年平均发展速度与年平均增长速度。设年平均发展速度为 $\bar{x}$，则：

$$\bar{x}=\sqrt[n]{\prod x}=\sqrt[5]{1.06\times1.08\times1.06\times1.06\times1.08}$$

对这个式子两边取对数得：

$$\lg\bar{x}=\frac{1}{5}(\lg1.06+\lg1.08+\lg1.06+\lg1.06+\lg1.08)\approx\frac{1}{5}(0.142\,7)\approx0.028\,54$$

$$\bar{x}\approx1.068=106.8\%$$

计算结果表明：该企业在“十二五”期间增加值的年平均发展速度为 106.8%，年平均增长速度为 6.8%。

点拨

使用表 5-2 中的资料计算平均发展速度时，用两个公式计算出的结果稍不相同。这是因为公式（5-10）使用期初、期末的水平指标，只反映了期初、期末两个时期的变化；而公式（5-11）使用各个时期的环比发展速度，反映了各年度的变化情况。所以，两个结果稍有不同。在中间各个时期指标变化比较大时，用公式（5-11）计算平均发展速度较为合适。

3. 制订计划

用平均速度可预测、制订该企业“十三五”期间的发展计划。

例 5-2

根据例 5-1，如果以 2015 年为基础，以 106.8% 的年平均发展速度，请分别预计 2018 年、2020 年该企业增加值可能达到的水平。

根据以上内容，已知 $a_0=279$，$n_1=3$，$n_2=5$，$\bar{x}=106.8\%$，求 a_n。

根据公式（5-10）有：

$$\bar{x}=\sqrt[n]{\frac{a_n}{a_0}}$$

$$106.8\%=\sqrt[3]{\frac{a_3}{279}}$$

对这个式子两边取对数得：

$$\lg 1.068=\frac{1}{3}\lg(a_3-\lg 279)$$

$$\lg a_3=3\lg 1.068+\lg 279\approx 3\times 0.0286+2.4456=2.5314$$

$$a_3\approx 339.9$$

计算结果表明：2018 年该企业增加值可能达到 339.9 万元，用同样的方法可计算出 2020 年该企业的增加值可能达到 387.7 万元。

在这个预测值的基础上，如果“十三五”期间该企业经营的内外部环境同“十二五”期间基本相同，那么这两个数据可以作为计划目标值。但是，这种方法并没有考虑国内、国际社会经济变化对企业生产经营可能造成的影响。

假如该企业在“十三五”期间要加大产品结构的调整，加大科研投入，有可能会大大促进该企业经营状况的改善，那么 2020 年的计划目标就可以在预测值 387.7 万元的基础上略加调整，确定为 400 万元上下比较合适。

点拨

例 5-2 中要制订的计划注重于期末水平是否达到预期，这种类型的计划称为水平计划。还有一种计划是侧重于累计发展的累计计划，如固定资产的投资、科研与市场开发的投入、绿化面积的增加与保有等。制订累计计划的步骤与例 5-1 相同，只是平均发展速度的计算略有不同。

在累计计划制订过程中，平均发展速度的计算步骤可通过例 5-3 来了解。

例 5-3

某企业 2010—2015 年科研与市场开发投入资料见表 5-3。根据资料计算其平均发展速度。

表 5-3 某企业 2010—2015 年科研与市场开发投入资料及计算表

指标 \ 年份	2010	2011	2012	2013	2014	2015
（甲）	a_0	a_1	a_2	a_3	a_4	a_5
投资额（万元）	10	9	11	14	15	15
环比发展速度（%）	—	90	122.2	127.3	107.1	100

第一步：计算并判断是递增速度还是递减速度。

如果 $\frac{a_1+a_2+a_3+a_4+a_5}{n}>a_0$ 则为递增速度，应查找表中递增部分数据；如果 $\frac{a_1+a_2+a_3+a_4+a_5}{n}<a_0$ 则为递减速度，应查找递减部分数据。在本例中，$\frac{a_1+a_2+a_3+a_4+a_5}{n}=\frac{9+11+14+15+15}{5}=\frac{64}{5}=12.8>10$，因此应查找递增部分数据。

第二步：计算总发展速度。

$$\frac{a_1+a_2+a_3+a_4+a_5}{a_0}=\frac{64}{10}=6.4=640\%$$

第三步：在用累计法计算的五年（递增）平均发展速度简表（见表 5-4）中查找增长部分。

在 5 年总速度一栏查找 640% 或接近 640% 的数值是 639.18%，该值对应第一列中的年平均增长速度为 8.3%，8.3%+1=108.3%，即为要计算的年平均发展速度。

表 5-4　　用累计法计算的五年（递增）平均发展速度简表　　%

平均每年增长	各年发展水平总和为基期水平的百分数				
	1 年	2 年	3 年	4 年	5 年
1.0	101.00	203.01	306.04	410.10	515.20
2.0	102.00	206.04	312.16	400.40	530.80
3.0	103.00	209.09	318.36	430.91	546.84
4.0	104.00	212.16	324.65	441.64	563.31
5.0	105.00	215.25	331.01	452.56	580.19
6.0	106.00	218.36	337.46	463.71	597.54
7.0	107.00	221.49	343.99	475.07	615.33
8.0	108.00	224.64	350.61	486.66	633.59
8.1	108.10	224.96	351.29	487.85	635.47
8.2	108.20	225.27	351.94	489.00	637.30
8.3	108.30	225.59	352.62	490.19	639.18
8.4	108.40	225.91	353.29	491.37	641.05
8.5	108.50	226.22	353.95	492.54	642.91

第二节　指数分析方法的应用

在社会经济中，一种现象的变动往往受多种因素的影响。例如，企业销售额的变化受产品销售价格和销售量的影响，企业产品总成本的变化受产品产量与单位成本的影响，企业原材料费用总额的变化受产品产量、单位产品原材料消耗量、单位原材料价格三个因素的影响。类似这样的现象有许多。如何计算和分析现象变动中各个因素的影响，是企业经营管理中常遇到的问题，解决这类问题可以用统计指数分析法。

一、统计指数概述

1. 统计指数的概念

有些复杂的社会经济现象不能直接相加和对比，统计指数是专门用来反映这些社会经济现象综合变动的相对数。通过编制指数来分析研究复杂现象总体变动情况的方法称为指数法。

2. 统计指数的作用

统计指数的作用体现在以下几个方面：一是综合反映现象变动的方向和程度，二是分析各个因素对现象总体变动的影响的方向和程度，三是研究现象在较长时间内变动的趋势。

3. 统计指数的类型

统计指数按照不同的标准可以分为若干类，主要的类型见表 5-5。

表 5-5　　统计指数的类型

分类标准	类型	含义	实例
说明现象的范围	个体指数	反映单个事物变动的相对数	鸡蛋价格指数
	总指数	反映多种事物综合变动的相对数	食品类产品价格指数
指标性质	数量指标指数	反映数量指标变动的相对数	产品产量指数
	质量指标指数	反映质量指标变动的相对数	产品单位成本指数

续表

分类标准	类型	含义	实例
计算方法	综合指数	用先综合、后对比的方法计算的指数	产品销售额指数
	平均法指数	用加权平均法和调和平均法计算的指数	居民消费价格指数、农产品收购价格指数
	平均指标指数	两个平均指标对比的指数	平均工资指数

二、综合指数的编制

例 5-4

某学生利用假期时间在一家店里做售货员，具体的销售情况见表 5-6。分析说明该学生今年销售的三种商品与上年同期相比，销售量、销售价格有什么样的变化？

为了计算方便，表中的各项内容用不同的符号来表示。通常用 q 表示数量指标，q_0 表示对比基期的数量指标，q_1 表示要研究说明的报告期的数量指标。用 p 表示质量指标，p_0 表示对比基期的质量指标，p_1 表示报告期的质量指标。用 k 表示个体指数，$\bar{k}$ 表示总指数，k_q 表示个体数量指标指数，$\overline{k_q}$ 表示数量指标总指数，k_p 表示个体质量指标指数，$\overline{k_p}$ 表示质量指标总指数。

表 5-6　　某学生假期销售情况

商品名称	计量单位	销量		销售价格（元）		个体销量指数（%）（$k_q=q_1/q_0$）	个体价格指数（%）（$k_p=p_1/p_0$）
		上年 q_0	今年 q_1	上年 p_0	今年 p_1		
蔬菜	千克	1 200	1 300	2.6	3.3	108.3	126.9
饮料	箱	90	80	60	62	88.9	103.3
糖果	包	150	140	6	6	93.3	100.0

从表 5-6 中可以看到，要说明每一种商品的报告期销售量或销售价格与基期相比的变化情况，计算个体指数即可。而要综合反映三种商品销售量或销售价格总的变动情况就比较复杂，因为三种商品的计量单位不同，不能直接相加对比。通常所说的统计指数是指能够综合反映多种不同个体总体变动情况的相对数。

解决这个问题的关键是，如何使三种不同计量单位的商品通过过渡可以相加和对比，其主要步骤有：

1. 找出同度量因素

由于三种商品的计量单位不同，所以不能直接相加，但是可以从其内在的经济关系中寻找一个因素作为媒介。通过这个媒介，不同计量单位的指标经过过渡可以相加。这个媒介称为同度量因素。

在例 5–4 中，有“商品销售量 × 商品销售价格 = 商品销售额”这样一个关系式。那么，在计算三种商品销售量总指数时，选择商品销售价格作为同度量因素，可以使不同计量单位的三种商品过渡到销售额这样一种计量单位，然后再相加对比。同样，在计算商品销售价格总指数时，可以选择商品销售量作为同度量因素。

2. 确定同度量因素的时期

为了单纯分析商品销售量或者销售价格的综合变动情况，同度量因素必须固定在某一时期。一般情况下，编制数量指标指数时，选择质量指标作为同度量因素并将其固定在基期；编制质量指标指数时，选择数量指标作为同度量因素并将其固定在报告期。

3. 确定计算公式并进行计算分析

数量指标总指数的计算公式是：

$$\bar{k}_q=\frac{\sum p_0q_1}{\sum p_0q_0} \tag{5–12}$$

质量指标总指数的计算公式是：

$$\bar{k}_p=\frac{\sum p_1q_1}{\sum p_0q_1} \tag{5–13}$$

根据前面的分析，列表 5–7 计算和分析例 5–4 中的问题。

表 5–7 某学生假期销售情况及计算表

商品名称	计量单位	销量		销售价格（元）		销售额（元）		
		上年 q_0	今年 q_1	上年 p_0	今年 p_1	基期 p_0q_0	报告期 p_1q_1	假设 p_0q_1
蔬菜	千克	1 200	1 300	2.6	3.3	3 120	4 290	3 380
饮料	箱	90	80	60	62	5 400	4 960	4 800
糖果	包	150	140	6	6	900	840	840
合计	—	—	—	—	—	9 420	10 090	9 020

三种商品的销售量总指数：

$$\bar{k}_q=\frac{\sum p_0q_1}{\sum p_0q_0}=\frac{9\ 020}{9\ 420}\approx 95.8\%$$

分子分母差额：

$$\sum p_0q_1-\sum p_0q_0=9\ 020-9\ 420=-400\text{（元）}$$

计算结果表明：今年与上年相比，三种商品各自的销售量有升有降，综合来看下降了 4.2%（95.8%-100%=-4.2%），销售量的下降使总销售额减少了 400 元。

商品销售价格指数：

$$\bar{k}_p=\frac{\sum p_1q_1}{\sum p_0q_1}=\frac{10\ 090}{9\ 020}\approx 111.86\%$$

分子分母差额：

$$\sum p_1q_1-\sum p_0q_1=10\ 090-9\ 020=1\ 070\text{（元）}$$

计算表明：今年与上年相比，三种商品的销售价格总体上升 11.86%（111.86%-100%=11.86%），商品销售价格的上升使总销售额增加了 1 070 元。

以上通过例 5-4 介绍了综合指数的编制步骤和方法，从中可见，综合指数编制方法直观易懂，是指数分析法中最为重要的一种方法。但是，运用这种方法时，各项资料必须齐全才能计算。实际工作中，如果没有齐全的资料，还可以运用加权或调和平均法计算总指数。

三、平均法指数的编制

1. 用加权法计算数量指标总指数

用加权法计算数量指标总指数的公式是：

$$\bar{k}_q=\frac{\sum k_qp_0q_0}{\sum p_0q_0}=\frac{\sum \frac{q_1}{q_0}\times p_0q_0}{\sum p_0q_0}=\frac{\sum p_0q_1}{\sum p_0q_0} \quad (5-14)$$

例 5-5

根据例 5-4，在只掌握三种商品销量及其个体指数、三种商品基期销售额资料的情况下（见表 5-8），计算商品销售量总指数。

表 5-8　某学生假期销售情况及计算表

商品名称	计量单位	销量		个体销量指数（%）（$k_q=q_1/q_0$）	销售额（元）	
		上年 q_0	今年 q_1		基期 p_0q_0	假设 $k_qp_0q_0$
蔬菜	千克	1 200	1 300	108.3	3 120	3 380
饮料	箱	90	80	88.9	5 400	4 800
糖果	包	150	140	93.3	900	840
合计	—	—	—	—	9 420	9 020

三种商品销售量总指数：

$$\bar{k}_q=\frac{\sum k_q p_0 q_0}{\sum p_0 q_0}=\frac{9\ 020}{9\ 420}\approx 95.8\%$$

分子分母的差额：

$$\sum k_q p_0 q_0-\sum p_0 q_0=9\ 020-9\ 420=-400（元）$$

计算结果和实际意义与综合指数完全一样。

2. 用调和平均法计算质量指标指数

用调和平均法计算质量指标指数的公式是：

$$\bar{k}_p=\frac{\sum p_1 q_1}{\sum \frac{1}{k_p} p_1 q_1}=\frac{\sum p_1 q_1}{\sum \frac{p_0}{p_1} p_1 q_1}=\frac{\sum p_1 q_1}{\sum p_0 q_1} \qquad (5-15)$$

例 5-6

根据例 5-4，在掌握三种商品销售价格及其个体指数、三种商品报告期销售额资料的情况下（见表 5-9），计算商品销售价格总指数。

表 5-9　　某学生假期销售情况及计算表

商品名称	计量单位	销售价格（元）		个体价格指数（%）（$k_p=p_1/p_0$）	销售额（元）	
		上年 p_0	今年 p_1		报告期 p_1q_1	假设 $\frac{1}{k_p}p_1q_1$
蔬菜	千克	2.6	3.3	126.9	4 290	3 380
饮料	箱	60	62	103.3	4 960	4 800
糖果	包	6	6	100.0	840	840
合计	—	—	—	—	10 090	9 020

三种商品的销售价格总指数：

$$\bar{k}_p=\frac{\sum p_1 q_1}{\sum \frac{1}{k_p} p_1 q_1}=\frac{10\ 090}{9\ 020}\approx 111.86\%$$

分子分母差额：

$$\sum p_1 q_1-\sum \frac{1}{k_p} p_1 q_1=10\ 090-9\ 020=1\ 070（元）$$

计算结果和实际意义与综合指数相同。

从例 5-5、例 5-6 可以看出，平均法指数只是综合指数的一种变形，其结果完全一样，因此，在实际工作中可以根据所掌握的资料灵活加以运用。

在例 5-4 至例 5-6 中，通过各种方法计算出总指数，能够帮助分析商品销售量和商品销售价格报告期与基期相比总的变化情况。如果要分析商品销售额的变化情况及销售量、销售价格的影响，就必须运用指数体系。

四、指数体系及其运用

指数体系是指由三个或三个以上相互联系的指数所组成的整体，例如：

商品销售额指数 = 商品销售量指数 × 商品销售价格指数

产品总成本指数 = 产品产量指数 × 单位成本指数

原材料费用总额指数 = 产品产量指数 × 单位原材料消耗量指数 × 单位原材料价格指数

这种具有内在联系的指数体系在社会经济中有很多，其指数表达式可以概括为：

总量指标指数 = 数量指标指数 × 质量指标指数

$$\frac{\sum p_1q_1}{\sum p_0q_0}=\frac{\sum p_0q_1}{\sum p_0q_0}\times\frac{\sum p_1q_1}{\sum p_0q_1} \quad (5-16)$$

分子分母差额：

$$\sum p_1q_1-\sum p_0q_0=(\sum p_0q_1-\sum p_0q_0)+(\sum p_1q_1-\sum p_0q_1)$$

指数体系中有两因素的，也有多因素的，这里重点介绍两因素分析的方法和步骤。

例 5-7

根据例 5-4，某学生假期销售情况见表 5-10。计算分析商品销售量与销售价格对销售额的影响。或者说，今年的销售额增加了，究竟是哪个因素引起的？利用指数体系分析这一问题。

表 5-10　某学生假期销售情况及计算表

商品名称	计量单位	销量		销售价格（元）		销售额（元）		
		上年 q_0	今年 q_1	上年 p_0	今年 p_1	基期 p_0q_0	报告期 p_1q_1	假设 p_0q_1
蔬菜	千克	1 200	1 300	2.6	3.3	3 120	4 290	3 380
饮料	箱	90	80	60	62	5 400	4 960	4 800
糖果	包	150	140	6	6	900	840	840
合计	—	—	—	—	—	9 420	10 090	9 020

第一步，根据公式（5-16）设计计算表并计算相关数据。

第二步，根据公式（5-16）计算总指数和各个因素指数的相对数和绝对量。

销售额指数 = 销售量指数 × 销售价格指数

$$\frac{\sum p_1q_1}{\sum p_0q_0}=\frac{\sum p_0q_1}{\sum p_0q_0}\times\frac{\sum p_1q_1}{\sum p_0q_1}$$

$$\frac{10\ 090}{9\ 420}=\frac{9\ 020}{9\ 420}\times\frac{10\ 090}{9\ 020}$$

相对数：

$$107.1\%\approx95.8\%\times111.9\%$$

绝对量：

$$\sum p_1q_1-\sum p_0q_0=(\sum p_0q_1-\sum p_0q_0)+(\sum p_1q_1-\sum p_0q_1)$$

$$10\ 090-9\ 420=(9\ 020-9\ 420)+(10\ 090-9\ 020)$$

$$670=-400+1\ 070$$

第三步，分析计算结果。与基期相比，报告期商品销售额增长 7.1%（107.1%-100%=7.1%），增加了 670 元（10 090-9 420=670）。这是商品销售量下降 4.2%（95.8%-100%=-4.2%），减少销售额 400 元（9 020-9 420=-400），以及销售价格上涨 11.9%，增加销售额 1 070 元（10 090-9 020=1 070）共同影响的结果。换句话说，该学生今年与上年同期相比多销售 670 元，主要是由于商品销售价格上涨。

想一想?

1. 如果销售额总指数增长 20%，可能会有几种原因?

2. 如果销售额总指数为 120%，销售价格指数为 110%，那么销售量指数是多少?

五、CPI 的含义与计算

CPI（consumer price index）即居民消费价格指数。居民消费价格是指城乡居民购买生活消费品和服务项目的消费价格，是社会产品和服务项目的最终价格。它同人民生活密切相关，在整个国民经济价格体系中极为重要。

CPI 是反映一定时期内居民消费价格变动方向和程度的相对数，是反映通货膨胀或通货紧缩程度的重要指标，是研究和制定居民消费政策、价格政策、工资与货币政策的重要依据。因此，CPI 的变化不仅受到政府的高度重视，也受到广大人民群众的广泛关注。

1. 我国 CPI 的编制

日常生活中，我国城乡居民消费的商品和服务项目种类繁多，由于人力和财力的限制，不可能也没有必要采用普查的方式调查全部商品和服务项目的价格，实际工作中是进行抽样调查。

目前，我国计算 CPI 的商品和服务项目是由国家统计局和地方统计部门分级确定的。国家统计局根据全国近 13 万户城乡居民家庭消费支出的抽样调查资料，统一确定商品和服务项目类别，设置食品烟酒、衣着、居住、生活用品及服务、交通和通信、教育文化和娱乐、医疗保健、其他用品和服务等 8 大类 262 个基本分类，涵盖了城乡居民的全部消费内容。

计算 CPI 的价格资料来源于全国各地约 9 万家商场（店）、超市、农贸市场、服务网点和互联网电商等，这些单位称为价格调查点。

计算 CPI 采用加权平均法，用公式表达即：

$$\bar{k}=\frac{\sum kw}{\sum w} \tag{5-17}$$

式中 $\bar{k}$——CPI；

k——各个消费品（服务项目）或各类消费品（服务项目）价格指数；

w——权数。

权数又称比重，是指每一类商品或服务项目的消费支出在居民全部商品和服务项目总消费支出中所占的比重。

知识窗

我国 CPI 权数的确定

我国 CPI 中的权数主要是根据全国近 13 万户城乡居民家庭各类商品和服务项目的详细消费支出比重确定的。这些居民家庭采取记流水账的方式，日复一日逐笔记录家庭的收入和支出数据。调查员每月上门核实、收集账本，然后进行整理、编码、录入、上报。国家统计局直接采用居民家庭的记账记录资料，分别汇总计算城乡居民家庭收入和消费支出数据，进而计算出 CPI 权数。我国的 CPI 权数会定期调整。

我国 CPI 的汇总计算过程大致有三步：第一步，市县统计部门根据国家统计局制定的《流通和消费价格统计报表制度》，按照统一的统计标准、口径、计算方法，结合当地居民消费的实际情况计算本市县的 CPI；第二步，国家统计局各调查总队对辖区内市县统计部门计算的 CPI 数据进行审核确认后，按人口和消费水平汇总计算本省（自治区、直辖市）的 CPI；第三步，国家统计局对各省（自治区、直辖市）计算的 CPI 数据进行审核确认后，按人口和消费水平加权汇总计算全国的 CPI。

2. CPI 的计算步骤和方法

第一步，计算各代表规格品的个体价格指数。

第二步，计算各个小类价格指数。把各代表规格品的个体价格指数乘以其相应的权数后相加。

第三步，计算各个中类价格指数。把各个体小类价格指数乘以其相应的权数后相加。

第四步，计算大类价格指数。把各个体中类价格指数乘以其相应的权数后相加。

第五步，计算总指数。将八个大类价格指数乘以其相应的权数后相加。

第三节 抽样推断方法的应用

在许多情况下，需要用少量的样本调查资料求得大量的总体资料，此时就可以使用抽样推断的方法。

抽样推断是按照随机原则从总体中抽取一部分单位进行调查，并以此对总体进行数量上的推断的一种调查方式。这种调查方式有着广泛的应用。

一、相关术语

1. 全及总体

全及总体是所要调查研究现象的整体，简称总体，一般用字母 N 表示。当调查研究目的确定时，全及总体也会随之确定并且是唯一的。

2. 抽样总体

抽样总体是从全及总体中随机抽取的那部分单位构成的整体，简称样本，用字母 n 表示。相对于总体而言，样本不是唯一的，因抽样的方式方法不同可以有许多种样本组合。

3. 重复抽样和不重复抽样

从总体中随机抽取样本有重复抽样和不重复抽样两种方法。

重复抽样的做法是，从总体 N 个单位中随机抽取一个容量为 n 的样本，每次从总体中抽取一个单位，把结果登记下来后又放回去，重新进行下一次抽选。每个单位被抽中或没有被抽中的机会，在每次抽取时都是完全一样的。

不重复抽样的做法是，从总体 N 个单位中随机抽取一个容量为 n 的样本，每次从总体中抽取一个单位，把结果登记下来后不再放回总体中。每抽一次，总体单位的数量就少一个，因此每个单位是否被抽中的机会在每次抽取时是不同的。

4. 全及指标和样本指标

全及指标是根据全及总体各单位的相关标志表现整理计算出的指标，它是反映总体特征的综合指标。样本指标也称抽样指标，是根据抽样总体各单位的相关标志表现计算的指标，它是反映样本特征的综合指标。

全及指标和样本指标主要有平均数、成数、标准差，这些指标的计算公式见表 5-11。

表 5-11　　主要全及指标和样本指标计算公式

指标类别		计算公式	备注
全及指标	平均数	$\bar{X}=\frac{\sum x}{N}$	$\bar{X}$——总体平均数 x——各单位标志值 N——总体单位数
	成数	设 $N=N_1+N_0$，则有：$P=\frac{N_1}{N}$	N_0——总体中不具有某种属性的单位数 N_1——总体中具有某种属性的单位数 P——总体中具有某种属性的 N_1 个单位所占比重
		$Q=\frac{N_0}{N}=\frac{N-N_1}{N}=1-P$	Q——总体中不具有某种属性的单位所占比重
	标准差	$\sigma_{\bar{x}}=\sqrt{\frac{\sum(x-\bar{x})^2}{N}}$	$\sigma_{\bar{x}}$——总体平均数的标准差
		$\sigma_P=\sqrt{PQ}=\sqrt{P(1-P)}$	σ_P——总体成数的标准差
样本指标	平均数	$\bar{x}=\frac{\sum x}{n}$	$\bar{x}$——样本平均数 x——代表样本单位标志值 n——代表样本单位数
	成数	设 $n=n_1+n_0$，则有：$p=\frac{n_1}{n}$	p——样本中具有某种属性的 n_1 个单位所占比重 n_0——样本中不具有某种属性的单位数
		$q=\frac{n_0}{n}=\frac{n-n_1}{n}=1-p$	q——样本中不具有某种属性的 n_0 个单位所占比重
	标准差	$S_{\bar{x}}=\sqrt{\frac{\sum(x-\bar{x})^2}{n}}$	$S_{\bar{x}}$——样本平均数的标准差
		$S_p=\sqrt{pq}=\sqrt{p(1-p)}$	S_p——样本成数的标准差

5. 样本容量

样本容量是指一个样本组合里样本单位的数量。

例 5-8

假设某生产小组有四个生产工人 A，B，C，D，即总体单位 $N=4$。每次从中抽取 2 名工人进行调查登记，样本单位 $n=2$。这时，每个样本的容量就为 2。

在抽样推断中，样本容量大于或等于 30 个（即 $n\geq30$）的样本称为大样本，样本容量小于 30（即 $n<30$）的样本称为小样本。

6. 样本可能数目

样本可能数目是指从总体 N 个单位中抽取 n 个单位作为一个样本组合的数目。这样的样本单位组合有多少个，一个总体能有多少个样本组合，与样本容量大小、抽样方法有关。例 5-8 中的可能样本组合见表 5-12。

表 5-12　　例 5-8 中的可能样本组合

抽样方法	可能样本组合	样本可能数目
考虑顺序重复抽样	AA，AB，AC，AD，BA，BB，BC，BD，CA，CB，CC，CD，DA，DB，DC，DD	16
考虑顺序不重复抽样	AB，AC，AD，BA，BC，BD，CA，CB，CD，DA，DB，DC	12
不考虑顺序重复抽样	AA，AB，AC，AD，BB，BC，BD，CC，CD，DD	10
不考虑顺序不重复抽样	AB，AC，AD，BC，BD，CD	6

在例 5-8 这类问题中，AB 与 BA 两个样本组合均代表同样的两个人，有时可以不考虑其顺序，有时需考虑其顺序。例如，在 4，5，6，7 四个数字中抽取 2 个数字组成一个 2 位数，那么 47 与 74 有不同的意义，则应视为 2 个不同的样本。这时就要考虑样本组合的顺序。

在不同抽样方法及不同样本容量要求下，产生的样本可能数目可以通过公式计算。

例 5-9

某班有学生 50 名，随机抽取 5 名学生测其身高，并以这 5 名学生的平均身高推断该班 50 名学生的平均身高，可能会产生多少个样本组合？

由以上内容可知：$N=50$，$n=5$

不考虑顺序、不重复抽样的样本可能数目：

$$C_N^n=\frac{N!}{n!\,(N-n)!}=\frac{50\times49\times48\times47\times46\times45\times\cdots\times1}{(5\times4\times3\times2\times1)(45\times44\times43\times\cdots\times1)}$$

$$=\frac{254\ 251\ 200}{120}=2\ 118\ 760\text{（个）}$$

不考虑顺序、重复抽样的样本可能数目：

$$C_N^n=\frac{(N+n-1)!}{n!\,(N-1)!}=\frac{(50+5-1)!}{5!\,(50-1)!}=\frac{54\times53\times52\times51\times50\times49\times\cdots\times1}{(5\times4\times3\times2\times1)(49\times48\times\cdots\times1)}$$

$$=\frac{379\ 501\ 200}{120}=3\ 162\ 510\text{（个）}$$

在例 5-9 中，每个样本的容量只有 5 个，而样本可能数目，也就是每次抽 5 个学生作为一个样本而可能产生的样本数量，在不考虑顺序、不重复抽样时有 2 118 760 个，在不考虑顺序、重复抽样时则有 3 162 510 个。

在例 5-9 中，不重复抽样能产生 200 多万个样本组合。在这 200 多万个样本组合中，无论选择哪一个都与总体之间存在着结构性差异，这种结构性差异称为抽样误差。抽样误差是不可避免的，但是可以计算和控制。理解和计算抽样误差是进行抽样推断的关键。

二、抽样误差及其计算

1. 抽样误差和抽样平均误差

在抽样推断中，由于调查人员登记错误或违反随机原则都可能产生误差，这种人为误差经过努力是可以避免的。抽样误差是指在遵守随机原则的条件下，所抽样本与总体之间存在着的结构性误差。

每一个样本组合与总体之间都不可避免地会出现结构性误差，例如，例 5-9 中不重复抽样有 2 118 760 个样本，就会有 2 118 760 个抽样误差值。无论用哪一个样本的误差值来推断总体显然都是不合适的，但是可以用这 2 118 760 个可能样本的平均误差值来推断总体，这称为抽样平均误差。抽样平均误差是所有可能样本指标的标准差，包括平均数的抽样平均误差、成数的抽样平均误差。

点拨

影响抽样误差的主要因素

总体的差异程度大，抽样误差就大，反之则小；样本的容量大，抽样误差就小，反之则大；重复抽样时，抽样误差大；不重复抽样时，抽样误差小。

2. 抽样平均误差的计算

抽样平均误差是所有样本指标的标准差，用公式表示为：

$$\mu_{\bar{x}}=\sqrt{\frac{\sum(\bar{x}-\bar{X})^2}{M}} \quad (5-18)$$

式中 $\mu_{\bar{x}}$——平均数的抽样平均误差；

$\bar{x}$——样本平均数；

$\bar{X}$——总体平均数；

M——全部可能样本数目。

$$\mu_p=\sqrt{\frac{\sum(p-P)^2}{M}} \quad (5-19)$$

式中 μ_p——成数的抽样平均误差；

p——样本成数；

P——总体成数；

M——全部可能样本数目。

上面这两个公式表明了抽样平均误差的实际意义，但其只是理论公式，在实际计算时不能使用，这是因为公式中的 $\bar{X}$ 和 P 是不知道的，M 也是不可能或没有必要全部抽取的。数理统计证明，抽样平均误差与样本容量、总体标准差、抽样方式和方法有关。在简单随机抽样条件下，其计算公式见表 5–13。

表 5–13 简单随机抽样平均误差计算公式

抽样平均误差		计算公式	备注
重复抽样	平均数	$\mu_{\bar{x}}=\sqrt{\frac{\sigma^2}{n}}$	$\mu_{\bar{x}}$——平均数抽样平均误差 σ^2——总体方差 n——样本容量
	成数	$\mu_p=\sqrt{\frac{P(1-P)}{n}}$	μ_p——成数抽样平均误差 P——总体成数 n——样本容量

续表

抽样平均误差		计算公式	备注
不重复抽样	平均数	$\mu_{\bar{x}}=\sqrt{\frac{\sigma^2}{n}\left(1-\frac{n}{N}\right)}$	$\mu_{\bar{x}}$——平均数抽样平均误差 σ^2——总体方差 n——样本容量 N——总体单位数
	成数	$\mu_p=\sqrt{\frac{P(1-P)}{n}\left(1-\frac{n}{N}\right)}$	μ_p——成数抽样平均误差 P——总体成数 n——样本容量 N——总体单位数

点拨

抽样平均误差公式中 σ 与 P 的确定

在实际工作中，抽样平均误差公式中总体的 σ 与 P 通常是不知道的，解决的办法有：一是用样本的 S 或 p 来代替；二是用过去调查的经验数据来代替；三是在正式抽样调查之前组织试验抽样，用试验性样本资料代替。

从表 5-13 中可见，不重复抽样公式比重复抽样公式多了一个修正系数 $\left(1-\frac{n}{N}\right)$，该系数总是小于 1 而大于 0 的，因此可知，重复抽样总是比不重复抽样的平均误差要大。当 N 较大时，该系数接近 1，两者相差无几。当样本容量小于 30 时，称为小样本，该系数用 $\frac{N-n}{N-1}$ 计算。

例 5-10

某班有 50 名学生，随机抽取 5 名学生测其身高值为 155 cm、161 cm、170 cm、173 cm、181 cm。计算其平均身高及 170 cm 以下学生所占比重的抽样平均误差。

由于不知道总体的标准差 σ 和总体中 170 cm 以下学生所占比重 P，所以应先求出样本的标准差 S 及 p，用 S^2 和 p 来计算抽样平均误差，见表 5-14。

$$\bar{x}=\frac{\sum x}{n}=\frac{840}{5}=168\ (\text{cm})$$

$$S=\sqrt{\frac{\sum(x-\bar{x})^2}{n}}=\sqrt{\frac{416}{5}}\approx 9.12\ (\text{cm})$$

$$p=\frac{2}{5}=0.4=40\%$$

表 5-14　　50 名学生抽样资料及抽样指标计算表

序号	身高（cm）	$x-\bar{x}$	$(x-\bar{x})^2$
1	155	-13	169
2	161	-7	49
3	170	2	4
4	173	5	25
5	181	13	169
合计	840	—	416

平均身高的抽样平均误差：

重复抽样：

$$\mu_{\bar{x}}=\sqrt{\frac{\sigma^2}{n}}=\sqrt{\frac{9.12^2}{5}}\approx 4.08\text{（cm）}$$

不重复抽样：

$$\mu_{\bar{x}}=\sqrt{\frac{\sigma^2}{n}\left(\frac{N-n}{N-1}\right)}=\sqrt{\frac{9.12^2}{5}\left(\frac{50-5}{50-1}\right)}\approx 3.91\text{（cm）}$$

计算结果的实际意义：所有可能样本的平均身高数与总体平均数之间的平均误差值，在重复抽样条件下是 4.08 cm，在不重复抽样条件下是 3.91 cm。

成数（即 170 cm 以下学生所占比重）的抽样平均误差：

重复抽样：

$$\mu_p=\sqrt{\frac{p(1-p)}{n}}=\sqrt{\frac{0.4(1-0.4)}{5}}\approx 21.9\%$$

不重复抽样：

$$\mu_p=\sqrt{\frac{p(1-p)}{n}\left(\frac{N-n}{N-1}\right)}=\sqrt{\frac{0.4(1-0.4)}{5}\left(\frac{50-5}{50-1}\right)}\approx 21\%$$

计算结果的实际意义：在所有可能样本中，身高在 170 cm 以下学生所占的比重，与总体 50 名学生中 170 cm 以下学生所占比重的平均误差，在重复抽样条件下为 21.9%，在不重复抽样条件下为 21%。

例 5-11

某企业某季度生产 500 万只灯泡，随机不重复抽取 500 只进行寿命检验，所得资料见表 5-15。假设寿命在 800 小时以上的灯泡为合格品。根据资料计算这些灯泡的平均寿命及合格品比重的抽样平均误差。

表 5-15　　某企业灯泡抽样资料及抽样指标计算表

寿命（小时）	组中值 x（小时）	数量 f（只）	xf	$x-\bar{x}$	$(x-\bar{x})^2$	$(x-\bar{x})^2f$
800 以下	775	2	1 550	−151	22 801	45 602
800 ~ 850	825	33	27 225	−101	10 201	336 633
850 ~ 900	875	127	111 125	−51	2 601	330 327
900 ~ 950	925	185	171 125	−1	1	185
950 ~ 1 000	975	103	100 425	49	2 401	247 303
1 000 ~ 1 050	1 025	42	43 050	99	9 801	411 642
1 050 ~ 1 100	1 075	8	8 600	149	22 201	177 608
合计	—	500	463 100	—	—	1 549 300

500 只灯泡平均寿命：

$$\bar{x}=\frac{\sum xf}{\sum f}=\frac{463\ 100}{500}\approx 926\text{（小时）}$$

样本标准差：

$$S_{\bar{x}}=\sqrt{\frac{\sum(x-\bar{x})^2f}{\sum f}}=\sqrt{\frac{1\ 549\ 300}{500}}\approx 55.7\text{（小时）}$$

平均寿命的抽样平均误差：

$$\mu_{\bar{x}}=\sqrt{\frac{\sigma^2}{n}\left(1-\frac{n}{N}\right)}=\sqrt{\frac{55.7^2}{500}\left(1-\frac{500}{5\ 000\ 000}\right)}\approx\sqrt{6.2\times 0.999\ 9}\approx 2.5\text{（小时）}$$

合格品比重：

$$p=\frac{500-2}{500}=99.6\%$$

成数（合格品所占比重）的抽样平均误差：

不重复抽样：

$$\mu_p=\sqrt{\frac{p(1-p)}{n}\left(1-\frac{n}{N}\right)}=\sqrt{\frac{99.6\%(1-99.6\%)}{500}\left(1-\frac{500}{5\ 000\ 000}\right)}\approx 0.28\%$$

重复抽样：

$$\mu_p=\sqrt{\frac{p(1-p)}{n}}=\sqrt{\frac{99.6\%(1-99.6\%)}{500}}=\sqrt{\frac{0.003\ 984}{500}}\approx 0.28\%$$

计算表明：所抽取的 500 只灯泡的平均寿命为 926 小时，寿命在 800 小时以上的合格品所占比重为 99.6%，在不重复抽样条件下平均寿命的抽样平均误差为 2.5 小时，合格品比重的抽样平均误差为 0.28%。

点拨

从例 5-10 和例 5-11 的计算结果可见：

（1）重复抽样比不重复抽样的抽样平均误差大。

（2）在 N 很大的情况下，$\left(1-\frac{n}{N}\right)$ 接近于 1，采用不重复抽样公式计算出的结果与重复抽样差别很小。为了计算方便，实际应用时不重复抽样也可按重复抽样公式计算。

纯随机抽样是最基本的抽样组织方式，如常见的抓阄、抽签等。纯随机抽样条件下，如果总体各单位之间的标志表现比较均匀，可以计算抽样平均误差；如果总体各单位之间的标志表现差异大，可视具体情况采用等距抽样、类型抽样、整群抽样等方式，或将这几种方式结合起来应用，其目的是要保证所抽取的样本具有最广泛的代表性。

在了解了抽样平均误差的意义和计算方法的基础上，就可以对要研究的总体进行数量上的推断。

三、总体指标的推断

抽样调查的目的是用样本指标去推断总体指标。由于存在抽样误差，抽样推断是不可能非常精确的，其实质是一种有科学依据的估计，通常把这种方法称为估计方法。根据一个样本的指标去估计全及指标，有点估计和区间估计两种方法。

1. 点估计

点估计就是用样本指标 $\bar{x}$ 或 p 直接代表总体指标 $\bar{X}$ 或 P。例如，在 2 000 名学生中抽取 100 名学生调查的结果是：平均体重 50 千克，其中戴眼镜的占 30%。于是据此来推断全体学生的平均体重是 50 千克，其中戴眼镜的占 30%。

点估计的方法非常简单易懂，但这种估计方法没有说清楚有多高的准确程度，也没有说清楚估计有多大的把握。当对估计结果的精确度和把握程度（概率）要求不高时，可以用点估计的方法。

2. 区间估计

与点估计不同，区间估计不是直接的简单推断，而是根据样本指标和抽样误差推断总体指标的可能范围，它能够说清楚估计结果的精确度和把握程度。因此，区间估计是用样本指标推断总体指标的主要方法。理解和应用区间估计方法主要有以下四个要点：

（1）根据样本指标和抽样误差计算总体指标所在的范围

例如，抽选出来 100 名学生的平均体重是 50 千克，抽样误差是 1 千克，于是推断全体学生的平均体重为 49～51 千克（其中，49=50-1，51=50+1）。这 100 名学生中戴眼镜的占 30%，抽样误差是 2%，于是就推断全体学生中戴眼镜的学生所占比重为 28%～32%（其中，28%=30%-2%，32%=30%+2%）。上述区间推断所用的计算公式如下：

平均数推断：

$$\bar{x}-\mu_{\bar{x}}\leqslant\bar{X}\leqslant\bar{x}+\mu_{\bar{x}}\quad（或\ \bar{x}\pm\mu_{\bar{x}}）\tag{5-20}$$

成数推断：

$$p-\mu_{p}\leqslant P\leqslant p+\mu_{p}\quad（或\ p\pm\mu_{p}）\tag{5-21}$$

（2）把握程度的确定

区间估计所表示的是一个可能的范围，而不是一个绝对可靠的范围。因为，我们是按照随机原则抽选样本的，所有可能的样本配合都有可能抽到。抽样误差是所有可能样本指标与总体指标的平均误差，每个样本的误差和它比较，有的可能大于它，有的可能小于它。因此，在抽样平均误差范围之内的只有一部分样本。这样，总体指标在这一范围之内的结论就无法完全肯定，可能估计对了，也可能估计得不对。因此，只能说在这个范围内有一定的把握程度，也就是有一定的概率。

概率论和数理统计证明，在一个抽样误差范围之内的概率是 0.682 7，即认为这个估计有将近七成的把握。实践中可以把这个有一定把握程度的判断与区间估计结合起来，例如，抽取 100 名学生进行调查，可以推断出全体学生的平均体重在 49～51 千克的可能性（概率）是 68.27%。

在实际工作中，可以根据需要来确定把握程度。扩大抽样误差的范围可以提高推断的把握程度，缩小抽样误差的范围则会降低推断的把握程度。如果将 100 名学生的抽样误差扩大 1 倍，即 2 千克，则推断全体学生平均体重在 48～52 千克，推断把握程度为 95.45%。可见，区间范围大了，包括在这个范围内的样本数目增多了，把握程度就会提高。

抽样误差范围的变化和把握程度之间有一定的数量关系，见表 5-16。

表 5-16 中，扩大或缩小抽样误差范围的倍数称为概率度，即表中的 0.5，1.0，1.5 等，用符号 t 表示。扩大或缩小后的抽样误差范围称为允许误差，用符号 Δ 表示，允许误差也称极限抽样误差、最大可能误差等。

表 5-16　　抽样误差范围与把握程度之间的数量关系

抽样误差范围（允许误差）	0.5μ	1.0μ	1.5μ	1.96μ	2.0μ	3.0μ	4.0μ
把握程度	0.382 9	0.682 7	0.866 4	0.950 0	0.954 5	0.997 3	0.999 94

概率度和概率也有一定的对应关系，为了使用方便可以查阅正态分布概率表，常用数据见表 5-17。

表 5-17　　正态分布概率表常用数据

概率度 t	概率 $f(t)$	概率度 t	概率 $f(t)$
0.10	0.079 7	2.50	0.987 6
0.50	0.382 9	3.00	0.997 3
1.00	0.682 7	4.00	0.999 94
1.50	0.866 4	4.50	0.999 993
2.00	0.954 5	5.00	0.999 999

（3）**允许误差的计算**

从上面的分析可知允许误差、概率度和抽样误差之间的相互关系。

$$\Delta = t\mu \tag{5-22}$$

这个公式的意义是：允许误差等于 t 倍的抽样平均误差。当抽样平均误差一定时，改变 t，允许误差的范围会随之改变。同时，把握程度也会跟着变化。把握程度在抽样推断中又称为置信程度、可信程度、可靠程度等。

（4）**计算一定把握程度的区间估计值**

把允许误差、把握程度均考虑在内，可以得出完整的区间估计计算公式。

平均数区间估计计算公式：

$$\bar{x} \pm \Delta_{\bar{x}} \text{ 即 } \bar{x} \pm t\mu_{\bar{x}} \tag{5-23}$$

$$\bar{x} - t\mu_{\bar{x}} \leqslant \bar{X} \leqslant \bar{x} + t\mu_{\bar{x}} \tag{5-24}$$

成数区间估计计算公式：

$$p \pm \Delta_p \text{ 即 } p \pm t\mu_p \tag{5-25}$$

$$p - t\mu_p \leqslant P \leqslant p + t\mu_p \tag{5-26}$$

例 5-12

某班在 50 名学生中随机抽取 5 名学生调查身高，其平均身高 $\bar{x}$=168 cm，抽样平均误差 $\mu_{\bar{x}}$=1.75 cm。身高 170 cm 以下学生所占比重 p=40%，抽样平均误差

μ_p=21%。如果要求把握程度为 68.27%，其对应的概率度 t=1，推断 50 名学生的平均身高所在范围，以及其中身高在 170 cm 以下学生所占比例。

根据以上内容，$f(t)$=68.27%，t=1。将已知数据代入公式（5-24）可以计算出 50 名学生平均身高所在范围是 166.25～169.75 cm，其中 166.25=168-（1×1.75），169.75=168+（1×1.75）。

在做成数（身高在 170 cm 以下学生所占比重）的区间推断时，将已知数据代入公式（5-26）可以算出该区间为 38%～42%，其中 38%=40%-1×2%，42%=40%+1×2%。

计算结果的意义：50 名学生的平均身高为 166.25～169.75 cm，其中身高在 170 cm 以下的学生所占比重为 38%～42%，这个推断的把握程度为 68.27%。

上面的区间数值 166.25～169.75 cm，38%～42%，在抽样推断中也称为置信区间。

例 5-13

在 500 万只灯泡中抽取 500 只调查，查得其平均寿命为 926 小时，抽样平均误差为 2.5 小时。分别推断把握程度为 68.27% 和 99.73% 时所有灯泡的平均寿命。

已知 $\bar{x}$=926 小时，$\mu_{\bar{x}}$=2.5 小时，

当 $f(t)$=68.27% 时，其对应的概率度 t=1，则：

$$\Delta_{\bar{x}}=t\mu_{\bar{x}}=1\times2.5=2.5\text{（小时）}$$

$\bar{x}\pm\Delta_{\bar{x}}=926\pm2.5$（小时），即 923.5～928.5 小时。

当 $f(t)$=99.73% 时，其对应的概率度 t=3，则：

$$\Delta_{\bar{x}}=t\mu_{\bar{x}}=3\times2.5=7.5\text{（小时）}$$

$\bar{x}\pm\Delta_{\bar{x}}=926\pm7.5$（小时），即 918.5～933.5 小时。

计算结果表明：根据 500 只灯泡的抽样结果，推断出 500 万只灯泡的平均寿命为 923.5～928.5 小时，这个推断的把握程度为 68.27%；若将把握程度提高到 99.73%，则 500 万只灯泡的平均寿命为 918.5～933.5 小时。

想一想?

在例 5-13 中，我们既想推断的把握程度高一些，又想推断的数据精确一些，但这却是一对矛盾体——精确度高（区间范围小），则把握程度低；精确度低（区间范围大），则把握程度高。究竟采用多大的精确度和把握程度，应该根据实际需要而定。

例 5-14

在 500 万只灯泡中抽取 500 只调查，寿命在 800 小时以上的合格品的比重为 99.6%，抽样平均误差 μ_p=0.28%。计算 t=2 时，所有灯泡中合格品所占比重（合格品率）的范围。

已知 t=2，μ_p=0.28%，则：

$$\Delta_p=t\mu_p=2\times0.28\%=0.56\%$$

$p\pm\Delta_p$=99.6% ± 0.56%，即 99.04% ~ 100%（合格率不可能超过 100%）。

计算结果表明：当 t=2 时，所有灯泡中合格品率为 99.04% ~ 100%。

思考与练习

1. 简述用动态数列法制订中长期计划的步骤。
2. 综合指数、平均法指数的计算方法各是什么？它们有什么联系？
3. 根据一个样本的指标去估计全及指标有哪些方法？各有什么特点？
4. 某地区 2010—2015 年苹果产量资料见表 5-18。

表 5-18　　某地区 2010—2015 年苹果产量

指标 \ 年份		2010	2011	2012	2013	2014	2015
苹果产量（吨）		1 377	1 460	1 591	1 750	1 872	2 022
增长量（吨）	逐年	—					
	累计	—					
发展速度（%）	环比	—					
	定基	—					
增长速度（%）	环比	—					
	定基	—					
增长 1% 绝对值（吨）		—					

（1）计算表中的各项指标数据。

（2）计算“十二五”期间该地区苹果的年平均产量及年平均增长量。

（3）计算“十二五”期间该地区苹果产量的平均发展速度与平均增长速度。

（4）以年 8% 的增长速度计算“十三五”期末该地区的苹果产量。

5. 某企业三种产品的产量和单位成本资料见表 5-19，请计算三种产品总成本指数，分析产量与单位成本对总成本的影响。

表 5-19　　某企业三种产品产量和单位成本资料及计算表

产品类别	计量单位	产量		单位成本（万元）		计算栏（万元）		
		基期 q_0	报告期 q_1	基期 p_0	报告期 p_1	基期 p_0q_0	报告期 p_1q_1	假设 p_0q_1
甲	台	1 000	1 200	5	5.5			
乙	套	1 500	2 000	2	1.8			
丙	件	3 000	2 500	1	0.8			
合计	—	—	—	—	—			

6. 某公司有职工 21 000 名，随机不重复抽取 50 名进行调查，测得其月平均工资为 4 000 元，标准差 σ=220 元（n=50）。

（1）计算其抽样平均误差并说明其意义。

（2）如果标准差增加 40 元（σ=260）或减少 20 元（σ=200），其抽样平均误差将怎样变化?

7. 从 50 000 件产品中抽取 100 件进行调查，有 2% 不合格。

（1）计算不合格产品抽样平均误差并说明其意义。

（2）计算说明当样本容量增加到 200 或者减少到 50 时，抽样平均误差会发生什么变化?

8. 从 5 000 台电器中随机抽取 50 台进行质量检验，合格品有 49 台。试以 99.73% 的把握程度，估计全部产品合格率的范围及合格品的数量（重复抽样与不重复抽样分别计算）。

part

06

第六章 | 会计概述

学习目标

- 了解会计的概念、基本职能及核算环节
- 了解会计要素与会计等式，以及会计要素之间的内在联系，并能根据其内在联系处理经济业务
- 掌握并熟练运用借贷记账法

第一节　会计的内涵

会计是一项系统的经济管理活动，它有助于各类经济组织更好地衡量经营管理的过程和成果。

一、会计的概念

会计是以货币为主要计量单位，以提高经济效益为主要目标，运用专门的方法对企业、机关、事业单位和其他组织的经济活动进行全面、综合、连续、系统的确认、计量、记录和报告，提供会计信息，并随着社会经济的日益发展，逐步开展预测、决策、控制和分析的一种重要的经济管理活动。

二、会计的基本职能

会计是随着生产的发展，逐步从生产中分离出来的一种管理工作。在生产力水平较低的时代，会计的主要职能是计量、记录；而在生产力发展水平和管理水平较高的今天，简单的计量、记录已经不能满足经济管理的需要，监督成为会计的一项重要职能。因此，会计的基本职能包括会计核算和会计监督两个方面。

1. 会计核算职能

会计核算职能是指会计以货币为主要计量单位，通过确认、计量、记录、报告等环节，对特定主体的经济活动进行记账、算账、报账，为各有关方面提供会计信息的职能。

会计核算职能是会计的最基本职能，贯穿于经济活动的全过程。会计核算的具体内容表现为生产经营过程中的各项经济业务，包括：

（1）货币资金和有价证券的收付。

（2）财产物资的收发、增减和使用。

（3）债权、债务的发生和结算。

（4）资本、基金的增减和经费的收支。

（5）收入、支出、费用和成本的计算。

（6）财务成果的计算和处理。

（7）需要办理会计手续、进行会计核算的其他事项。

知识窗

会计核算的三项工作

记账：采用一定的记账方法，在会计账簿中对特定主体的经济活动进行登记。

算账：在记账基础上，对特定主体在一定时期内的资产、负债、所有者权益和一定时期内的收入、费用、利润进行汇总和计算。

报账：在算账基础上，将特定主体的财务状况、经营成果和现金流量情况以会计报表的形式提供给信息使用者。

2. 会计监督职能

会计监督职能是指会计人员在进行会计核算的同时，对特定主体经济活动的真实性、合法性和合理性进行审查的职能。

会计监督包括事前、事中和事后的监督，其内容包括监督经济业务的真实性、财务收支的合法性、公共财产的完整性。

3. 会计核算职能和会计监督职能的关系

会计核算职能和会计监督职能相辅相成，不可分离。会计核算职能是会计监督职能的基础和前提，会计监督职能的发挥能够更好地保证会计核算的质量。会计核算职能和会计监督职能的充分发挥，能使各类组织的经营活动实现管理最优、效益最佳的目标。

组织分组讨论，主题是：围绕“会计”，你联想到了什么？将想到的内容描绘出来，并在小组内展示。

三、会计核算环节

会计核算主要包括确认、计量、记录和报告四个环节，见表 6–1。

表 6–1　　会计核算的四个环节

环节	主要任务
确认	解决“是什么，何时入账”的问题
计量	解决“反映多少”的问题
记录	解决“如何登记”的问题
报告	解决“如何提供会计信息”的问题

1. 确认环节

确认是指将交易或事项是否作为会计要素进行记录，并列入会计报表的过程。企业发生的交易或事项是否能够登记入账、具体计入什么项目、何时能够入账，需要按照一定的标准进行识别、判断和选择。这个过程就是确认，它解决了某项交易或事项“是什么，何时入账”的问题。

要将一项资源确认为资产，它需要符合资产的定义，并同时满足以下两个条件：一是与该资源有关的经济利益很可能流入企业，二是该资源的成本或者价值能够可靠地计量。

2. 计量环节

计量是用货币或其他度量单位计量各项交易、事项或结果的过程。计量的过程是对交易或事项进行量化的过程，解决了某项交易或事项在会计上“反映多少”的问题。这一过程主要包括选择计量单位和计量方法两个方面。在我国，会计核算以人民币为记账本位币，计量方法可根据需要选用历史成本、重置成本、可变现净值、现值、公允价值等进行计量。企业一般采用历史成本作为初始入账价值。

3. 记录环节

记录是指采用专门的方法在会计凭证、账簿、报告体系中登记各项经济业务的过程。它解决了某项交易或事项在会计上“如何登记”的问题。在我国，企业应当采用借贷记账法记账，并使用中文进行相关会计记录。

4. 报告环节

报告是指编制财务报告，以及对外提供会计信息的过程。它解决了某项交易或事项在会计上“如何提供会计信息”的问题。为了保证所提供的会计信息质量，在编制财务报告时，应当达到内容完整、数字真实、计算准确、编报及时等要求。

知识窗

会计核算环节巧记忆

先定性——会计确认　　行者足迹——会计记录

再定量——会计计量　　信息的集中反映——财务报告

第二节　会计要素

会计对象就是会计要处理的内容，对其进行会计处理前应先对其进行合理的分类。会计要素是会计对象要素的简称，是对会计对象的基本分类，是会计核算对象的具体化。

我国《企业会计准则》分别列示了资产、负债、所有者权益、收入、费用、利润六大会计要素，见表 6-2。其中，资产、负债和所有者权益三项会计要素反映资金的相对静止状态，即反映企业的财务状况；收入、费用和利润三项会计要素反映资金的变动状态，即反映企业的经营成果。

表 6-2　　六大会计要素

<table>
<tr><td rowspan="3">反映财务状况的会计要素</td><td rowspan="3">静态要素
（资产负债表要素）</td><td>资产</td></tr>
<tr><td>负债</td></tr>
<tr><td>所有者权益</td></tr>
<tr><td rowspan="3">反映经营成果的会计要素</td><td rowspan="3">动态要素
（利润表要素）</td><td>收入</td></tr>
<tr><td>费用</td></tr>
<tr><td>利润</td></tr>
</table>

一、资产

1. 资产的概念和特点

资产是指企业因过去的交易或者事项形成的，由企业拥有或者控制，预期会给企业带来经济利益的资源。资产有以下几个特点：

第一，资产是企业因过去的交易或者事项形成的，也就是说资产必须是现实的资产，而不能是预期的资产，是过去已经发生的交易或事项所产生的结果。

第二，资产由企业拥有或控制，是指企业享有某项资源的所有权，或者虽然不享有某项资源的所有权，但该资源能被企业所控制。

第三，资产预期会给企业带来经济利益，是指资产具有直接或者间接导致现金和现金等价物流入企业的潜力。

2. 资产的类型

（1）流动资产

流动资产是指企业主要为交易目的而持有的，预计在一年或一个正常营业周期内变现、出售或耗用的资产，包括库存现金、银行存款、应收及预付款项、存货等。部分流动资产的类型见表 6-3。

表 6-3　　部分流动资产的类型

类型	说　明
库存现金	存放于企业财会部门，由出纳人员经管的货币
银行存款	企业存放在银行和其他金融机构的货币资金
应收及预付款项	企业在日常生产经营过程中发生的各项债权，包括应收款项和预付款项。其中应收款项包括应收票据、应收账款、应收股利、应收利息和其他应收款等，预付款项是指企业按照合同规定预付的款项（如预付账款等）
存货	企业在日常活动中持有以备出售的产品或商品、处在生产过程中的在产品、在生产过程或提供劳务过程中储备的材料或物料等，包括各类材料、在产品、半成品、产成品、商品以及包装物、低值易耗品、委托代销商品等

（2）非流动资产

非流动资产是指除流动资产以外的资产，主要包括持有至到期投资、长期应收款、长期股权投资、投资性房地产、固定资产、在建工程、无形资产、长期待摊费用等。部分非流动资产的类型见表 6–4。

表 6–4　部分非流动资产的类型

类型	说　明
固定资产	企业为生产商品、提供劳务、出租或经营管理而持有，使用寿命超过一个会计年度的有形资产
无形资产	企业拥有或者控制的没有实物形态的可辨认非货币性资产，主要包括专利权、非专利技术、商标权、著作权、土地使用权、特许权等

二、负债

负债是指企业因过去的交易或者事项形成的，预期会导致经济利益流出企业的现时义务。

1. 负债的特点

（1）负债是企业承担的现时义务

这里的现时义务是指企业在现行条件下已承担的义务。未来发生的交易或者事项形成的义务不属于现时义务，不应当确认为负债。

（2）负债预期会导致经济利益流出企业

预期会导致经济利益流出企业是负债的一个本质特征，只有在履行义务时会导致经济利益流出企业的，才符合负债的定义。

（3）负债是由企业过去的交易或者事项形成的

只有过去的交易或者事项才形成负债，企业将在未来发生的承诺、签订的合同等交易或者事项，不形成负债。

2. 负债的类型

（1）流动负债

流动负债是指企业主要为交易目的而持有的，预计在一年或一个正常营业周期内清偿的债务。流动负债包括短期借款、应付票据、应付账款、预收账款、应付职工薪酬、应付股利、应付利息、应交税费、其他应付款项等。部分流动负债的类型见表 6–5。

表 6-5　　部分流动负债的类型

类型	说　明
短期借款	企业向银行或其他金融机构等借入的、期限在一年以下（含一年）的各项借款
应付票据	企业购买材料、商品或接受劳务供应等而开出、承兑的商业汇票，包括商业承兑汇票和银行承兑汇票
应付账款	企业因购买材料、商品或接受劳务供应等经营活动而应付给供应单位的款项
预收账款	企业按照合同规定向购货单位预收的款项
应付职工薪酬	企业为获得职工提供的服务或解除劳动关系应给予的各种形式的报酬或补偿
应付股利	企业根据股东大会或类似机构审议批准的利润分配方案确定分配给投资者的现金股利或利润
应付利息	企业按照合同约定应支付的利息
应交税费	企业根据税法规定应交纳的各种税费
其他应付款项	企业除应付票据、应付账款、预收账款、应付职工薪酬、应交税费、应付利息、应付股利等经营活动以外的其他各项应付、暂收的款项

（2）非流动负债

非流动负债是指流动负债以外的负债，包括长期借款、应付债券、长期应付款等。部分非流动负债的类型见表 6-6。

表 6-6　　部分非流动负债的类型

类型	说　明
长期借款	企业从银行或其他金融机构借入的、期限在一年以上的各项借款
应付债券	企业为筹集长期资金而实际发行的债券
长期应付款	企业除长期借款和应付债券以外的其他各种长期应付款

三、所有者权益

所有者权益是指企业资产扣除负债后，由所有者享有的剩余权益。公司的所有者权益又称为股东权益。所有者权益是所有者对企业资产的剩余索取权，它是企业的资产扣除债权人权益后应由所有者享有的部分，既可反映所有者投入资本的保值增值情况，又体现了保护债权人权益的理念。

所有者权益按其构成不同，分为实收资本（或股本）、资本公积、盈余公积和未分配利润等，见表 6-7。

表 6-7　所有者权益的类型

类型	说　明
实收资本（或股本）	企业按照章程规定或合同、协议约定，接受投资者投入企业的资本（或股本）
资本公积	企业收到投资者出资额超出其在注册资本（或股本）中所占份额的部分，以及其他资本公积等
盈余公积	企业按照有关规定从净利润中提取的积累资金
未分配利润	企业实现的净利润经过弥补亏损、提取盈余公积和向投资者分配利润后留存在企业的、历年结存的利润

知识窗

所有者权益与债权人权益的比较

权益可分为所有者权益与债权人权益。所有者权益在企业经营期内可以供其长期、持续使用，企业不必向投资者返还资本金。债权人权益（即负债）则须按期返还给债权人，因此成为企业的负担。

企业所有者凭其对企业投入的资本，享受分配税后利润的权利。债权人除按规定取得利息外，无权分配企业的盈利。

企业所有者有权行使企业的经营管理权，但债权人没有此权利。

企业所有者对企业的债务和亏损负有无限的责任或有限的责任，而债权人一般不承担企业亏损的责任。

四、收入

收入是指企业在日常活动中形成的，会导致所有者权益增加的，与投资者投入资本无关的经济利益的总流入。它包括销售商品收入、劳务收入、利息收入、使用费收入、租金收入、股利收入等，但不包括为第三方或客户代收的款项。

1. 收入的特点

收入从企业日常活动中产生，而不是从偶发的交易事项里产生。

收入可能表现为企业资产的增加或企业负债的减少，或二者兼而有之。

收入只包括本企业经济利益的流入，不包括为第三方或客户代收的款项。

想一想?

光华公司（增值税一般纳税人，下同）销售一批商品，收取款项共计1 260元，其中货款1 000元，增值税130元，包装物押金130元，其应确认多少收入呢?

2. 收入的类型

收入按其性质不同，分为销售商品收入、提供劳务收入和让渡资产使用权收入；按其经营业务的主次不同，分为主营业务收入和其他业务收入。收入的类型见表6–8。

表6–8　　收入的类型

分类标准	类型	说　明
性质	销售商品收入	企业销售生产或购进的物品，以及企业销售包装物、原材料等存货而实现的收入
	提供劳务收入	企业通过提供加工、修理、安装、运输、咨询等劳务而实现的收入
	让渡资产使用权收入	包括利息收入和使用费收入
经营业务的主次	主营业务收入	企业为完成其经营目标而从事的经常性活动所实现的收入
	其他业务收入	企业为完成其经营目标而从事的主营业务以外的其他业务或副营业务所实现的收入

五、费用

1. 费用的概念和特点

费用是指企业在日常活动中发生的，会导致所有者权益减少，与向所有者分配利润无关的经济利益的总流出。

费用最终会导致企业资源的减少，这种减少表现为企业的资金支出。

费用最终会减少企业的所有者权益。

2. 费用的类型

费用按照功能不同，分为营业成本、税金及附加、期间费用，见表6–9。

表6–9　　费用的类型

类型	具体类型	说　明
营业成本	主营业务成本	企业销售商品、提供劳务等日常经营活动所发生的成本
	其他业务成本	企业确认的除主营业务活动以外的其他日常经营活动所发生的支出

续表

类型	具体类型	说　明
税金及附加		企业经营活动应负担的相关税费
期间费用	销售费用	企业在销售商品过程中发生的各项费用，以及为销售本企业商品而专设的销售机构的经营费用
	管理费用	企业为组织和管理生产经营活动而发生的费用
	财务费用	企业为筹集资金而发生的费用

六、利润

利润是指企业在一定会计期间的经营成果。通常情况下，如果企业实现了利润，表明企业的所有者权益增加；反之，如果企业发生亏损（即利润为负数），表明企业的所有者权益减少。利润包括收入减去费用后的净额、直接计入当期利润的利得和损失等。

知识窗

利润的构成

一是营业利润。它是指收入减去费用后的净额。

营业利润＝营业收入－营业成本－税金及附加－期间费用 ± 投资净损益

二是直接计入当期利润的利得和损失。它是指应当计入当期损益，会导致所有者权益发生增减变动的，与所有者投入资本或者向所有者分配利润无关的利得或者损失，主要体现为营业外收支净额。

第三节　会计等式

一、会计等式的含义

会计等式也称会计平衡公式，或会计恒等式、会计方程式，是反映各项会计要素之间数量恒等关系的表达式。会计等式是会计中客观存在的等式，通常包括反映财务状况会计要素的等式和反映经营成果会计要素的等式。从形式上看，会计等式是会计要素之间关系的表达式，反映了会计对象各要素之间的内在联系；从内容上看，它揭示了会计主体的基本财务状况。

二、会计等式的类型

1. 静态会计等式（基本会计公式）

静态会计等式是由静态会计要素（即资产、负债、所有者权益）组合而成的会计等式，也是反映企业在一定时点上财务状况的会计等式。

资产 = 负债 + 所有者权益

资产与权益的恒等关系反映了企业在任一时点所拥有的资产，以及债权人和所有者对资产要求权的基本情况。它实际反映了企业资金的相对静止状态，所以被称为静态会计等式。这是会计的基本等式，是复式记账法的理论基础，也是企业编制资产负债表的依据。

2. 动态会计等式

动态会计等式是由动态会计要素（即收入、费用、利润）组合而成的会计等式，也是反映企业在一定经营期间经营成果的会计等式。

收入 – 费用 = 利润

收入、费用和利润之间的上述关系表明了企业在一定会计期间经营成果与收入、费用之间的关系，能够动态地反映利润的形成过程，是企业编制利润表的基础。所以，该等式被称为动态会计等式。

3. 综合会计等式

综合会计等式是由静态会计等式和动态会计等式综合而成，全面反映企业财务状况和经营成果的等式。

资产 = 负债 + 所有者权益 +（收入 – 费用）

资产 + 费用 = 负债 + 所有者权益 + 收入

三、会计等式的恒等性

例 6–1

2018 年 12 月 31 日，光华公司拥有 500 万元资产，其中，现金 0.4 万元，银行存款 55.6 万元，应收账款 33 万元，其他应收款 5 万元，存货 96 万元，生产成本 10 万元，固定资产 300 万元。该公司接受投资形成实收资本 280 万元，一年内银行借款

100 万元，应付账款 40 万元，尚未支付的职工薪酬 80 万元。可用表 6-10 反映该公司资产、负债、所有者权益之间的平衡关系。

表 6-10　　光华公司资产、负债和所有者权益　　万元

资产		负债和所有者权益	
现金	0.4	短期借款	100
银行存款	55.6	应付账款	40
应收账款	33	应付职工薪酬	80
其他应收款	5	实收资本	280
存货	96		
生产成本	10		
固定资产	300		
合计	500	合计	500

上例中，“资产总额（500 万元）= 负债（220 万元）+ 所有者权益（280 万元）”反映了某一时点上企业会计要素之间的平衡关系，这是一种静态关系。

1. 经济业务影响会计等式的类型

当企业持续经营时，发生的经济业务会引起各个会计要素在金额上的增减变化，这些变化包括以下四种类型：

一是使等式两边要素同时增加且增加金额相等，等式保持平衡。

例 6-2

光华公司收到投资者投资 10 万元，已存入银行。会计等式可表示为：

资产　+　费用　=　负债　+　所有者权益　+　收入

+10 万元　　　　　　　　　　+10 万元

该交易或事项的发生，使企业的银行存款增加了 10 万元，即由原来的 55.6 万元增加到 65.6 万元，同时使企业的实收资本增加了 10 万元，即由原来的 280 万元增加到 290 万元。该交易或事项使企业的资产（银行存款）和所有者权益（实收资本）同时增加，双方增加金额相等。因此，会计等式的平衡关系不会改变。

二是使等式两边要素同时减少且减少金额相等，等式保持平衡。

例 6-3

光华公司用银行存款偿还欠款 5 万元。会计等式可表示为：

资产　+　费用　=　负债　+　所有者权益　+　收入

−5 万元　　　　−5 万元

该交易或事项的发生，使企业的银行存款减少了 5 万元，即由原来的 65.6 万元减少到 60.6 万元，同时使企业的应付账款减少了 5 万元，即由原来的 40 万元减少到 35 万元。该交易或事项使企业的资产（银行存款）和负债（应付账款）同时减少，双方减少金额相等。因此，会计等式的平衡关系不会改变。

三是使会计等式左边要素有增有减，且增减金额相等，等式保持平衡。

例 6-4

光华公司用银行存款购入原材料 4 万元。会计等式可表示为：

资产 + 费用 = 负债 + 所有者权益 + 收入

银行存款 −4 万元

原材料 +4 万元

该交易或事项的发生，使企业的银行存款减少了 4 万元，即由原来的 60.6 万元减少到 56.6 万元，同时使企业的存货增加了 4 万元，即由原来的 96 万元增加到 100 万元。该交易或事项使企业的一项资产（银行存款）增加，另一项资产（存货）减少，增减金额相等。因此，企业资产总额不会发生改变。另外，该交易或事项没有涉及负债和所有者权益项目，不会引起权益总额变化。所以，该交易或事项的发生不会改变会计等式的平衡关系。

四是使会计等式右边要素有增有减，且增减金额相等，等式保持平衡。

例 6-5

光华公司将银行原借给企业的借款 60 万元转为银行对企业的投资。会计等式可表示为：

资产 + 费用 = 负债 + 所有者权益 + 收入

−60 万元 +60 万元

该交易或事项的发生，使企业的实收资本增加了 60 万元，即由原来的 290 万元增加到 350 万元，同时使企业的短期借款减少了 60 万元，即由原来的 100 万元减少到 40 万元。该交易或事项使企业的一项所有者权益（实收资本）增加，另一项负债（短期借款）减少，增减金额相等。因此，企业权益总额不会发生改变。另外，该交易或事项没有涉及资产项目，因此不会使资产总额发生变化。所以，该交易或事项的发生不会改变会计等式的平衡关系。

以上四种类型可进一步分为九类，见表 6-11。

表 6-11　　资产与权益的关系类型

基本类型	扩展类型
资产与权益同时增加（如例 6-2）	资产与所有者权益同时增加
	资产与负债同时增加
资产与权益同时减少（如例 6-3）	资产与所有者权益同时减少
	资产与负债同时减少
资产之间有增有减（如例 6-4）	资产之间有增有减
权益之间有增有减（如例 6-5）	所有者权益之间有增有减
	负债之间有增有减
	负债增加，所有者权益减少
	负债减少，所有者权益增加

2. 经济业务类型影响会计等式的规律

每项经济业务发生后，至少要影响会计等式中的两个会计要素，或一个要素中的两个项目，使其发生增减变化。其规律如下：

规律 1：影响会计等式两边。增减变化规律：两边同增或同减，增减金额相等；或者两边总额或增或减，但会计等式仍保持平衡。

如例 6-2 所示，会计等式两边的银行存款和实收资本同时增加 10 万元，资产和权益总额同时增加到 510 万元。又如例 6-3 所示，会计等式两边的银行存款和应付账款同时减少 5 万元，资产和权益总额同时减少到 505 万元。

规律 2：只影响会计等式某一边。增减变化规律：一边有增有减，增减金额相等；或者两边总额不变，会计等式保持平衡。

如例 6-4 所示，会计等式一边的银行存款减少 4 万元，存货增加 4 万元，资产总额保持不变，仍为 505 万元。又如例 6-5 所示，会计等式一边的实收资本增加 60 万元，短期借款减少 60 万元，权益总额保持不变，仍为 505 万元。

经过上述变化后的资产、负债和所有者权益之间的平衡关系见表 6-12。

表 6-12　　光华公司资产、负债和所有者权益　　万元

资产		负债和所有者权益	
现金	0.4	短期借款	100-60
银行存款	55.6+10-5-4	应付账款	40-5
应收账款	33	应付职工薪酬	80
其他应收款	5	实收资本	280+10+60

续表

资产		负债和所有者权益	
存货	96+4		
生产成本	10		
固定资产	300		
合计	505	合计	505

结论：无论发生什么样的经济业务，都不会破坏会计等式的恒等关系。

点拨

会计等式的平衡原理揭示了企业会计要素之间的规律性联系。会计等式是设置会计科目和账户、编制会计报表的理论依据，是复式记账的基础。

第四节　会计方法

会计方法是指用来核算和监督会计内容、完成会计任务的手段，它可以分为会计核算方法、会计监督方法和会计分析方法。其中，会计核算方法是基础，会计监督方法、会计分析方法是会计核算方法的延伸和发展。本节主要介绍会计核算方法。

一、设置会计科目和账户

1. 设置会计科目

（1）会计科目的含义

企业在生产经营过程中发生的各种各样的经济业务，会使各项会计要素发生增减变动。尽管会计要素已经是会计对象的具体化，但它过于粗略，不能满足会计核算的具体需求。因此，还需要在会计要素的基础上进一步划分。这种对会计要素具体内容进行分类核算的项目称为会计科目。例如：存在企业保险柜里的钱称为“库存现金”，存在银行里的钱称为“银行存款”；企业的机器、设备、厂房等称为“固定资产”，为生产产品而储备的各种材料称为“原材料”；从银行借入的一年内的借款称为“短期借款”；投资者投入的资本称为“实收资本”等。

（2）会计科目的类型

1）按经济内容分类。会计科目按其反映的经济内容不同，分为资产类、负债类、共同类、所有者权益类、成本类、损益类六大类。

本书主要涉及工业企业常用的五类会计科目表，见表 6-13。

表 6-13　　会计科目表（简）

编号	名称	编号	名称
	一、资产类	2202	应付账款
1001	库存现金	2205	预收账款
1002	银行存款	2211	应付职工薪酬
1101	交易性金融资产	2221	应交税费
1122	应收账款	2231	应付股利
1123	预付账款	2232	应付利息
1131	应收股利	2241	其他应付款
1132	应收利息	2601	长期借款
1231	其他应收款		三、所有者权益类
1241	坏账准备	4001	实收资本
1401	材料采购	4002	资本公积
1402	在途物资	4101	盈余公积
1403	原材料	4103	本年利润
1404	材料成本差异	4104	利润分配
1406	库存商品		四、成本类
1431	周转材料	5001	生产成本
1461	存货跌价准备	5101	制造费用
1524	长期股权投资		五、损益类
1525	长期股权投资减值准备	6001	主营业务收入
1531	长期应收款	6051	其他业务收入
1601	固定资产	6111	投资收益
1602	累计折旧	6301	营业外收入
1603	固定资产减值准备	6401	主营业务成本
1604	在建工程	6402	其他业务成本
1606	固定资产清理	6405	税金及附加
1701	无形资产	6601	销售费用
1702	累计摊销	6602	管理费用
1703	无形资产减值准备	6603	财务费用
1901	待处理财产损益	6701	资产减值损失
	二、负债类	6711	营业外支出
2001	短期借款	6801	所得税费用

2）按会计信息详细程度分类。会计科目按其提供会计信息的详细程度不同，分为总分类科目和明细分类科目。

总分类科目又称一级会计科目，是对会计要素具体内容进行总括分类，提供总括信息的会计科目。明细分类科目又称明细科目或细目，是将总分类科目进一步分类，提供更加具体的会计信息的科目。例如，在“应收账款”科目下，按债务人名称设置明细科目。对于明细科目较多的总分类科目，可在总分类科目与明细科目之间设置子目（又称二级会计科目）。例如：在“原材料”总分类科目下，可按原材料类别开设“原料及主要材料”“辅助材料”“燃料”等子目；在“原料及主要材料”子目下，再按材料的品种、规格设置明细科目。

以“原材料”会计科目为例，总分类科目、子目和明细科目的相互关系见表 6–14。

表 6–14　　总分类科目、子目和明细科目的相互关系

总分类科目（一级会计科目）	子目（二级会计科目）	明细科目（细目）
原材料	原料及主要材料	甲材料
		乙材料
	辅助材料	润滑油
		涂料

知识窗

会计科目的设置原则

一是合法性原则，即所设置的会计科目应当符合国家统一的会计制度规定。

二是相关性原则，即所设置的会计科目应当为提供有关各方所需要的会计信息服务，满足对外报告与对内管理的要求。

三是实用性原则，即所设置的会计科目应当符合单位的自身特点，满足单位实际需要。

四是统一性原则，即企业设置会计科目时，应当根据提供会计信息的要求，保证一些主要会计科目的设置及核算内容与《企业会计准则》的规定相一致。

2. 设置会计账户

在会计核算过程中，当发生经济业务时，只能通过会计科目描述其内容，而无法将发生的业务连续、系统地记录下来，以获得经营管理所需要的信息资料。因此，

必须设置会计账户。

（1）会计账户的含义

会计账户是根据会计科目设置的，具有一定的格式和结构，用于分类反映会计要素增减变动情况的类别。

（2）会计账户的类型

按所提供会计信息的详细程度不同，会计账户可分为总分类账户和明细分类账户。总分类账户是根据总分类科目设置的，简称总账账户或总账。从会计要素出发，可将其分为资产类账户、负债类账户、共同类账户、所有者权益类账户、成本类账户、损益类账户六类。明细分类账户是根据明细科目设置的，简称明细账。

（3）会计账户的结构

账户是用来记录经济业务的，必须具有一定的格式和结构。由于经济业务所引起的各项会计要素的变动从数量上看无外乎增加和减少，所以账户结构也相应地分为两个基本部分，用以分别记录各会计要素的增加额和减少额。账户的基本结构通常划分为左、右两方，一方登记增加额，另一方登记减少额。登记本期增加的金额称为本期增加发生额，登记本期减少的金额称为本期减少发生额，增减相抵后的差额称为余额。余额按表示的时间不同，分为期初余额和期末余额，其基本关系如下：

期末余额 = 期初余额 + 本期增加发生额 − 本期减少发生额

账户的基本结构具体包括账户名称（会计科目）、经济业务发生的时间、所依据记账凭证的编号、经济业务摘要、增减金额、余额等。

（4）会计账户的格式

根据实际工作的需要，会计账户格式分为简单格式和标准格式两种。

1）简单格式。简单格式账户又称为T形账户或丁字账，如图6-1所示。使用该格式能够方便地将会计要素所发生的增减变动情况记录下来并进行汇总。

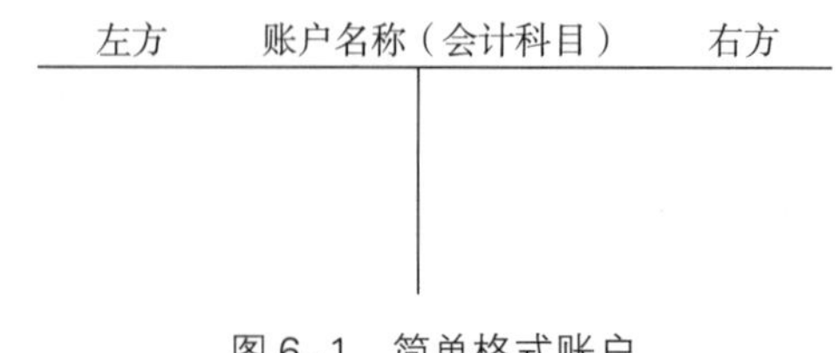

图6-1 简单格式账户

2）标准格式。这是账户的正规格式。在实际工作中，为了保证会计信息的真实与完整，企业必须依法设置并使用会计账簿，会计账簿的标准格式见表6-15。

表 6-15 会计账簿的标准格式

账户名称

年		凭证编号	摘要	借方	贷方	借或贷	余额
月	日						

知识窗

会计科目与会计账户的联系和区别

联系：会计科目是开设会计账户的依据，会计账户的名称就是会计科目；会计账户是会计科目的具体运用，会计科目所反映的经济内容就是会计账户所要登记的内容。两者口径一致，性质和内容相同。

区别：会计科目侧重对会计对象的分类，不反映核算内容的增减变动，不具有核算和监督会计要素的功能；会计账户侧重反映核算内容的变动情况，能够提供会计要素的动态和静态指标，具有核算和监督功能。会计科目不存在结构，会计账户则具有一定的结构。

科目接龙

人数：不限　　　　　　　　时间：1 分钟

活动过程：

1. 每位学生从会计科目表里选出 20 个会计科目并记牢。

2. 教师从上述会计科目中任意说出 1 个，如“库存现金”，某位学生就开始接着说下一个科目，依此类推。其他学生一起拍手打拍子。

3. 出现科目重复或不合节拍者被淘汰出局，坚持到最后的学生为最终胜利者。

二、借贷记账法

复式记账法以资产与权益的平衡关系作为记账基础。每一笔经济业务都要在两个或两个以上相互联系的账户中进行登记，从而系统地反映资金运动变化的结果。复式记账法有多种类型，其中主要是借贷记账法。

知识窗

单式记账法

记账方法一般分为两类，即单式记账法和复式记账法。

单式记账法就是只在一个方向上，单方面登记经济业务的记账方法。每项经济业务只登记库存现金和银行存款的收付业务，或者只登记应收、应付的结算业务，而不登记实物的收付业务。

单式记账法的优点是简单、通俗易懂、操作方便。但是，其账户与账户之间缺乏联系，非常容易产生错误。

1. 借贷记账法的含义

借贷记账法是指以“借”“贷”作为记账符号的一种复式记账法。它是以会计等式为依据，对每项经济业务都以相等的金额在两个或两个以上相互联系的账户中进行登记的一种记账方法。“借”“贷”只是作为一种记账符号，分别位于账户的左边和右边。“借”“贷”是表示增加还是表示减少，取决于账户的性质及结构。

例如，办公室小李用现金 100 元购买办公用品。记账时，既要在“库存现金”账户中登记减少 100 元，又要在“管理费用”账户中登记增加 100 元，这样相互联系地反映出库存现金减少，而减少的原因是由于发生了费用。又如，企业购入价值 1 万元的原材料，尚未支付货款。记账时，既要在“原材料”账户中登记增加 1 万元，又要在“应付账款”账户中登记增加 1 万元，这样相互联系地反映购入原材料且货款暂欠这一经济业务。

知识窗

“借”“贷”的由来

借贷记账法起源于 13~14 世纪的意大利。借贷记账法的“借”“贷”两字，最初是以其本来含义记账的，反映的是“债权”和“债务”的关系。随着商品经济的发展，借贷记账法也不断发展和完善，“借”“贷”两字逐渐失去其本来含义，变成了纯粹的记账符号。1494 年，意大利数学家卢卡·帕乔利的《算术、几何、比与比例概要》一书问世，标志着借贷记账法正式成为大家公认的复式记账法，同时也标志着近代会计的开始。因此，卢卡·帕乔利被称为“近代会计之父”。

2. 借贷记账法下的账户结构

采用借贷记账法时，当经济业务发生后，应在两个或两个以上的账户中进行登记，登记在借方的数额称为“借方发生额”，登记在贷方的数额称为“贷方发生额”。两方相减后的数额称为“期末余额”。如果借方数额大于贷方数额，其余额为“借方余额”；如果贷方数额大于借方数额，其余额为“贷方余额”。账户中本期的期末余额即为下期的期初余额。

借贷记账法下的账户结构包括资产类账户、负债类账户、所有者权益类账户、成本类账户和损益类账户五类。

（1）资产类和成本类账户

该类账户在借方登记增加数，在贷方登记减少数，期末余额一般在借方，如图6-2所示。

借方	资产类和成本类账户		贷方
期初余额	×××		
本期增加额	×××	本期减少额	×××
本期发生额	×××	本期发生额	×××
期末余额	×××		

图6-2 资产类和成本类账户的结构

该类账户的发生额与余额之间的关系表达式如下：

$$\text{账户借方期末余额} = \text{账户借方期初余额} + \text{账户借方本期发生额} - \text{账户贷方本期发生额}$$

（2）负债类和所有者权益类账户

该类账户结构与资产类账户相反，在贷方登记增加数，在借方登记减少数，期末余额一般在贷方，如图6-3所示。

借方	负债类和所有者权益类账户		贷方
		期初余额	×××
本期减少额	×××	本期增加额	×××
本期发生额	×××	本期发生额	×××
		期末余额	×××

图6-3 负债类和所有者权益类账户的结构

该类账户的发生额与余额之间的关系表达式如下：

$$\text{账户贷方期末余额} = \text{账户贷方期初余额} + \text{账户贷方本期发生额} - \text{账户借方本期发生额}$$

（3）损益类账户

损益类账户主要包括收入类账户和费用类账户。收入类账户在贷方登记增加数，在借方登记减少数。会计期末，账户贷方发生额合计数与借方发生额合计数的差额为本期收入总额，该贷方差额结转到所有者权益类账户中“本年利润”账户的贷方，故该类账户一般无期末余额，如图 6–4 所示。

借方	收入类账户		贷方
本期转出或减少额	×××	本期增加额	×××
本期发生额	×××	本期发生额	×××
		期末余额	0

图 6–4　收入类账户的结构

费用类账户在借方登记增加数，在贷方登记减少数。会计期末，账户借方发生额合计数与贷方发生额合计数的差额为本期费用总额，该借方差额结转到所有者权益类账户中“本年利润”账户的借方，故该类账户一般无期末余额，如图 6–5 所示。

借方	费用类账户		贷方
本期增加额	×××	本期转出或减少额	×××
本期发生额	×××	本期发生额	×××
期末余额	0		

图 6–5　费用类账户的结构

3. 借贷记账法的记账规则

借贷记账法的记账规则为有借必有贷，借贷必相等。

例 6–6

2019 年 3 月，光华公司发生一系列经济业务。3 月 1 日，光华公司获得银行的短期贷款 200 000 元，立即存入银行存款户。（业务 1）

这项业务发生后，该公司资产中的银行存款增加，应记入“银行存款”账户的借方；同时，负债中的短期借款增加，应记入“短期借款”账户的贷方。记入借方和贷方的金额均为 200 000 元，如图 6–6 所示。

图 6-6 业务 1 的记账结果

例 6-7

3 月 5 日，经股东大会批准，光华公司决定减少投资，以银行存款 100 000 元和库存现金 30 000 元退还部分投资人。（业务 2）

这项业务发生后，该公司资产中的银行存款和库存现金减少，应记入“银行存款”和“库存现金”账户的贷方；同时，所有者权益中的实收资本减少，应记入“实收资本”账户的借方。记入借方和贷方的金额均为 130 000 元，如图 6-7 所示。

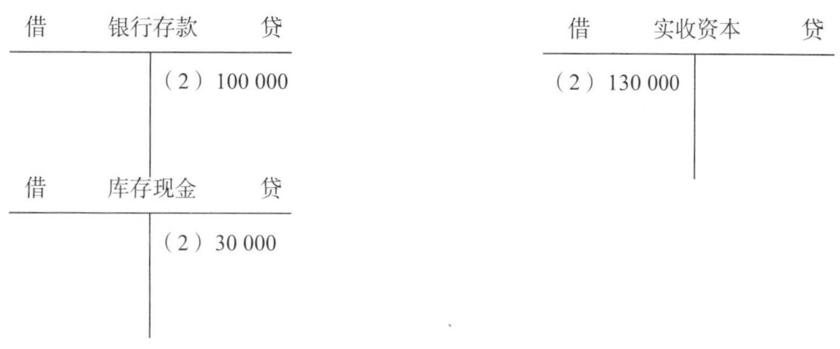

图 6-7 业务 2 的记账结果

例 6-8

3 月 10 日，光华公司用银行存款购入原材料，价值 150 000 元。（业务 3）

这项业务发生后，该公司资产中的原材料增加，应记入“原材料”账户的借方；同时，资产中的银行存款减少，应记入“银行存款”账户的贷方。记入借方和贷方的金额均为 150 000 元，如图 6-8 所示。

图 6-8 业务 3 的记账结果

例 6-9

3 月 15 日，光华公司开出商业承兑汇票一张，金额为 60 000 元，支付以前所欠应付账款。（业务 4）

这项业务发生后，公司负债中的应付票据增加，记入“应付票据”账户的贷方；同时，负债中的应付账款减少，应记入“应付账款”的借方。记入借方和贷方的金额均为 60 000 元，如图 6–9 所示。

图 6–9　业务 4 的记账结果

例 6–10

3 月 18 日，光华公司用银行存款偿还以前所欠供应商货款 20 000 元。（业务 5）

这项业务发生后，该公司资产中的银行存款减少，应记入“银行存款”账户的贷方；同时，负债中的应付账款减少，应记入“应付账款”的借方。记入借方和贷方的金额均为 20 000 元，如图 6–10 所示。

图 6–10　业务 5 的记账结果

三、填制和审核会计凭证

对交易、事项可以通过设置会计科目进行确认，可以通过复式记账法进行登记，并填制和审核会计凭证。

会计凭证是记录经济业务、明确经济责任的书面证明，是登记账簿的依据。填制和审核会计凭证就是对发生或已经完成的交易、事项进行确认、计量，记录到具有一定格式的凭证上，并由经办人签章，同时，填好的会计凭证在记账之前须由专人进行审核。填制和审核会计凭证是为了保证会计记录完整、可靠，审查经济活动是否合理、合法而采用的一种专门方法。

四、登记账簿

填制和审核会计凭证只是取得了一个合法的记账依据，还不能系统地提供各种不同的会计信息。会计凭证是大量的、分散的，只有按照交易、事项的性质分门别类地登记到账簿中，才能提供比较系统综合的会计信息。

登记账簿就是将会计凭证上的记录按照复式记账法的规则逐一登记到具有一定格式和结构的账簿上。它是在账簿记录中连续、完整、科学地记录和反映经济活动和财务收支的一种方法。

五、成本计算

成本计算是对生产经营活动中发生的费用按照成本计算对象进行归集，从而计算单位成本和总成本的一种专门方法。凡是实行独立核算的企业都必须进行成本计算，例如，工业企业需要计算产品的生产成本，商品流通企业需要计算商品的进价成本和售价成本等。通过成本计算，可以了解企业的消耗，进行投入和产出的比较，从而考核生产经营活动的真实效益。通过成本计算，还可以检查资金使用效果，增收节支。成本计算也是进行成本预测决策、编制成本计划和费用预算的基础。

六、财产清查

在会计核算过程中经常会发生账实不符、账证不符的情况。如果在财产收发过程中由于计量、验收不准使得账簿记录发生差错，那么采取财产清查能够发现和避免差错。

财产清查是通过盘点实物、核对往来款项以查明财产实有数的一种专门方法。通过财产清查，不仅可以保证会计记录的真实性、正确性，保证账实相符、账证相符，还可以查明资金的来源和运用情况、债权债务的清偿情况以及所有者权益情况，以便加强财产和资金管理。通过财产清查，可以进一步明确经济责任，加强管理，并为正确核算盈亏提供真实可靠的会计资料。

七、编制财务会计报告

发生的交易、事项可以通过填制会计凭证、登记账簿进行全面、系统的确认、记录，但是这种记录仍然比较分散，不能够集中反映单位经济活动的全貌，不便于会计信息的使用。要把分散在凭证、账簿中的会计资料集中起来，就需要编制财务会计报告。

编制财务会计报告就是以书面报告的形式，定期总括反映单位财务状况和经营成果的一种专门方法。定期编制财务会计报告，能将一定时期单位的财务状况、经营成果和现金流量总括地反映在具有一定格式和结构的会计报表中，通过会计报表系统、概括地披露财务信息。

思考与练习

1. 简述会计的基本职能及其关系。

2. 会计核算环节有哪些？各有什么内容？

3. 简述会计的六大要素及其各自类型。

4. 经济业务影响会计等式的类型有哪些？

5. 填写表 6-16 中的空格。

表 6-16　　某企业有关财务数据　　万元

账户名称	期初余额	本期借方发生额	本期贷方发生额	期末余额
库存现金	480	550		650
长期借款	40 000		30 000	20 000
应付账款	1 650	670		1 250
实收资本	60 000		25 000	85 000
库存商品	1 560	1 350		660
银行存款		3 750	4 520	2 430
应收账款		1 300	1 500	1 400
原材料	1 120	1 580	1 910	
短期借款	20 000	5 000	11 000	
固定资产		2 300	1 780	860

6. 某企业在 2019 年 12 月发生了以下经济业务：

（1）3 日，收到投资者投资 100 000 元，已存入银行。

（2）5 日，用银行存款偿还欠款 50 000 元。

（3）9 日，为生产产品领用材料，价值 40 000 元。

（4）15 日，将原借给本企业的借款 600 000 元转作向企业投资。

要求：分别指出以上业务中会计要素的增减变动情况。

part 07

第七章 企业基本业务会计处理

学习目标

- 了解工业企业生产经营过程中主要经济业务的内容，掌握借贷记账法的具体运用方法
- 掌握企业筹资、采购、生产、销售及利润核算业务的账务处理方法

第一节 资金筹集业务会计处理

一、资金筹集业务的内容

企业进行生产经营活动离不开必要的资金投入，也就是常说的企业在市场监督管理部门登记的注册资金。

筹集资金一般有两种渠道：一是自有资金，二是借入资金。自有资金是投资者对企业的资金投入，可以采用货币、实物、无形资产等多种形式出资，形成企业的所有者权益。这部分资金投资者不得随意抽回，是企业用于生产经营的永久性资金。借入资金主要是企业从银行等金融机构取得的各种借款，按偿还期限不同，可分为短期借款和长期借款。与自有资金不同的是，借入资金需要按期还本付息，形成企业的负债。

二、资金筹集业务的核算

1. 账户设置

企业资金筹集业务核算常用账户见表 7-1。

表 7-1 企业资金筹集业务核算常用账户

账户名称	账户性质	借方登记	贷方登记	余额	
				借或贷	含义
实收资本	所有者权益类	减少的投资额	收到的投资额	贷	实有投资额
银行存款	资产类	银行存款的增加数	银行存款的减少数	借	实有银行存款额
固定资产	资产类	增加固定资产的原值	减少固定资产的原值	借	现有固定资产的原值
无形资产	资产类	增加无形资产的原值	减少无形资产的原值	借	现有无形资产的原值
短期借款	负债类	偿还的短期借款本金	借入的短期借款本金	贷	尚未偿还的短期借款
长期借款	负债类	偿还的长期借款本息	借入的长期借款本息	贷	尚未偿还的长期借款
财务费用	损益类	发生的利息支出	取得的利息收入、期末结转的金额	—	结转后期末无余额
应付利息	负债类	企业实际支付的利息	借入款项应支付的利息	贷	尚未支付的利息

其中，“实收资本”账户用来核算投资者按企业章程或合同协议的规定实际投入企业的资本。该账户可按投资人设置明细账户。股份有限公司应将“实收资本”账户改为“股本”账户进行核算。

“银行存款”账户用来核算企业存放在银行或其他金融机构的货币资金。按照国家现金管理和结算制度的规定，每个企业都要在银行开立账户，用来办理存款、取款和转账结算。该账户可按开户行设置明细账户。

“固定资产”账户用来核算企业为生产商品、提供劳务、出租或经营管理而持有的，使用寿命超过一个会计年度的有形资产，如建筑物、机器、运输工具，以及其他与生产经营有关的设备、器具、工具等，如图 7-1 所示。该账户可按固定资产的类别设置明细账户。

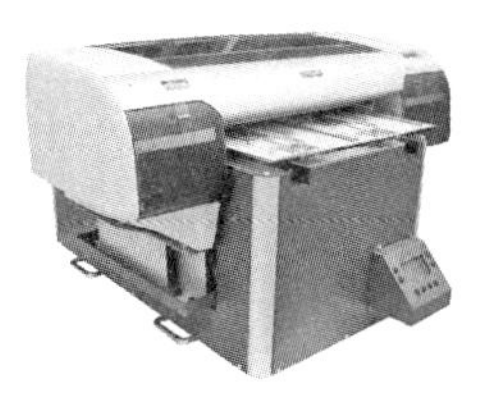

图 7-1 常见固定资产

“无形资产”账户用来核算企业拥有或者控制的，没有实物形态的可辨认非货币性资产，如专利权、商标权、土地使用权、著作权等。该账户可按无形资产的类别设置明细账户。

“短期借款”账户用来核算企业从银行或其他金融机构借入的，偿还期在一年以内（含一年）的各项借款。该账户可按债权人设置明细账户。

“长期借款”账户用来核算企业从银行或其他金融机构借入的，偿还期在一年以上的各项借款。该账户可按债权人设置明细账户。

“财务费用”账户用来核算企业为筹集资金而发生的各种费用，包括企业生产经营期间发生的利息支出（减利息收入）、金融机构的手续费等。该账户可按费用项目设置明细账户。

“应付利息”账户用来核算企业按照借款合同规定应支付的利息。该账户可按债权人设置明细账户。

2. 账务处理

下面以 2019 年 12 月光华公司发生的经济业务为例，介绍企业资金筹集业务的账务处理方法。

（1）自有资金的筹集

任何企业从事经营活动都必须拥有一定数量的自有资金，作为企业自主经营和承担风险的基本保证。自有资金是投资者投入企业的资本金，它反映了所有者在企业中享有的权益，如有权参与企业的经营管理决策，拥有分配税后利润的权利等。同时，它也反映了所有者应承担的义务，如所有者在经营期间无权要求偿还本金，在清算期间受偿顺序排在负债之后。目前，投资者可以选择的出资方式主要有货币、实物、知识产权和土地使用权等。

例 7-1

12 月 3 日，收到华夏公司投资款 300 000 元，存入银行。

本例中，企业收到华夏公司的货币出资，使“银行存款”和“实收资本”两个账户同时增加，应借记“银行存款”科目，贷记“实收资本”科目。该业务的账务处理如下：

借：银行存款　　300 000

　贷：实收资本——华夏公司　　300 000

例 7-2

12 月 5 日，收到正大公司投入的设备一台，经各投资人协商，按 200 000 元作为出资额入账。

本例中，企业收到正大公司的设备出资，使“固定资产”和“实收资本”两个账户同时增加，应借记“固定资产”科目，贷记“实收资本”科目。该业务的账务处理如下：

借：固定资产　　200 000

　贷：实收资本——正大公司　　200 000

（2）借入资金的筹集

借入资金是指企业向银行、其他金融机构、其他企业单位及个人等吸收，并须按期偿还的资金，它反映债权人的权益，是企业资金的重要来源。借入资金的出资人是企业的债权人，对企业拥有债权，有权要求企业按期还本付息。

例 7-3

12 月 1 日，从银行取得为期 3 个月的贷款 200 000 元，年利率为 6%，利息分月计提，按季支付，该笔款项已存入银行。

本例中，企业取得银行的短期借款，使“银行存款”和“短期借款”两个账户同时增加，应借记“银行存款”科目，贷记“短期借款”科目。该业务的账务处理如下：

借：银行存款　　200 000

　贷：短期借款　　200 000

例 7-4

12 月 31 日，计提本月短期借款利息。

本例中，企业计提短期借款利息，使“财务费用”和“应付利息”两个账户同时增加，应借记“财务费用”科目，贷记“应付利息”科目。该业务的账务处理如下：

本月负担的借款利息 =200 000 × 6% ÷ 12=1 000（元）

借：财务费用　　　　1 000

　贷：应付利息　　　　1 000

想一想?

李明毕业后打算开一家文印店。办理营业执照、租赁房屋、购买设备物资、聘请店员，一共需要投入 15 万元。为了筹集资金，他拿出家中积蓄 5 万元，拉朋友刘华入伙出资 5 万元，又向银行申请了短期小额贷款 5 万元。那么，这些资金的性质一样吗？如果你是李明，应如何记录这些资金呢？

第二节　物资采购业务会计处理

一、物资采购业务的内容

为了确保生产经营活动的正常进行，企业需要做好购买设备、采购原材料等各项物资准备。从物资采购到验收入库，企业通常需要完成确认物资采购成本、将物资验收入库、与供应商办理价款结算等工作。

二、物资采购业务的核算

1. 计算采购成本

物资采购成本包含企业从物资采购到物资入库之前所发生的一切相关支出。计算物资采购成本时，不仅要看购货时发票账单上注明的买价，还要考虑购货时应计入成本的相关税费（如进口关税、消费税等价内税），以及相关采购费用（如运输费、装卸费、保险费、运输途中的合理损耗、入库前的挑选整理费等）。

物资采购成本 = 物资的买价 + 相关税费 + 应负担的采购费用

物资单位成本 = 物资采购成本 ÷ 物资入库数量

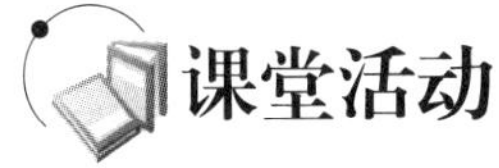

以下是甲、乙两家供应商给出的产品报价。

本地供应商甲：每件产品 49 元，由于距离较近，购买方不必负担运杂费。

外地供应商乙：每件产品45元，由于距离较远，购买方需负担运杂费共1 000元，途中预计将发生5%的合理损耗。

假如需要购买500件该种产品，讨论分析选择哪一家供应商更好？

2. 账户设置

企业核算物资采购业务通常需要设置的账户见表7–2。

表7–2　物资采购业务核算常用账户

账户名称	账户性质	借方登记	贷方登记	余额	
				借或贷	含义
在途物资	资产类	尚未入库物资的实际成本	已入库物资的实际成本	借	在途物资的实际成本
原材料	资产类	入库原材料的实际成本	发出原材料的实际成本	借	库存原材料的实际成本
应付账款	负债类	已支付的货款	应付但未付的货款	贷	尚未支付的货款余额
应交税费	负债类	实际缴纳的税费	应缴纳的税费	贷	尚未缴纳的税费

其中，“在途物资”账户用来核算企业已付货款但尚未运达或尚未验收入库物资的实际采购成本。该账户可按照供应单位和物资品种设置明细账户。

“原材料”账户用来核算企业库存原材料的收发和结存情况。该账户可按照原材料类别、品种及规格设置明细账户。

点拨

“在途物资”与“原材料”的区别在于是否验收入库。也就是说，假设企业购进一批物资，验收入库之前称为“在途物资”，验收入库之后才是“原材料”。

“应付账款”账户用来核算企业因购买商品或接受劳务等经营活动而应支付给供应单位的款项。该账户可按照供应单位设置明细账户。

“应交税费”账户用来核算企业应缴纳的各项税费，包括增值税、消费税、企业所得税、城市维护建设税、教育费附加等。该账户可按照应交税费的种类设置明细账户。为了核算增值税一般纳税人应交增值税的发生、抵扣、缴纳等情况，除了应在“应交税费”账户下设置“应交增值税”明细账户，还应开设“进项税额”“销项税额”“已交税金”等专栏。

3. 账务处理

下面以 2019 年 12 月光华公司发生的经济业务为例，介绍采购业务的账务处理方法。

例 7-5

12 月 10 日，从新华公司购进 A 材料一批，取得的增值税专用发票上注明货款为 500 000 元，增值税 65 000 元，另应承担保险费 10 000 元，款项尚未支付，材料尚未运达。

本例中，由于材料尚未运达，应记入“在途物资”账户的借方。进项税额可以抵扣，应借记“应交税费——应交增值税（进项税额）”科目。同时，上述款项尚未支付，“应付账款”增加，应贷记“应付账款”科目。该业务的账务处理如下：

A 材料的采购成本 =500 000+10 000=510 000（元）

借：在途物资——新华公司　　510 000

　　应交税费——应交增值税（进项税额）　　65 000

　贷：应付账款——新华公司　　575 000

想一想?

如果购进的 A 材料已经验收入库，应该如何进行账务处理呢?

例 7-6

12 月 12 日，上述 A 材料运达企业，并验收入库。

本例中，A 材料验收入库，使原材料增加，应借记“原材料”科目。在途物资减少，应贷记“在途物资”科目。该业务的账务处理如下：

借：原材料——A 材料　　510 000

　贷：在途物资——新华公司　　510 000

例 7-7

12 月 15 日，开出转账支票一张，与新华公司办理上述货款的结算。

本例中，开出转账支票支付以前所欠货款，使“应付账款”账户和“银行存款”账户同时减少，应借记“应付账款”科目，贷记“银行存款”科目。该业务的账务处理如下：

借：应付账款——新华公司　　575 000

　贷：银行存款　　575 000

点拨

快速完成分录的口诀

会计分录是对某项经济业务标明其应借贷账户及金额的记录，简称分录。它由应借应贷方向、对应账户（科目）名称及应记录金额三个要素构成。快速完成分录应把握以下要点：分析业务辨账户，再看账户增或减；确定方向要耐心，检查金额借贷等。

第三节　产品生产业务会计处理

一、产品生产业务的内容

生产活动是工业企业生产经营的中心环节。通过生产，企业可以制造出各式各样的产品用于销售，同时也消耗了各种材料，支付了相应的人工费用，承担了生产带来的设备磨损、水电费用及办公费用等各项开支。因此，生产业务核算的主要内容是归集和分配各项生产费用，计算各种产品的生产成本。

企业生产经营过程中发生的各项费用，一部分属于直接与产品生产相关的支出，以构成该种产品的生产成本。按经济用途划分，生产成本一般包括直接材料、直接人工和制造费用三个成本项目（见表 7–3），也就是常说的料、工、费。例如，生产服装消耗的布匹属于直接材料，裁剪工人的工资属于直接人工，生产设备的损耗与维修属于制造费用。不能直接与产品挂钩的支出一般不计入产品成本，而应作为期间费用直接计入当期损益，列入管理费用、销售费用、财务费用等费用项目（见表 7–4），如管理人员的工资、为提高销量支出的广告费以及筹措资金时发生的利息费用。虽然这些支出都用于企业的生产经营，但却不能明确到某个具体的产品上，所以不能计入某一产品的成本。

表 7–3　　常用成本项目

项目	举　例
直接材料	产品生产直接消耗的原材料、外购半成品、燃料、动力等
直接人工	生产工人的工资、奖金、津贴及职工福利等各项薪酬
制造费用	车间管理人员的各项薪酬，生产设备的折旧费、维修费，车间负担的水电费、办公费、保险费等

表 7-4　　期间费用项目

项目	举　例
管理费用	管理部门的职工薪酬、办公费、差旅费、折旧费，企业的业务招待费、工会经费、职工教育经费、保险费、董事会费、咨询费、审计费、诉讼费、技术转让费、无形资产摊销等
销售费用	在销售过程中由企业负担的包装费、运输费、广告费、装卸费、委托代销手续费、展览费，以及销售部门的职工薪酬、差旅费、办公费、折旧费、修理费等
财务费用	利息净支出（即利息支出减利息收入的差额）、汇兑净损失、金融机构手续费等

二、产品生产业务的核算

1. 账户设置

企业核算产品生产业务时通常需要设置的账户见表 7-5。

表 7-5　　产品生产业务核算常用账户

账户名称	账户性质	借方登记	贷方登记	余额	
				借或贷	含义
生产成本	成本类	生产产品所投入的料、工、费	完工入库产品的实际成本	借	当期在产品的成本
制造费用	成本类	发生的各项制造费用	月末转入生产成本的分配额	—	期末一般无余额
管理费用	损益类	发生的各项管理费用	月末转入本年利润的金额	—	结转后期末无余额
应付职工薪酬	负债类	实际支付的职工薪酬	发生的应付职工薪酬	贷	应付未付的职工薪酬
累计折旧	资产类	固定资产减少时转出的累计折旧	按月计提的固定资产折旧	贷	现有固定资产的累计折旧
库存商品	资产类	完工入库产品的实际成本	发出产品的实际成本	借	库存产品的实际成本

其中，“生产成本”账户用来核算企业生产产品所发生的各项生产费用，如直接材料、直接人工、制造费用等。该账户可按产品品种设置明细账户。

“制造费用”账户用来核算企业生产车间为组织和管理生产而发生的各项间接费用。该账户可按不同车间或费用项目设置明细账户。

“管理费用”账户用来核算企业行政管理部门为组织和管理生产经营活动而发生

的各项费用，如管理部门的职工薪酬、固定资产折旧费、办公费、水电费、业务招待费、差旅费等。该账户可按费用项目设置明细账户。

“应付职工薪酬”账户用来核算企业根据有关规定应付给职工的各种形式的薪金报酬，如工资、职工福利、社会保险、住房公积金、工会经费、职工教育经费等。该账户可按费用项目设置明细账户。

“累计折旧”账户用来核算企业固定资产在使用过程中累计发生的价值损耗。随着累计折旧的增加，固定资产的现有价值减少。因此，该账户属于固定资产的备抵账户，其结构与固定资产账户相反。固定资产原值减去累计折旧后的净额可以反映出一项固定资产的新旧程度。

“库存商品”账户用来核算企业完工入库产品的增减变动及结存情况。该账户可按产成品的品种、规格、种类设置明细账户。

知识窗

如何计算一项固定资产的折旧额？

固定资产年折旧额 =（原值 − 预计净残值）÷ 预计使用年限

固定资产月折旧额 = 固定资产年折旧额 ÷12

例如，现有一台设备原值 125 000 元，预计净残值 5 000 元，预计使用寿命为 5 年，则该设备每月应计提的折旧额为（125 000−5 000）÷5÷12=2 000（元）。

2. 账务处理

下面以 2019 年 12 月光华公司发生的经济业务为例，介绍产品生产业务的账务处理方法。

（1）材料费用的核算

各部门领用材料时须填制相关领料凭证，向仓库办理领料手续，月末会计部门根据汇总的领料凭证并按照领料的不同用途，将材料成本计入相关成本类、费用类账户。

例 7–8

光华公司生产甲、乙两种产品，2019 年 12 月 31 日汇总当月领料情况，见表 7–6。

表 7-6 领料汇总表 元

用途	A 材料	B 材料	合计
生产领用			
甲产品耗用	80 000	20 000	100 000
乙产品耗用	60 000	70 000	130 000
车间一般耗用	20 000	10 000	30 000
管理部门耗用	10 000	10 000	20 000
合计	170 000	110 000	280 000

本例中，根据当月领料情况，一方面应按照受益对象将材料成本计入“生产成本”“制造费用”“管理费用”等成本类、费用类账户，另一方面库存材料减少。该业务的账务处理如下：

借：生产成本——甲产品 100 000
　　　　　　——乙产品 130 000
　　制造费用 30 000
　　管理费用 20 000
　贷：原材料——A 材料 170 000
　　　　　　——B 材料 110 000

(2) 职工薪酬的核算

职工薪酬的核算主要包括按照工资结算单向职工发放工资的业务核算，以及月末将工资费用按受益对象进行分配。例如，生产工人或提供劳务人员的工资费用计入生产成本或劳务成本，车间管理人员的工资费用计入制造费用，企业管理人员的工资费用计入管理费用，专设销售机构人员的工资费用计入销售费用等。

例 7-9

12 月 28 日，开出现金支票，从银行提取现金 100 000 元，备发工资。

本例中，企业开出现金支票备发工资，使“库存现金”账户增加，“银行存款”账户减少，应借记“库存现金”科目，贷记“银行存款”科目。该业务的账务处理如下：

借：库存现金 100 000
　贷：银行存款 100 000

例 7-10

12 月 29 日，以库存现金 100 000 元发放工资。

本例中，发放工资使“应付职工薪酬”账户减少，“库存现金”账户也减少。该业务的账务处理如下：

借：应付职工薪酬——工资　　100 000

　贷：库存现金　　100 000

例 7-11

12 月 31 日，分配结转本月职工工资 100 000 元。其中甲产品生产工人工资 45 000 元，乙产品生产工人工资 35 000 元，车间管理人员工资 5 000 元，企业管理人员工资 15 000 元。

本例中，月末分配结转职工工资，一方面应根据受益对象分别计入“生产成本”“制造费用”“管理费用”等成本类、费用类账户，另一方面“应付职工薪酬”账户增加。该业务的账务处理如下：

借：生产成本——甲产品　　45 000

　　　　　——乙产品　　35 000

　　制造费用　　5 000

　　管理费用　　15 000

　贷：应付职工薪酬——工资　　100 000

（3）固定资产折旧的计提

固定资产在生产经营过程中由于不断使用会发生损耗，这种损耗既有技术进步、市场消费偏好等引起的无形损耗，也有使用磨损、自然损耗等引起的有形损耗。企业需要采用合理、系统的分配方法将固定资产的取得成本在使用寿命内进行合理分摊，即对固定资产计提折旧。在会计实务中，企业一般于每月月末计提固定资产折旧。

计提折旧时，固定资产的折旧费用应根据固定资产的受益对象分别计入有关的成本费用中。例如，企业管理部门使用的固定资产计提的折旧费用应计入管理费用，生产部门使用的固定资产计提的折旧费用应计入制造费用，专设销售机构使用的固定资产计提的折旧费用应计入销售费用等。

例 7-12

12 月 31 日，计提本月固定资产折旧 125 000 元，其中车间负担 100 000 元，企业管理部门负担 25 000 元。

本例中，月末计提固定资产折旧，一方面根据受益对象分别计入“制造费用”“管理费用”等成本类、费用类账户，另一方面“累计折旧”增加。该业务的账务处理如下：

借：制造费用　　100 000

　　管理费用　　25 000

　贷：累计折旧　　125 000

（4）制造费用的结转分配

制造费用是企业由于管理和组织生产而发生的间接费用，不是生产产品的直接费用。因此，在费用发生时，不能直接计入产品成本，需要先通过“制造费用”账户进行归集，然后再按照一定比例分配计入各种产品成本。常用的分配方法有生产工时分配法、生产工人工资分配法等。

例 7-13

根据以上经济业务归集发生的制造费用，按生产工时比例分配计入甲、乙产品生产成本，其中甲产品生产工时 3 000 工时，乙产品生产工时 2 000 工时。

制造费用总额 =30 000+5 000+100 000=135 000（元）

甲产品应负担制造费用 =135 000÷（3 000+2 000）×3 000=81 000（元）

乙产品应负担制造费用 =135 000÷（3 000+2 000）×2 000=54 000（元）

该业务的账务处理如下：

借：生产成本——甲产品　　81 000

　　　　　　——乙产品　　54 000

　贷：制造费用　　135 000

（5）完工产品成本的核算

在计算出当期完工产品成本后，对验收入库的产成品应结转成本。结转本期完工产品成本时，应借记“库存商品”科目，贷记“生产成本”科目。

例 7-14

本月车间生产的 3 000 件甲产品、2 000 件乙产品全部完工，并验收入库。

某一产品的生产成本包括料、工、费三部分。当产品完工入库，月末应将完工产品成本从“生产成本”账户的贷方转入“库存商品”账户的借方，以确定该产品的实际成本。

甲产品的生产成本 =100 000+45 000+81 000=226 000（元）

乙产品的生产成本 =130 000+35 000+54 000=219 000（元）

该业务的账务处理如下：

借：库存商品——甲产品　　226 000

——乙产品　　　　　　　　　　　　219 000

贷：生产成本——甲产品　　　　　　　　　　226 000

——乙产品　　　　　　　　　　219 000

将学生分为两组，其中一组学生写分录，另一组学生根据对方所写分录讲出企业发生了什么经济业务。

第四节　产品销售业务会计处理

一、产品销售业务的内容

对大多数企业而言，企业的经营目标能否顺利实现，关键要看其自身的销售能力。在生产经营活动中，销售收入不仅可以收回企业在生产、销售阶段的各项投入，而且能为企业带来大量较为稳定的经济利益。通常，财务人员对销售环节的核算主要包括销售收入的确认、销售成本的结转、应缴纳的各类税金及附加的计算，以及各项销售费用的归集等。

二、产品销售业务的核算

1. 账户设置

企业产品销售业务核算常用账户见表 7–7。

表 7–7　产品销售业务核算常用账户

账户名称	账户性质	借方登记	贷方登记	余额	
				借或贷	含义
主营业务收入	损益类	月末结转入“本年利润”	企业实现的产品销售收入	—	结转后该账户无余额
其他业务收入	损益类	月末结转入“本年利润”	企业其他经营活动实现的收入	—	结转后该账户无余额
主营业务成本	损益类	已销商品的实际成本	月末结转入“本年利润”	—	结转后该账户无余额

续表

账户名称	账户性质	借方登记	贷方登记	余额	
				借或贷	含义
其他业务成本	损益类	企业其他经营活动发生的支出	月末结转入“本年利润”	—	结转后该账户无余额
税金及附加	损益类	应负担的税金及附加	月末结转入“本年利润”	—	结转后该账户无余额
销售费用	损益类	发生的各项销售费用	月末结转入“本年利润”	—	结转后该账户无余额
应收账款	资产类	取得的应收货款	已收回的货款	借	尚未收回的货款
				贷	预收的货款
预收账款	负债类	发出商品取得的货款及退回多付的货款	按合同预收的货款及补付的货款	借	尚未收回的货款
				贷	预收的货款

其中，“主营业务收入”账户用来核算企业销售商品、提供劳务等主营业务所取得的收入。该账户可以按照产品的种类设置明细账户。

“其他业务收入”账户用来核算企业除主营业务收入以外的其他经营活动实现的收入，如销售材料、出租包装物、出租固定资产、出租无形资产等实现的收入。该账户可以按照其他业务收入种类设置明细账户。

“主营业务成本”账户用来核算企业已销售商品的生产成本或已提供劳务的劳务成本。该账户可以按照产品的种类设置明细账户。

“其他业务成本”账户用来核算企业除主营业务成本以外的其他经营活动所发生的支出，包括销售材料的成本、出租包装物的成本、出租固定资产的折旧额、出租无形资产的摊销额等。该账户可以按照其他业务成本的种类设置明细账户。

“税金及附加”账户用来核算企业日常经营活动应负担的税金及附加，主要包括消费税、城市维护建设税、教育费附加、印花税等。

“销售费用”账户用来核算企业在销售商品过程中发生的各项费用，主要包括销售时产生的运输费、包装费、展览费、质保费、广告费，以及专设销售机构的职工薪酬、固定资产折旧费用等。该账户可以按照费用项目设置明细账户。

“应收账款”账户用来核算企业因销售商品、提供劳务等主营业务应向购货方收取的款项。该账户可以按照购货单位设置明细账户。

“预收账款”账户用来核算企业按照合同规定向购货方预收的款项。该账户可以按照购货单位设置明细账户。

知识窗

企业日常经营活动通常要缴纳哪些税（费）?

税收是国家财政收入的主要来源，我国税收取之于民用之于民，依法纳税是每个公民应尽的义务。那么企业通常要缴纳哪些税（费）呢?

1.增值税

凡在我国境内销售货物或者加工、修理修配劳务，销售服务、无形资产、不动产以及进口货物的单位和个人，应当缴纳增值税。几乎所有的企业都要缴纳增值税。但是，由于增值税属于价外税，并不影响损益，所以不在税金及附加中核算。

2.消费税

为调节产品结构，引导健康消费理念，国家对生产、委托加工和进口某些特定消费品的单位和个人征收消费税，例如，烟、酒、汽车、高档化妆品、鞭炮等都属于应税消费品。也就是说，生产上述产品的企业在销售产品时不仅要缴纳增值税，还要缴纳消费税。

3.城市维护建设税、教育费附加

这两种税（费）属于增值税和消费税的附加税，也就是说，凡是缴纳增值税和消费税中任意一种税的单位和个人，都要附加缴纳这两种税（费）。

4.企业所得税

企业所得税是对我国境内的企业和其他取得收入的组织的生产经营所得和其他所得征收的所得税。由于企业所得税以利润为基础征收，不得在税前扣除，所以不在税金及附加中核算。

5.印花税

印花税是对经济活动和经济交往中书立、领受具有法律效力的凭证的行为所征收的一种税。例如，签订购销合同的双方、订立无形资产产权转移书据的双方、相关权利和许可证照的领受人等，都要缴纳印花税。

2.账务处理

下面以2019年12月光华公司发生的经济业务为例，介绍产品销售业务的账务处理方法。

（1）确认销售收入

根据《企业会计准则第14号——收入》的规定，企业销售商品时，是否确认收入关键看企业是否履行了合同中的履约义务，即在客户取得相关商品控制权时确认收入。当企业与客户之间的合同同时满足下列条件时，企业应当在客户取得相关商品控制权时确认收入：

1）合同各方已批准该合同并承诺将履行各自义务。

2）该合同明确了合同各方与所转让商品或提供劳务相关的权利和义务。

3）该合同有明确的与所转让商品或提供劳务相关的支付条款。

4）该合同具有商业实质，即履行该合同将改变企业未来现金流量的风险、时间分布或金额。

5）企业因向客户转让商品或提供劳务而有权取得的对价很可能收回。

例 7-15

12 月 5 日，与北京总代理签下 300 万元的销售合同，约定下月底交货。

根据《企业会计准则第 14 号——收入》的规定，企业应当在履行了合同中的履约义务，即在客户取得相关商品控制权时确认收入。因此，不能仅凭签订销售合同来确认收入。

本例中，由于未满足销售收入确认的条件，所以光华公司不能按销售合同确认收入。

例 7-16

12 月 11 日，为本地一所学校定做校服，总价 30 万元，已预收 6 万元的货款。

根据《企业会计准则第 14 号——收入》的规定，采用预收款方式销售商品的，企业只有在履行义务转化为销售后才能逐步确认收入，在此之前预收的货款应确认为负债。因此，光华公司应确认负债增加 6 万元，而不能确认收入增加 30 万元。

本例中，当企业预收货款时，“预收账款”账户和“银行存款”账户增加，应借记“银行存款”科目，贷记“预收账款”科目。该业务的账务处理如下：

借：银行存款　　60 000

　贷：预收账款　　60 000

例 7-17

12 月 13 日，向瑞华公司销售甲产品 15 000 件，开出的增值税专用发票上注明货款 1 500 000 元，增值税 195 000 元，款项尚未收到。

本例中，当企业赊销商品时，一方面“应收账款”账户增加，另一方面“主营业务收入”账户增加。同时，销售商品时应交增值税增加，计入销项税额。该业务的账务处理如下：

借：应收账款——瑞华公司　　1 695 000
　贷：主营业务收入——甲产品　　1 500 000
　　应交税费——应交增值税（销项税额）　　195 000

例 7-18

12 月 14 日，向嘉华公司销售乙产品 3 000 件，开出的增值税专用发票上注明售价 500 000 元，增值税 65 000 元，收到转账支票一张。

本例中，当企业现销商品时，一方面“银行存款”账户增加，另一方面“主营业务收入”账户增加。同时，销售商品时应交增值税增加，计入销项税额。该业务的账务处理如下：

借：银行存款　　565 000
　贷：主营业务收入——乙产品　　500 000
　　应交税费——应交增值税（销项税额）　　65 000

例 7-19

12 月 14 日，收到大华公司偿还以前所欠甲产品货款 300 000 元，存入银行。

本例中，当企业收回货款时，一方面“银行存款”账户增加，另一方面“应收账款”账户减少，应借记“银行存款”科目，贷记“应收账款”科目。该业务的账务处理如下：

借：银行存款　　300 000
　贷：应收账款——大华公司　　300 000

例 7-20

12 月 15 日，销售甲材料一批，开出的增值税专用发票上注明货款 20 000 元，增值税 2 600 元，货款已存入银行。

本例中，企业销售材料，一方面“银行存款”账户增加，另一方面“其他业务收入”账户增加。同时，销售材料时应交增值税增加，计入销项税额。该业务的账务处理如下：

借：银行存款　　22 600
　贷：其他业务收入　　20 000
　　应交税费——应交增值税（销项税额）　　2 600

（2）确认销售费用

销售费用是指企业在销售商品过程中发生的各项费用，以及为销售本企业商品而专设的销售机构的经营费用，其具体内容包括：产品销售过程中发生的费用，如由企业负担的包装费、运输费、装卸费、保险费等；产品促销费用，如展览费、广告费等；销售部门费用，如销售部门职工薪酬、销售部门所用固定资产的折旧费用等；产品售后费用，如商品维修费、预计产品质量保证损失等。

例 7-21

12 月 15 日，开出转账支票支付产品广告费 50 000 元。

本例中，当企业支付广告费时，广告费用增加，借记“销售费用”科目；采用支票支付，则“银行存款”账户减少。该业务的账务处理如下：

借：销售费用　　50 000

　贷：银行存款　　50 000

（3）结转已销产品成本

例 7-22

12 月 31 日，结转本月已销产品的生产成本 1 455 000 元。其中，甲产品成本为 1 125 000 元，乙产品成本为 330 000 元。

本例中，当企业销售产品时，库存商品减少，而已销产品的成本增加，应借记“主营业务成本”科目，贷记“库存商品”科目。该业务的账务处理如下：

借：主营业务成本——甲产品　　1 125 000

　　　　　　　　——乙产品　　330 000

　贷：库存商品——甲产品　　1 125 000

　　　　　　　——乙产品　　330 000

例 7-23

12 月 31 日，结转本月销售甲材料的成本 15 000 元。

本例中，企业销售材料，原材料减少，已销材料成本应从“原材料”账户的贷方转入“其他业务成本”账户。该业务的账务处理如下：

借：其他业务成本　　15 000

　贷：原材料——甲材料　　15 000

（4）计提相关税金及附加

企业销售产品及其他经营业务应缴纳的除增值税之外的消费税、城市维护建设税、教育费附加等税费，一般在月末汇总计算并结转，借记“税金及附加”科目，贷记“应交税费”科目。

例 7-24

12 月 31 日，根据本月应交增值税 197 600 元计提本月应交城市维护建设税（税率 7%）和教育费附加（教育费附加率 3%）。

本例中，当企业计提税金及附加时，一方面负担的税金费用增加，记入“税金及附加”账户；另一方面应交税费增加，记入“应交税费”账户。该业务的账务处理如下：

城市维护建设税应纳税额 =197 600 × 7%=13 832（元）

应交教育费附加 =197 600 × 3%=5 928（元）

借：税金及附加　　19 760

　贷：应交税费——应交城市维护建设税　　13 832

　　　　　　——应交教育费附加　　5 928

第五节　利润核算业务会计处理

一、利润的形成和分配

1. 利润的形成

通常，企业利润来源于企业日常经营活动带来的利润和经营活动之外产生的收支净额。同时，实现利润的企业还应按照国家规定，根据利润的一定比例缴纳所得税，只有税后的净利润才能由企业享有和支配。因此，会计核算的利润主要包括营业利润、利润总额、净利润三个层次。

营业利润 = 营业收入 − 营业成本 − 税金及附加 − 期间费用 +
投资收益（− 投资损失）− 资产减值损失 − 信用减值损失

其中：营业收入 = 主营业务收入 + 其他业务收入

营业成本 = 主营业务成本 + 其他业务成本

期间费用 = 销售费用 + 管理费用 + 财务费用

利润总额 = 营业利润 + 营业外收入 − 营业外支出

净利润 = 利润总额 − 所得税费用

2. 利润的分配

企业取得利润后，要对利润进行科学合理的分配，一方面要为企业今后的生存和发展储备一定的资金，另一方面要回馈投资者。根据《中华人民共和国公司法》有关规定，企业的净利润分配顺序如下：

一是弥补以前年度尚未弥补的亏损。

二是提取法定盈余公积，按照企业本年实现净利润的 10% 提取。

三是提取任意盈余公积，根据股东大会决议，按照企业本年实现净利润的一定比例提取。

四是向投资者分配利润。

经过上述利润分配后剩余的部分即为未分配利润，可供企业留待以后年度进行分配。通常，企业所有者权益中的盈余公积和未分配利润统称为留存收益。

二、利润形成业务的核算

1. 账户设置

利润形成业务核算常用账户见表 7–8。

表 7–8 利润形成业务核算常用账户

账户名称	账户性质	借方登记	贷方登记	余额	
				借或贷	含义
营业外收入	损益类	月末结转入“本年利润”	取得的营业外收入	—	结转后该账户无余额
营业外支出	损益类	发生的营业外支出	月末结转入“本年利润”	—	结转后该账户无余额
投资收益	损益类	月末结转入“本年利润”	取得的投资收益	—	结转后该账户无余额
本年利润	所有者权益类	从损益类账户中转入的费用数，年末结转入“利润分配”的净利润	从损益类账户中转入的收入数，年末结转入“本年利润”的亏损	—	月末贷方余额表示实现的净利润，借方余额表示发生的亏损，年末结转后该账户无余额
所得税费用	损益类	当期应负担的所得税费用	月末结转入“本年利润”	—	结转后该账户无余额

其中，“营业外收入”账户用来核算与企业日常经营活动无直接关系的各项收入，如盘盈利得、捐赠利得、罚没收入等，它具有偶发性，属于企业的利得。

“营业外支出”账户用来核算与企业日常经营活动无直接关系的各项支出，如盘亏损失、对外捐赠支出、罚没支出等，它也具有偶发性，属于企业的损失。

“投资收益”账户用来核算企业对外投资取得的收益或发生的损失。

“本年利润”账户用来核算企业实现的净利润或发生的亏损。

“所得税费用”账户用来核算企业当期负担的所得税费用。

2. 账务处理

会计期末，企业应将本期各收入类账户的余额转入“本年利润”账户的贷方，将本期各成本类、费用类账户的余额转入“本年利润”账户的借方，从而通过“本年利润”账户核算企业本期实现的净利润或发生的亏损。

下面以 2019 年 12 月光华公司发生的经济业务为例，介绍利润核算的账务处理方法。

例 7-25

12 月 22 日，收到昌明公司以现金支付的合同违约金 5 000 元。

本例中，企业收到违约金，使“库存现金”账户和“营业外收入”账户增加，应借记“库存现金”科目，贷记“营业外收入”科目。该业务的账务处理如下：

借：库存现金　　5 000

　贷：营业外收入　　5 000

例 7-26

12 月 24 日，以存款向地震灾区捐款 50 000 元。

本例中，企业对外捐款，使“银行存款”账户减少，“营业外支出”账户增加，应借记“营业外支出”科目，贷记“银行存款”科目。该业务的账务处理如下：

借：营业外支出　　50 000

　贷：银行存款　　50 000

例 7-27

12 月 26 日，收到从子公司分得的投资利润 100 000 元，款项已收存银行。

本例中，企业收到投资利润，使“银行存款”账户和“投资收益”账户增加，应借记“银行存款”科目，贷记“投资收益”科目。该业务的账务处理如下：

借：银行存款　　100 000

　贷：投资收益　　100 000

例 7-28

12 月 31 日，结转本月收入和成本费用，见表 7-9。

表 7-9　　损益类账户 12 月发生额　　元

账户名称	借方发生额	账户名称	贷方发生额
主营业务收入		主营业务成本	
甲产品	1 500 000	甲产品	1 125 000
乙产品	500 000	乙产品	330 000
其他业务收入	20 000	其他业务成本	15 000
营业外收入	5 000	营业外支出	50 000
投资收益	100 000	税金及附加	19 760
		财务费用	1 000
		管理费用	60 000
		销售费用	50 000

（1）结转本月收入类账户

借：主营业务收入——甲产品　　1 500 000
　　　　　　　　——乙产品　　500 000
　　其他业务收入　　20 000
　　营业外收入　　5 000
　　投资收益　　100 000
　贷：本年利润　　2 125 000

（2）结转本月成本类、费用类账户

借：本年利润　　1 650 760
　贷：主营业务成本——甲产品　　1 125 000
　　　　　　　　　——乙产品　　330 000
　　其他业务成本　　15 000
　　营业外支出　　50 000
　　税金及附加　　19 760
　　财务费用　　1 000
　　管理费用　　60 000
　　销售费用　　50 000

例 7-29

12 月 31 日，本月实现的利润总额为 474 240 元，假设无其他纳税调整事项，计算应交企业所得税（税率 25%）。

本例中，企业计提企业所得税时，使“所得税费用”和“应交税费”账户增加，应借记“所得税费用”科目，贷记“应交税费”科目。该业务的账务处理如下：

应交企业所得税 =474 240 × 25%=118 560（元）

（1）计提所得税费用

借：所得税费用　　118 560

　贷：应交税费——应交企业所得税　　118 560

（2）结转所得税费用

借：本年利润　　118 560

　贷：所得税费用　　118 560

三、利润分配业务的核算

1. 账户设置

利润分配业务核算常用账户见表 7–10。

表 7–10　　利润分配业务核算常用账户

账户名称	账户性质	借方登记	贷方登记	余额	
				借或贷	含义
利润分配	所有者权益类	实际分配的利润额	转入的“本年利润”	借	企业累积的未弥补亏损
				贷	企业累积的未分配利润
盈余公积	所有者权益类	使用的盈余公积	计提的盈余公积	贷	盈余公积的结余数
应付股利	负债类	实际支付现金股利的数额	应付现金股利的数额	贷	尚未支付的现金股利

其中，“利润分配”账户用来核算企业实现利润的分配或亏损的弥补，以及历年结存的未分配利润。该账户的明细账户有“提取法定盈余公积”“提取任意盈余公积”“应付现金股利或利润”“未分配利润”等。

“盈余公积”账户用来核算企业从净利润中按照一定比例提取的盈余公积。该账户的明细账户有“法定盈余公积”“任意盈余公积”。

“应付股利”账户用来核算企业按照股东大会或类似机构决议，向股东分配的现金股利或利润。

点拨

设置"利润分配"的明细账户，是为了方便人们了解利润分配的去向。而设置"盈余公积"的明细账户，则主要是为了区分不同盈余公积的种类。书写时，注意不要混淆。

2. 账务处理

年度终了，企业应通过"利润分配"账户核算和监督利润分配的过程和结果。首先，应将本年净利润或亏损转入"利润分配"账户。然后，按照法定的利润分配顺序以及股东大会或类似机构确定的分配方案进行利润分配。

例 7-30

12 月 31 日，将"本年利润"账户余额结转到"利润分配"账户。

借：本年利润　　355 680

　贷：利润分配——未分配利润　　355 680

例 7-31

12 月 31 日，按本年净利润的 10% 提取法定盈余公积。

本例中，企业提取盈余公积使"利润分配"账户减少，"盈余公积"账户增加，应借记"利润分配"科目，贷记"盈余公积"科目。该业务的账务处理如下：

借：利润分配——提取法定盈余公积　　35 568

　贷：盈余公积——法定盈余公积　　35 568

例 7-32

12 月 31 日，根据公司章程，应向投资者分配现金股利 150 000 元。

本例中，企业分配现金股利使"利润分配"账户减少，"应付股利"账户增加，应借记"利润分配"科目，贷记"应付股利"科目。该业务的账务处理如下：

借：利润分配——应付现金股利或利润　　150 000

　贷：应付股利　　150 000

例 7-33

12 月 31 日，结转"利润分配"账户下的其他明细科目余额。

借：利润分配——未分配利润　　185 568

　贷：利润分配——提取法定盈余公积　　35 568

　　　利润分配——应付现金股利或利润　　150 000

点拨

最后将“利润分配”账户下的其他明细科目余额结转入“利润分配——未分配利润”账户，以便核算本期已分配利润的金额及年末未分配利润的金额。

思考与练习

1. 简述企业筹资、采购、生产、销售及利润核算业务的主要内容。

2. 举例说明期间费用项目和常用成本项目。

3. 产品销售业务核算的常用账户有哪些？各用来核算哪些经济业务？

4. 2019 年 6 月，海瑞公司（增值税一般纳税人）总分类账期初余额见表 7–11。

表 7–11　海瑞公司总分类账期初余额　元

账户名称	借方	贷方	账户名称	借方	贷方
库存现金	2 500		应付账款		58 500
银行存款	150 000		应交税费		13 200
原材料	100 500		应付职工薪酬		50 000
库存商品	58 000		实收资本		700 000
固定资产	950 000		盈余公积		44 300
累计折旧		285 000	利润分配		110 000

2019 年 6 月，海瑞公司发生以下经济业务：

（1）6 月 3 日，收到正兴公司投资款 400 000 元，存入银行。

（2）6 月 5 日，向银行贷款 100 000 元，约定 6 个月后偿还，年利率 6%，该笔款项已存入银行。

（3）6 月 6 日，购进 A 材料一批，取得的增值税专用发票上注明货款为 60 000 元，增值税 7 800 元，另应承担保险费 5 000 元。款项尚未支付，材料尚未运达。

（4）6 月 8 日，购进 B 材料一批，取得的增值税专用发票上注明货款为 100 000 元，增值税 13 000 元，另外发生入库前的挑选整理费 8 000 元。款项已用存款支付，材料已验收入库。

（5）6 月 8 日，为生产甲产品，领用价值 30 000 元的 A 材料，领用价值 50 000 元的 B 材料。

（6）6 月 10 日，从银行提取现金 50 000 元，备发工资。

（7）6 月 10 日，用现金发放工资 50 000 元。

（8）6 月 10 日，用存款缴纳上月增值税 12 000 元、城市维护建设税 840 元、教育费附加 360 元。

（9）6 月 12 日，开出转账支票一张，偿还 5 月购料款 58 500 元。

（10）6 月 12 日，现款销售甲产品 200 件，售价 80 000 元，增值税为 10 400 元，款项收存银行。

（11）6 月 16 日，用银行存款支付产品广告费 1 000 元。

（12）6 月 20 日，向华林公司赊销甲产品 500 件，售价 200 000 元，增值税 26 000 元。

（13）6 月 30 日，结转本月应付职工工资 60 000 元。其中，生产甲产品的工人工资 40 000 元，车间管理人员工资 5 000 元，企业管理人员工资 15 000 元。

（14）6 月 30 日，计提本月固定资产折旧 50 000 元。其中，生产车间 40 000 元，管理部门 10 000 元。

（15）6 月 30 日，计提本月应付短期借款利息 500 元。

（16）6 月 30 日，结转本月制造费用 45 000 元。

（17）6 月 30 日，本月生产的甲产品 650 件全部完工，结转生产成本 182 000 元。

（18）6 月 30 日，结转本月所销售 700 件甲产品的成本 197 400 元。

（19）6 月 30 日，计提本月应交城市维护建设税 1 092 元、教育费附加 468 元。

请根据以上资料编制相关会计分录，并登记 T 形账户。

part

08

第八章 会计账务处理流程

学习目标

- 了解原始凭证和记账凭证的概念和类型，掌握原始凭证的要素和填制要求，掌握记账凭证的填制要求和填制方法
- 了解会计账簿的概念和类型，掌握各类会计账簿的格式和登记方法
- 了解会计报表的概念和类型，掌握资产负债表和利润表的编制方法

会计账务处理流程包括填制会计凭证、登记会计账簿、编制会计报表。

第一节 填制原始凭证

企业在生产经营过程中会产生很多的票据，它们记录着各项业务的具体内容。图 8-1 至图 8-4 所示的就是在企业生产经营过程中产生的部分原始凭证。

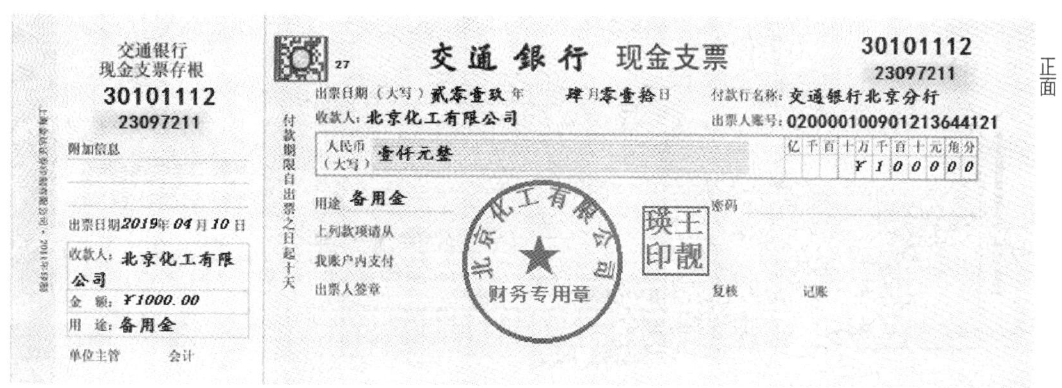
交通银行
现金支票存根
30101112
23097211
附加信息
出票日期 2019年04月10日
收款人：北京化工有限公司
金 额：¥1000.00
用 途：备用金
单位主管 会计

27 交通银行 现金支票 30101112 23097211
出票日期（大写）贰零壹玖年 肆月零壹拾日 付款行名称：交通银行北京分行
收款人：北京化工有限公司 出票人账号：020000100901213644121
付款期限自出票之日起十天
人民币（大写）壹仟元整 ¥100000
用途 备用金 密码
上列款项请从
我账户内支付
出票人签章 复核 记账
北京化工有限公司 财务专用章
瑛王印靓
正面

图 8–1 支票

1100132142 北京增值税专用发票 № 60972924
1100132142
60972924
开票日期：2019年04月14日

购买方 名称：北京市中环公司
纳税人识别号：110199514160154
地址、电话：北京市长安里888号
开户行及账号：交通银行北京分行 110007609048706091012
密码区：03*3187<4/+8490<+95-59+7<243 4987<0-->>-6>525<693719->7*7 87*3187<4/+8490<+95708681380 9<712/<1+9016>6906++>84>93/-

货物或应税劳务、服务名称	规格型号	单位	数量	单价	金额	税率	税额
Z型电动机	ZD0001	台	2000	450	900000.00	13%	117000.00
离心式风机	LF0002	台	2000	250	500000.00	13%	65000.00
Y型电动机	YZ0001	台	4000	200	800000.00	13%	104000.00
电热元件	DR0002	台	5000	100	500000.00	13%	65000.00
合计					¥2700000.00		¥351000.00

价税合计（大写）⊗叁佰零伍万壹仟元整 （小写）¥3051000.00

销售方 名称：北京华大科技公司
纳税人识别号：420563426735637
地址、电话：北京海淀区葡萄路5号
开户行及账号：工行北京海淀支行 8142045276341443
备注：北京华大科技公司 420563426735637 发票专用章
收款人：郭晓庆 复核：吕晓敏 开票人：张炜 销售方：（章）
第三联：发票联 购买方记账凭证

图 8–2 增值税专用发票

入 库 单

2019 年 04 月 03 日　　单号 00025478

交来单位及部门	黎明实业有限公司	发票号码或生产单号码	60972958	验收仓库	第三仓库	入库日期	2019年04月03日

编号	名称及规格	单位	数量 交库	数量 实收	实际价格 单价	实际价格 金额	计划价格 单价	计划价格 金额	价格差异
01	计算器 WE-144	台	800.00	800.00					
	合计		800.00	800.00					

会计联

部门经理：　　会计：　　仓库：　　经办人：艾峰

图 8–3 入库单

交通银行 进账单（回　单）　1

2019年　04月　13日

<table>
<tr><td rowspan="3">出票人</td><td>全　称</td><td>昌盛实业有限公司</td><td rowspan="3">收款人</td><td>全　称</td><td colspan="11">北京南方股份有限公司</td><td rowspan="7">此联是开户银行交给持票人的回单</td></tr>
<tr><td>账　号</td><td>110007632313001078967</td><td>账　号</td><td colspan="11">110007609048708091012</td></tr>
<tr><td>开户银行</td><td>交通银行北京西单支行</td><td>开户银行</td><td colspan="11">交通银行北京分行</td></tr>
<tr><td rowspan="2">金额</td><td rowspan="2">人民币（大写）</td><td colspan="3" rowspan="2">捌仟贰佰叁拾元整</td><td>亿</td><td>千</td><td>百</td><td>十</td><td>万</td><td>千</td><td>百</td><td>十</td><td>元</td><td>角</td><td>分</td></tr>
<tr><td></td><td></td><td></td><td></td><td>¥</td><td>8</td><td>2</td><td>3</td><td>0</td><td>0</td><td>0</td></tr>
<tr><td colspan="2">票据种类</td><td>转账支票</td><td>票据张数</td><td>1</td><td colspan="11" rowspan="3">开户银行签章</td></tr>
<tr><td colspan="2">票据号码</td><td colspan="3">23909821</td></tr>
<tr><td colspan="5">复核　　记账</td></tr>
</table>

图 8-4　进账单

一、原始凭证的概念、类型和要素

1. 原始凭证的概念

原始凭证是在经济业务发生或完成时取得或填制的，用以记录或证明经济业务发生或完成情况的文字凭据，是记账的原始依据。原始凭证作为记账的源头，其完整性、合法性很重要。

> 点拨
>
> **所有的票据都是原始凭证吗？**
>
> 凡不能证明经济业务实际发生或完成情况的各种票据，不能作为原始凭证入账。例如，材料请购单因为还没有购入材料，所以不能作为原始凭证。其他如购销合同、银行对账单、交易双方债权债务对账单等都不能作为记账的原始凭证。

2. 原始凭证的类型

企业因发生经济业务所取得的票据是多样的。原始凭证可以按多种标准进行分类，见表 8-1。

表 8-1　　　　原始凭证的类型

分类标准	类型	举　例
原始凭证的来源	外来原始凭证	发票、银行存款的收付结算凭证、火车票等
	自制原始凭证	收料单、入库单、差旅费报销单等
原始凭证的填制手续及内容	一次凭证	收料单、领料单、工资结算单、差旅费报销单等
	累计凭证	限额领料单等
	汇总凭证	收料凭证汇总表、发料凭证汇总表等
原始凭证的格式	通用凭证	信汇凭证、发票等
	专用凭证	差旅费报销单、收料单等

3. 原始凭证的内容

由于记录的经济业务和经济管理的要求不同，所以各种原始凭证的具体内容和格式也不尽相同。但是，原始凭证一般应具备以下内容：

（1）原始凭证的名称。

（2）填制原始凭证的日期、编号。

（3）接受原始凭证单位的名称。

（4）经济业务内容（含数量、单价、金额等）。

（5）填制单位签章。

（6）有关人员签章。

（7）凭证附件。

以上内容即原始凭证的基本内容或原始凭证要素，一般不得缺少，否则该凭证就不能成为具有法律效力的书面证明。图 8-5 所示为现金支票包含的原始凭证要素。

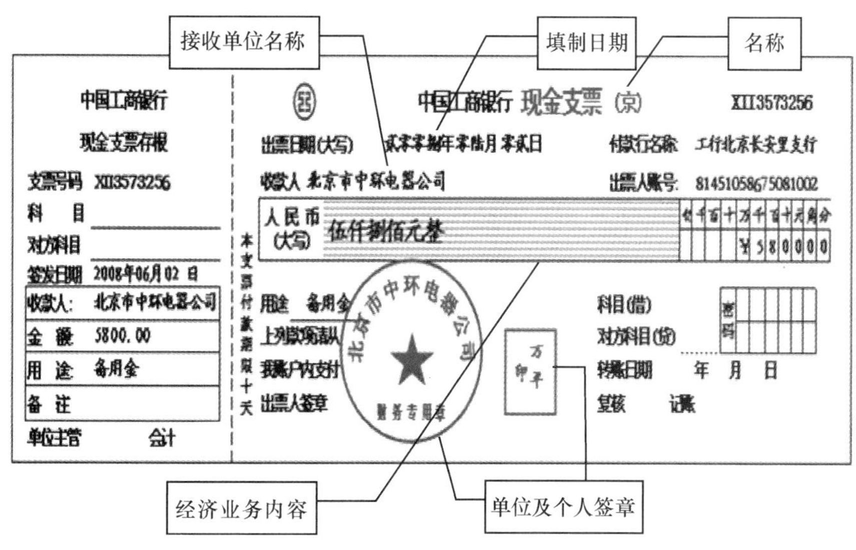

图 8-5　现金支票包含的原始凭证要素

二、原始凭证的填制要求

为了正确、完整、清晰、及时地记录各项经济业务，做好原始凭证的填制工作，使经办业务人员充分认识到原始凭证填制工作在经济管理中的重要作用，原始凭证的填制应做到以下几点：

1. 真实

原始凭证所要填列的经济业务内容和数字必须真实可靠，符合实际情况，不弄虚作假。

2. 完整

原始凭证所要填列的项目必须逐项填列齐全，不得遗漏和省略。

想一想?

如何判定原始凭证是否完整?

3. 手续完备

不同原始凭证的手续有所不同，但都必须做到手续完备。自制的原始凭证必须由经办单位领导或者其他指定的人员签名盖章，对外开出的原始凭证必须加盖本单位公章，外来的原始凭证必须盖有填制单位的公章，从个人取得的原始凭证必须有填制人员的签名盖章。

知识窗

公章

公章是具有法律效力和规定用途，能够证明身份和性质的印鉴，如业务公章、发票专用章、财务专用章、收款专用章或结算专用章等。

4. 书写规范

原始凭证要按规定填写，书写内容要简要，字迹要清晰，易于辨认，不得使用不规范汉字。

点拨

人民币符号“¥”与其后的阿拉伯数字之间不得留有空白。

大写金额到元或角为止的，后面要写“整”或“正”字。

大小写金额必须相符且填写规范。

5. 及时

各种原始凭证一定要及时填写，并按规定的程序及时送交会计部门，由会计人员进行审核。

6. 不得随意涂改、刮擦、挖补

原始凭证有错误的，应当由出具凭证的单位重开或更正，更正处应当加盖出具单位印章。原始凭证金额有错误的，应当由出具单位重开，不得在原始凭证上更正。

7. 编号连续

如果原始凭证已预先印定编号，在写错作废时，应加盖“作废”戳记，妥善保管，不得撕毁。

由每位学生根据图 8-2 所示样式和以下资料填写增值税专用发票。

2019 年 4 月 8 日，光华公司销售给常利公司 ×× 空调 100 台，每台 5 000 元，另按 13% 的税率收取增值税。光华公司开户行为建设银行双路支行，账号为 1201010505266908216，统一社会信用代码为 911101052886548055，电话为 010-88772396。常利公司开户行为工商银行铁塔支行，账号为 2201020606588407268，统一社会信用代码为 911101059035621569，电话为 010-48890256。

三、原始凭证的审核

对原始凭证进行审核是对会计信息质量实行源头控制的重要环节，是保证会计资料真实、合理、合法、完整、正确、及时的重要手段。会计部门和会计人员在填制记账凭证之前，必须对原始凭证进行认真审核。

1. 审核的内容

（1）真实性、合理性、合法性审核

主要包括：是否是真实发生的经济业务；是否符合有关政策、制度、计划、预算和合同等的规定；是否符合审批权限和手续；费用开支是否合理，是否符合规定的标准。

想一想?

填制和取得原始凭证的人员应当负责审核原始凭证的真实性、合法性吗？

（2）完整性、正确性、及时性审核

主要包括：反映经济业务内容的文字是否准确，数据计算是否正确，大小写金额是否相符；原始凭证的要素是否齐全，手续是否完备，填制是否及时。

光华公司王明从杭州出差回来一个多月后报销时，出纳发现有一张海南的住宿票据，主管领导也没有签章。

讨论：出纳会接收王明的报销票据吗？为什么？

2. 审核结果的处理

对完全符合要求的原始凭证，应及时据以编制记账凭证。

对真实、合法、合理，但内容不够完整、填写有错误的原始凭证，应退回有关经办人员，由其负责将有关凭证补充完整、更正错误或重开，然后再办理正式手续。

对不真实、不合法的原始凭证，会计部门和会计人员有权不予受理，并向单位负责人报告。

第二节　填制记账凭证

企业经济业务发生后，首先取得原始凭证，再通过整理、分类、汇总，将其反映在记账凭证中。原始凭证和记账凭证都属于会计凭证，只有审核无误的会计凭证才能作为记账的依据。

知识窗

记账凭证和原始凭证的区别

记账凭证和原始凭证同属于会计凭证，但二者存在以下区别：

一是原始凭证是由经办人员填制的，记账凭证一律由会计人员填制。

二是原始凭证是根据发生或完成的经济业务填制，记账凭证是根据审核后的原始凭证填制。

三是原始凭证仅用以记录、证明经济业务已经发生或完成，记账凭证要依据会计科目对已经发生或完成的经济业务进行归类、整理。

四是原始凭证是填制记账凭证的依据，记账凭证是登记账簿的依据。

一、记账凭证的概念和类型

记账凭证是会计人员根据审核无误的原始凭证进行归类、整理，并确定会计分录而编制的会计凭证，是登记会计账簿的依据。

记账凭证可以按照多种标准分类，具体见表 8-2。

表 8-2 记账凭证的类型

分类标准	类　型
经济内容	收款凭证 付款凭证 转账凭证 （以上统称：专用记账凭证）
填制方式	复式记账凭证（专用记账凭证、通用记账凭证） 单式记账凭证

复式记账凭证可在一张记账凭证上记载一项会计事项涉及的全部会计科目。复式记账凭证按其用途不同，可分为专用记账凭证和通用记账凭证。专用记账凭证是指为记录专门类别的会计事项而设计的记账凭证，包括收款凭证、付款凭证和转账凭证，具体见表 8-3、表 8-4 和表 8-5。

表 8-3

收款凭证

借方科目：　　　　年　月　日　　　　字第　　号

摘　要	贷方科目		记账	金　额									
	总账科目	明细科目		千	百	十	万	千	百	十	元	角	分
合计													

会计主管：　　　记账：　　　出纳：　　　复核：　　　制单：

附单据　　　张

表 8-4

付款凭证

贷方科目：　　　　年　月　日　　　　字第　　号

摘　要	借方科目		记账	金　额									
	总账科目	明细科目		千	百	十	万	千	百	十	元	角	分
合计													

会计主管：　　　记账：　　　出纳：　　　复核：　　　制单：

附单据　　　张

表 8-5

转账凭证

年　月　日　　　　字第　　号

摘　要	总账科目	明细科目	借方金额											贷方金额											√
			亿	千	百	十	万	千	百	十	元	角	分	亿	千	百	十	万	千	百	十	元	角	分	
合　计																									

会计主管：　　　记账：　　　出纳：　　　复核：　　　制单：

通用记账凭证是指可记录不同性质会计事项的记账凭证，见表 8–6。

表 8–6

通用记账凭证

年　月　日　　　　　　　　字第　　号

摘　要	总账科目	明细科目	借方金额											贷方金额											√
			亿	千	百	十	万	千	百	十	元	角	分	亿	千	百	十	万	千	百	十	元	角	分	
	合　计																								

会计主管：　　　　记账：　　　　出纳：　　　　复核：　　　　制单：

附单据　　　张

记账凭证是登记账簿的依据，是将审核无误的原始凭证通过归类整理编制而成的。由于企业发生的经济业务不同，对登账的要求也不同，所采用的记账凭证格式也会存在差异。但是，不论是哪一类记账凭证，都必须满足记账的要求，各种格式的记账凭证都应包括：记账凭证的名称，填制记账凭证的日期和编号，交易或事项的内容摘要、所涉及的会计科目及发生的金额，记账标记，所附原始凭证的张数，会计主管、制证、审核、记账等有关人员的签章或签名。

二、记账凭证的填制

1. 记账凭证的填制要求

（1）内容完整

日期和摘要应依据原始凭证填写，会计科目必须使用国家统一会计制度所规定的科目，借贷金额必须平衡，合计数必须计算正确。

（2）编号连续

按月顺序编号，即每月都从 1 号编起，顺序编至月末。若一笔业务需编制两张及以上记账凭证的，可以采用分数编号法。例如，第 6 号业务需填制 3 张记账凭证，就可以编成 $6\frac{1}{3}$，$6\frac{2}{3}$，$6\frac{3}{3}$。

（3）书写规范

要按照与原始凭证相同的规范书写。

（4）依据准确

可以根据一张原始凭证或若干张同类原始凭证或原始凭证汇总表填制，从而确定所使用的会计科目，但不得将不同内容和类别的原始凭证汇总填制在一张记账凭证上。

（5）附件齐全

与记账凭证中的经济业务记录有关的每一张凭据都应当作为附件附于记账凭证后面。

点拨

若记账凭证附的是原始凭证汇总表，则要把所属原始凭证汇总表的张数一起记入附件的张数之内。

报销差旅费的零散票券，可以粘贴在一张粘贴单上，将其作为一张原始凭证。

一张原始凭证所列的支出需要由两个以上的单位共同负担时，应由保存该原始凭证的单位开具原始凭证分割单。该分割单必须具备原始凭证的基本内容。

（6）记账凭证错误要按规定更正

填制记账凭证时若发生错误，应重新填制。已登记入账的记账凭证在当年内发现错误时，可以根据具体情况采用“红字更正法”或“补充登记法”更正。

2. 记账凭证的填制方法

（1）收款凭证的填制方法

例 8-1

2019 年 4 月 3 日，光华公司收到佳丽公司以前所欠的货款（转账支票一张，金额为 5 000 元），送存银行取得进账单回单。相关记账凭证的填制方法见表 8-7。

点拨

对企业发生的经济业务，首先要根据取得的正确原始凭证，确定使用哪种记账凭证（专用记账凭证或通用记账凭证）。若是专用记账凭证，要分析发生的经济业务属于哪类，即收款（现收或银收）、付款（现付或银付）、转账。若是通用记账凭证，按业务发生的先后顺序登记即可。然后，确定业务涉及的账户。最后，填写记账凭证，注意其要素应遵循先上后下、先左后右的要求逐一填写，不得漏填。

本例是一项银行存款收款业务，应填制银行存款收款凭证（编号为银收字第 1 号）。

借方科目：银行存款

贷方科目：应收账款——佳丽公司

日期：2019 年 4 月 3 日

摘要：收回销售款

金额：5 000 元

附件：1 张（进账单回单）

表 8-7 收款凭证

借方科目：银行存款 2019 年 4 月 3 日 银收字第 1 号

摘要	贷方科目		记账	金额									
	总账科目	明细科目		千	百	十	万	千	百	十	元	角	分
收回销售款	应收账款	佳丽公司						5	0	0	0	0	0
合计							¥	5	0	0	0	0	0

会计主管： 记账： 出纳： 复核： 制单：

附单据 1 张

例 8-2

2019 年 4 月 8 日，光华公司收到昌盛公司交来的押金 2 000 元。相关记账凭证的填制方法见表 8-8。

本例是一项现金收款业务，应填制现金收款凭证（编号为现收字第 1 号）。

借方科目：库存现金

贷方科目：其他应付款——昌盛公司

日期：2019 年 4 月 8 日

摘要：收到昌盛公司押金

金额：2 000 元

附件：1 张（收据）

表 8-8　　收款凭证

借方科目：库存现金　　2019 年 4 月 8 日　　现收字第 1 号

摘　　要	贷方科目		记账	金　额									
	总账科目	明细科目		千	百	十	万	千	百	十	元	角	分
收到昌盛公司押金	其他应付款	昌盛公司						2	0	0	0	0	0
合计							¥	2	0	0	0	0	0

会计主管：　　记账：　　出纳：　　复核：　　制单：

附单据 1 张

（2）付款凭证的填制方法

例 8-3

2019 年 4 月 10 日，光华公司购买办公用品 800 元，以现金支付。相关记账凭证的填制方法见表 8-9。

本例是一项现金付款业务，应填制现金付款凭证（编号为现付字第 1 号）。

借方科目：管理费用——办公费

贷方科目：库存现金

日期：2019 年 4 月 10 日

摘要：购买办公用品

金额：800 元

附件：1 张（发票）

表 8-9　　付款凭证

贷方科目：库存现金　　2019 年 4 月 10 日　　现付字第 1 号

摘　　要	借方科目		记账	金　额									
	总账科目	明细科目		千	百	十	万	千	百	十	元	角	分
购买办公用品	管理费用	办公费							8	0	0	0	0
合计								¥	8	0	0	0	0

会计主管：　　记账：　　出纳：　　复核：　　制单：

附单据 1 张

例 8-4

2019 年 4 月 14 日，光华公司以银行存款 10 000 元偿还以前所欠宏利公司的货款。相关记账凭证的填制方法见表 8-10。

本例是一项银行存款付款业务，应填制银行存款付款凭证（编号为银付字第 1 号）。

借方科目：应付账款——宏利公司

贷方科目：银行存款

日期：2019 年 4 月 14 日

摘要：支付货款

金额：10 000 元

附件：1 张（转账支票存根）

表 8-10　　　　付款凭证

贷方科目：银行存款　　　　2019 年 4 月 14 日　　　　银付字第 1 号

摘　　要	借方科目		记账	金　额									
	总账科目	明细科目		千	百	十	万	千	百	十	元	角	分
支付货款	应付账款	宏利公司					1	0	0	0	0	0	0
合计						¥	1	0	0	0	0	0	0

会计主管：　　记账：　　出纳：　　复核：　　制单：

附单据 1 张

（3）转账凭证的填制方法

例 8-5

2019 年 4 月 15 日，光华公司从佳丽公司采购一批原材料，取得的增值税专用发票注明货款为 10 000 元，增值税为 1 300 元，款项未付，材料已入库。相关记账凭证的填制方法见表 8-11。

本例是一项不涉及现金和银行存款的转账业务，应填制转账凭证（编号为转字第 1 号）。

借方科目：原材料、应交税费——应交增值税——进项税额

贷方科目：应付账款——佳丽公司

日期：2019 年 4 月 15 日

摘要：采购原材料

金额：11 300 元（原材料货款 10 000 元，增值税进项税额 1 300 元）

附件：1 张（发票）

表 8-11　　　　转账凭证

2019 年 4 月 15 日　　　　转字第 1 号

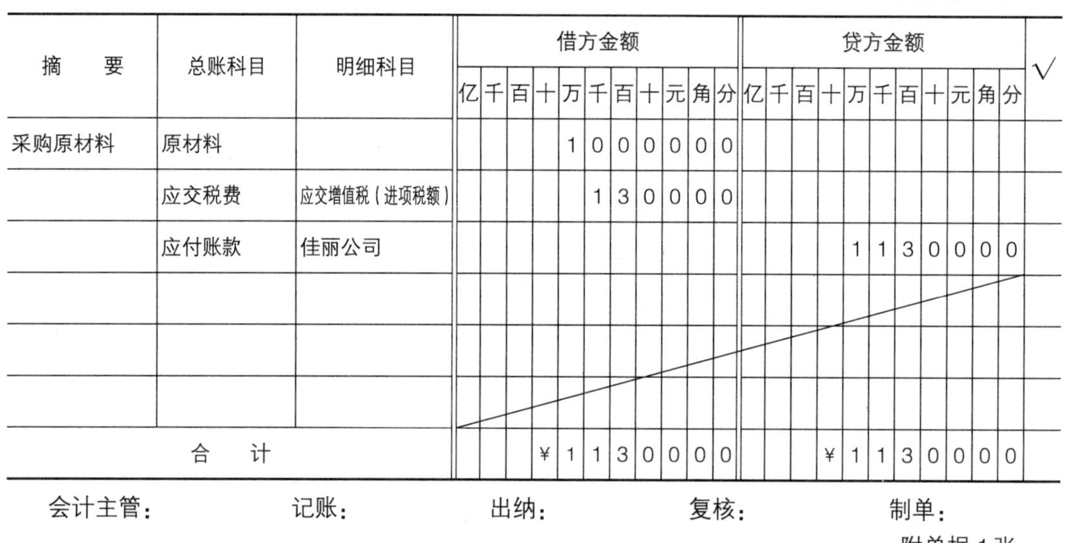

摘　要	总账科目	明细科目	借方金额											贷方金额											√
			亿	千	百	十	万	千	百	十	元	角	分	亿	千	百	十	万	千	百	十	元	角	分	
采购原材料	原材料						1	0	0	0	0	0	0												
	应交税费	应交增值税（进项税额）						1	3	0	0	0	0												
	应付账款	佳丽公司																1	1	3	0	0	0	0	
合　计						¥	1	1	3	0	0	0	0				¥	1	1	3	0	0	0	0	

会计主管：　　记账：　　出纳：　　复核：　　制单：

附单据 1 张

（4）通用记账凭证的填制方法

通用记账凭证的填制方法与上述转账凭证的填制方法基本相同。

例 8-6

2019 年 4 月 20 日，光华公司从银行提取现金 5 000 元，以备发放工资。相关记账凭证的填制方法见表 8-12。

本例是一笔银行付款业务，应填制一张通用记账凭证（编号为记字第 1 号）。

借方科目：库存现金

贷方科目：银行存款

日期：2019 年 4 月 20 日

摘要：提取现金备发工资

金额：5 000 元

附件：1 张（现金支票存根）

表 8-12　　　　　　　　　　　　记账凭证

2019 年 4 月 20 日　　　　　　　　　　记字第 1 号

摘　要	总账科目	明细科目	借方金额											贷方金额											√
			亿	千	百	十	万	千	百	十	元	角	分	亿	千	百	十	万	千	百	十	元	角	分	
提取现金备发工资	库存现金							5	0	0	0	0	0												
	银行存款																		5	0	0	0	0	0	
合　计							¥	5	0	0	0	0	0					¥	5	0	0	0	0	0	

会计主管：　　　　记账：　　　　出纳：　　　　复核：　　　　制单：

附单据 1 张

课堂活动

由每位学生根据以下经济业务填制专用记账凭证。

资料：光华公司 2019 年 4 月发生的经济业务如下：

（1）2 日，从银行提取现金 8 000 元，作为备用金。

（2）5 日，购入材料一批，取得的增值税专用发票注明货款为 50 000 元，增值税为 6 500 元。材料已验收入库，货款暂欠。

（3）10 日，花费 800 元购买办公用品，以现金支付。

（4）15 日，从银行取得短期借款 100 000 元，存入银行。

（5）20 日，用银行存款偿还以前所欠货款 50 000 元。

（6）25 日，将资本公积 20 000 元转增资本金。

三、记账凭证的审核

1. 审核内容

一是内容的真实性，即记账凭证的内容与所附原始凭证的内容是否一致。

二是项目的齐全性，即记账凭证的要素是否填写完整。

三是科目的正确性，即记账凭证的应借、应贷科目是否正确，是否有明确的对应关系。

四是金额的正确性，即计算是否正确，与所附原始凭证的金额是否一致。

五是书写的规范性，即记账凭证中的字迹是否工整，数字是否清晰，错误是否按规定更正等。

六是签章的齐全性，即有关人员的签章是否齐全。

2. 审核结果的处理

审核后，如发现记账凭证有错误，应查明原因，并按规定及时更正和处理。只有审核无误的记账凭证才能作为登记账簿的依据。

四、记账凭证的汇总

1. 通用记账凭证的汇总

根据业务发生的先后顺序对通用记账凭证进行整理，若业务量多，可以每 10 日汇总一次，编制科目汇总表，一个月编制三张科目汇总表。若业务量不多，可以一个月编制一次，形成一张科目汇总表。

例 8-7

根据例 8-1、例 8-2、例 8-3、例 8-4、例 8-5 和例 8-6 编制科目汇总表（假设所使用的记账凭证都是通用记账凭证）。编制结果见表 8-13。

表 8-13　　科目汇总表

2019 年 4 月 30 日　　元

会计科目	借方金额	贷方金额
银行存款	5 000	15 000
库存现金	7 000	800
原材料	10 000	
应收账款		5 000
应交税费	1 300	
管理费用	800	
应付账款	10 000	11 300
其他应付款		2 000
合计	34 100	34 100

2. 专用记账凭证的汇总

使用专用记账凭证的企业，可以根据业务量的多少，每 10 日汇总一次，也可以每月汇总一次，从而形成收款凭证汇总表、付款凭证汇总表、转账凭证汇总表。收款凭证汇总表还可以根据企业的要求再细化，分成银行存款收款凭证汇总表和库存现金收款凭证汇总表。付款凭证汇总表也可以分成银行存款付款凭证汇总表和库存现金付款凭证汇总表。

第三节　登记会计账簿

会计凭证的数量多且零散，如果不将其集中起来，极易丢失，所以设置会计账簿就显得非常重要。

在会计核算工作中，设置和登记账簿是中心环节。在此过程中，一方面对会计信息进行加工处理，使零散的会计信息变得统一，另一方面也对企业交易或事项运行的轨迹进行反映。会计账簿还是会计监督检查的依据。

一、会计账簿的概念和类型

会计账簿是指由一定格式、互有联系的账页组成，用来全面、系统、连续地记录和反映企业在一定时期内各项交易或事项的会计簿籍。它对于综合记录和反映经济活动、实现会计功能具有重要意义。

为了正确了解和使用会计账簿，充分发挥其作用，应对会计账簿进行分类。会计账簿的类型见表 8–14。

表 8–14　会计账簿的类型

分类标准	类型	适用范围
用途	序时账簿（日记账）	现金日记账、银行存款日记账
	分类账簿	总分类账
		原材料明细账、应收账款明细账
	备查账簿	租入固定资产登记簿等
账页格式	三栏式账簿	总分类账、现金日记账、应收账款明细账等
	多栏式账簿	收入、费用明细账等
	数量金额式账簿	原材料明细账、库存商品明细账等
外形特征	订本式账簿	总分类账、现金日记账、银行存款日记账
	活页式账簿	明细账
	卡片式账簿	固定资产卡片

二、会计账簿的内容和登记要求

1. 会计账簿的内容

一是封面，包括单位、账簿名称（如总分类账、现金日记账、往来明细账等）及会计年度。

二是扉页，包括科目索引、账簿启用及交接表（格式见表 8–15）。

三是账页，包括账户名称、登记账户的日期栏、凭证种类和号数栏、摘要栏、金额栏、总页次、分户页次。

表 8–15　　　　账簿启用及交接表

机构名称									印　鉴			
账簿名称	（第　　册）											
账簿编号												
账簿页数	本账簿共计　　页（本账簿页数 检点人盖章　　）											
启用日期	公元　　年　　月　　日											
经管人员	负责人		主办会计		复核				记账			
	姓名	盖章	姓名	盖章	姓名			盖章	姓名			盖章
交接记录	经管人员				接管				交出			
	职别		姓名		年	月	日	盖章	年	月	日	盖章
备注												

知识窗

账户和账簿的关系

账户是以会计科目为名称在账簿中所开设的户头，账簿将各账户连在一起。账户是账簿的实质内容，账簿是账户的外在形式。

也可以说，账簿与账户的关系是形式和内容的关系。账户存在于账簿中，账簿中的每一账页就是账户的存在形式和载体。没有账簿，账户就无法存在。而账簿记载经济业务则是在个别账户中完成的。因此，账簿只是一个外在形式，账户才是它的真实内容。

2. 会计账簿的登记要求

为了保证会计账簿资料的正确性、完整性，应遵循以下登账要求：

登账时，要按照审核无误的会计凭证内容逐项登记在账簿中，做到数字准确、内容完整、摘要清晰、字迹清楚。

登账时，要使用蓝黑色墨水的笔书写，防止窜改，保持账簿记录长久清晰。红色墨水一般只能在结账、划线、改错和冲账时使用。

手工登账时，记账完毕后，在会计凭证制定的位置上打“√”，表示已登记入账，以防止遗漏或重复登账。记账人员应在记账凭证上签名盖章。

登账时，不得隔页跳行。若发生跳行或隔页时，应将空页（行）用红色笔画对角线，以表明作废，或加盖“作废”戳记，并由记账人员签章。

登账时，数字的书写应紧靠行格的底线并倾斜 45°，约占全格的 2/3 或 1/2，以便于错误时更正。

为保证账簿记录的连续性，账页登满时需要办理转承手续，在账页末行摘要栏内注明“转次页”，在下一页的第一行摘要栏内注明“承前页”，并把借贷方的金额进行转承。有些账簿需要在新的年度更换，应在新账簿账页的第一行摘要栏内注明“上年结转”字样。

知识窗

错账更正方法

一是划线更正法。这种方法又称红线更正法，就是把账簿记录中错误的文字或数字用红线全部划去。然后，在上面用蓝字写上正确的文字或数字，再由记账人员在更正处盖章，以示负责。此方法适用于记账凭证没有错误，而只是账簿记录有错的情况。

二是红字更正法。这种方法又称赤字冲账法或红笔订正法，是用红字编制一张记账凭证，以冲销原来错误的凭证记录。此方法适用于两种情况：一是记账凭证中的会计科目使用错误，导致账簿记录中记错账户；二是所依据的记账凭证是正确的，但登账时登记的金额大于正确的金额。

三是补充登记法。若发现会计分录其他部分没有错，只是金额错了，且所记金额少于应记金额，则使用此方法。

三、日记账的格式和登记方法

日记账是逐日逐笔按顺序连续记录经济业务的序时账簿。一个单位可以只设一本日记账，用以连续记录其全部经济业务，也可以为某些特定经济业务或特定对象专设日记账。前者称为普通日记账，后者称为特种日记账。

1. 普通日记账的格式和登记方法

普通日记账有两栏式普通日记账和多栏式普通日记账两种格式。普通日记账的登记方法如下：

一是在日期栏登记经济业务发生的时间。

二是在摘要栏填写经济业务的简要内容。

三是在会计科目栏填写会计分录涉及的会计科目名称。

四是在借方金额栏填写应借记账户的金额。

五是在贷方金额栏填写应贷记账户的金额。

2. 特种日记账的格式和登记方法

企业通常可设置的特种日记账有现金日记账和银行存款日记账。

（1）现金日记账的格式

现金日记账是用来核算和监督库存现金每天的收入、支出和结存情况的账簿，其格式有三栏式和多栏式两种。三栏式现金日记账的基本结构为“收入”“支出”和“结余”三栏，其一般格式见表 8–16。

表 8–16　　三栏式现金日记账　　元

第　页

年		凭证号数		摘要	对方科目	收入							支出							结余						
月	日	字	号			万	千	百	十	元	角	分	万	千	百	十	元	角	分	万	千	百	十	元	角	分

多栏式现金日记账的基本结构是将“收入”和“支出”按对应科目分设专栏，登账时将其对应金额填写在“收入”栏或者“支出”栏下的空格内，其格式见表 8–17。多栏式现金日记账又可分为现金收入日记账和现金支出日记账，其格式就是

将表 8-17 分开设置。

表 8-17　　　　　　多栏式现金日记账

第　页　　　　　　　　　　元

年		凭证号数		摘要	对方科目	收入					支出					结余
月	日	字	号							合计					合计	

（2）现金日记账登记方法

一是在日期栏填写现金的实际收付日期。

二是在凭证号数栏登记记账所依据的记账凭证的种类及其编号。

三是在摘要栏写明所记经济业务的内容，文字要简练概括。

四是在对方科目栏填写现金收入的来源科目或现金支出的用途科目。

五是在收入、支出和结余栏分别记录实际发生的现金收入和支出金额。结余栏反映余额数，并要与库存现金数核对，即“日清”。月末要计算并填列收入合计数和支出合计数，即“月结”。

例 8-8

2019 年 4 月 1 日，光华公司“库存现金”账户期初余额为 1 500 元。根据例 8-2 和例 8-3 所填制的记账凭证（见表 8-8 和表 8-9）登记现金日记账（三栏式），登记情况见表 8-18。

点拨

登记现金日记账时，若企业使用的是专用记账凭证，应根据现金收款凭证、现金付款凭证及涉及现金的银行存款付款凭证逐日逐笔登记。若使用的是通用记账凭证，应将涉及现金科目的记账凭证按照先后顺序进行登记。

表 8-18　　　　现金日记账

第　页　　　　元

2019 年		凭证号数		摘要	对方科目	收入	支出	结余
月	日	字	号					
4	1			期初余额				1 500
	8	现收	1	收到昌盛公司押金	其他应付款	2 000		3 500
				本日合计		2 000		3 500
	10	现付	1	购买办公用品	管理费用		800	2 700
				本日合计			800	2 700
				……	……	……	……	……
				本月合计	……	……	……	……

知识窗

结账

为了总结在一定时期内总的经营活动和财务收支情况，需要结账。所谓结账，是指在本期全部的经济业务都已入账的基础上，计算出本期借方发生额的合计数和贷方发生额的合计数，并算出期末余额。结账是为了结清旧账，使本期账务处理告一段落，以便下一期再重新开始记账。

满一个月结账称月结，满一个季度结账称季结，满一个年度结账称年结。结账方法一般采用划线结账法。

（3）银行存款日记账的格式

银行存款日记账是用来反映银行存款增加、减少和结存情况的账簿，它的格式一般采用“收入”“支出”和“结余”三栏式，并按开户银行和其他金融机构分别设置，其格式见表 8-19。

表 8-19　　　　银行存款日记账　　　　元

第　页

年		凭证号数		摘要	对方科目	收入							支出							结余						
月	日	字	号			万	千	百	十	元	角	分	万	千	百	十	元	角	分	万	千	百	十	元	角	分

（4）银行存款日记账登记方法

银行存款日记账中的“年、月、日”“凭证号数”“摘要”“对方科目”等栏，应根据银行存款收款凭证和付款凭证逐日逐笔登记，每日终了必须结出存款余额。银行存款日记账应定期与银行对账单核对，至少每月核对一次。其登记方法与现金日记账基本相同，只是月末银行存款结余额的账实核对方法不一样。现金通过实地盘点就可知道实际数，从而进行账实核对。银行存款的实际数需要与银行提供的对账单进行核对，从而确定是否账实相符。

由每位学生根据以下资料填制有关记账凭证，并登记现金日记账和银行存款日记账。

2019 年 4 月 1 日，光华公司库存现金结存 3 500 元，银行存款结存 385 000 元。5 月发生下列业务：

（1）2 日，签发现金支票，提现 1 500 元备用。

（2）5 日，职工张某出差借差旅费，据借支单预借现金 1 800 元。

（3）10 日，收到零星销货款 1 400 元现金。

（4）12 日，接银行付款通知，支付采购材料款 28 000 元。

（5）15 日，接银行收款通知，佳丽公司所欠货款 20 000 元已到账。

（6）20 日，开出转账支票，支付公司本月电话费 1 000 元。

（7）25 日，销售一批产品，售价 100 000 元，增值税 13 000 元，款已收到并存入银行。

四、总分类账的格式和登记方法

1. 总分类账的格式

总分类账（即总账）是按照总分类账户分类登记以提供总括会计信息的账簿。总分类账能够全面、总括地反映经济活动情况及结果，对明细分类账起着统驭控制作用，为编制会计报表提供总括资料。因此，任何单位都要设置总分类账。

总分类账最常用的格式为三栏式，设置“借方”“贷方”和“余额”三个基本金额栏，其格式见表 8-20。

表 8-20　　三栏式总分类账

会计科目：　　元

年		凭证号数		摘要	借方	贷方	借或贷	余额
月	日	字	号					

2. 总分类账的登记方法

总分类账可以根据记账凭证和科目汇总表（或汇总记账凭证）等登记。根据科目汇总表（或汇总记账凭证）登记时，在总账的“摘要”栏应注明“根据 × 月 × 日至 × 月 × 日科目汇总表（或汇总记账凭证）登账”。

例 8-9

2019 年 2 月 1 日，光华公司应收账款期初余额为 10 000 元。2 月 28 日，科目汇总表汇总应收账款的贷方金额合计为 5 000 元，登记情况见表 8-21。

表 8-21　　总分类账

会计科目：应收账款　　元

2019 年		凭证号数		摘要	借方	贷方	借或贷	余额
月	日	字	号					
2	1			期初余额			借	10 000
	28	科汇	1	根据科汇 1 登记		5 000	借	5 000
				本月合计		5 000	借	5 000
				…	…	…	…	…

五、明细分类账的格式和登记方法

1. 明细分类账的格式

明细分类账（即明细账）是按明细分类账户进行分类登记的账簿。明细分类账是在总分类账基础上所做的更细致的分类记录。明细分类账应根据对象的不同特点采用不同的格式，主要有以下几种：

（1）三栏式明细分类账

三栏式明细分类账与三栏式总分类账格式基本相同。这种格式适用于只需要对金额进行核算，而不需要对数量进行进一步分析的明细分类账。例如，应收账款、应付账款、长期借款、短期借款等账户都可采用这种格式。三栏式明细分类账是根据记账凭证或所附原始凭证，按经济业务发生的顺序逐日逐笔登记的。以三栏式应收账款明细分类账为例，其格式见表 8–22。

表 8–22　　三栏式应收账款明细分类账

明细账户名称：　　元

年		凭证号数		摘要	借方	贷方	借或贷	余额
月	日	字	号					

（2）多栏式明细分类账

多栏式明细分类账是在账页上设置若干专栏，以便对账户记录的对象进行进一步分类记录，所以又称专栏式明细账簿，它是依据记账凭证顺序逐笔逐日登记的。这种账簿适用于需要对金额进行进一步分析的明细分类账，如管理费用、制造费用、生产成本、本年利润等。多栏式明细分类账的格式见表 8–23、表 8–24。

表 8–23　　多栏式管理费用明细分类账　　元

年		凭证号数		摘要	借方					贷方	余额
月	日	字	号						借方合计		

表 8–24　　多栏式本年利润明细分类账　　元

年		凭证号数		摘要	借方（项目）			贷方（项目）			借或贷	余额
月	日	字	号									

（3）数量金额式明细分类账

数量金额式明细分类账的格式是在明细分类账的账页上设置数量、单价和金额等专栏。数量金额式明细分类账适用于既要反映金额，又要反映数量的实物性资产项目，如原材料、库存商品等。数量金额式明细分类账一般是由会计人员和业务人员（如仓库保管员）根据原始凭证，按照经济业务发生的时间顺序逐日逐笔进行登记的。数量金额式原材料明细分类账的格式见表 8–25。

表 8–25　　数量金额式原材料明细分类账

材料类别：　　最高存量：

材料名称：　　规格：　　计量单位：　　最低存量：

年		凭证号数		摘要	收入			发出			结存		
月	日	字	号		数量	单价	金额	数量	单价	金额	数量	单价	金额

2. 明细分类账的登记原则

在登记账簿时，总分类账与所属的明细分类账应保持一致，并注意以下几个原则：

一是总分类账和明细分类账应遵循平行登记规则，即同期间、同方向、同金额。

二是总分类账和明细分类账平行登记的数量关系应为：总分类账本期发生额等于所属各明细分类账本期发生额之和。

三是总分类账期末余额应等于所属各明细分类账期末余额之和。

例 8–10

2019 年 4 月 1 日，光华公司“应收账款”账户期初余额为 10 000 元（其中，应收 A 企业的金额为 8 000 元，B 企业的金额为 2 000 元）。4 月 30 日，科目汇总表汇总应收账款借方金额合计为 25 000 元（其中，4 月 20 日应收 C 企业的金额为 20 000 元，4 月 23 日应收 A 企业的金额为 5 000 元），贷方金额合计为 10 000 元（4 月 10 日 A 企业还来货款 8 000 元，4 月 12 日 B 企业还来货款 2 000 元）。总分类账登记情况见表 8–26，应收账款明细分类账登记情况见表 8–27、表 8–28、表 8–29。

表 8-26　　总分类账

会计科目：应收账款　　元

2019 年		凭证号数		摘要	借方	贷方	借或贷	余额
月	日	字	号					
4	1			期初余额			借	10 000
	30	科汇	1	根据科汇 1 登记	25 000	10 000	借	25 000
				本月合计	25 000	10 000	借	25 000
				……	……	……	……	……

表 8-27　　应收账款明细分类账

明细账户名称：A 企业　　元

2019 年		凭证号数		摘要	借方	贷方	借或贷	余额
月	日	字	号					
4	1			期初余额			借	8 000
	10	略	略	还来货款		8 000	平	0
	23	略	略	货款未收	5 000		借	5 000
	30			本月合计	5 000	8 000	借	5 000
				……	……	……	……	……

表 8-28　　应收账款明细分类账

明细账户名称：B 企业　　元

2019 年		凭证号数		摘要	借方	贷方	借或贷	余额
月	日	字	号					
4	1			期初余额			借	2 000
	12	略	略	还来货款		2 000	平	0
	30			本月合计	0	2 000	平	0
				……	……	……	……	……

表 8-29　　应收账款明细分类账

明细账户名称：C 企业　　元

2019 年		凭证号数		摘要	借方	贷方	借或贷	余额
月	日	字	号					
4	20	略	略	货款未收	20 000		借	20 000
	30			本月合计	20 000	0	借	20 000
				……	……	……	……	……

例 8-11

2019 年 3 月 1 日，光华公司有关总分类账户及其所属明细分类账户的期初余额如下：

1.“原材料”总分类账户及其所属明细分类账户的期初余额为：

A 材料 100 吨，单价为 500 元 / 吨，明细账户借方余额 50 000 元

B 材料 2 000 千克，单价为 10 元 / 千克，明细账户借方余额 20 000 元

原材料总账借方余额 70 000 元

2.“应付账款”总分类账户及其所属明细分类账户的期初余额为：

甲工厂明细账户贷方余额 4 000 元

乙工厂明细账户贷方余额 8 000 元

应付账款总账贷方余额 12 000 元

3. 光华公司 3 月发生的材料收发业务以及与供应单位的结算业务如下：

（1）10 日，向丙工厂购入以下材料，材料均已验收入库，货款未付。

B 材料 1 000 千克，单价为 10 元 / 千克，计 10 000 元

C 材料 2 000 件，单价为 10 元 / 件，计 20 000 元

合计 30 000 元

这项经济业务的会计分录为：

借：原材料——B 材料　　10 000

　　　　　——C 材料　　20 000

　贷：应付账款——丙工厂　　30 000

（2）20 日，以银行存款偿还甲工厂货款 2 500 元。

这项经济业务的会计分录为：

借：应付账款——甲工厂　　2 500

　贷：银行存款　　2 500

（3）25 日，仓库发出以下材料，投入生产。

A 材料 50 吨，单价为 500 元 / 吨，计 25 000 元

B 材料 1 500 千克，单价为 10 元 / 千克，计 15 000 元

C 材料 1 000 件，单价为 10 元 / 件，计 10 000 元

合计 50 000 元

这项经济业务的会计分录为：

借：生产成本　　50 000

　贷：原材料——A 材料　　25 000

——B 材料　　　　　15 000

——C 材料　　　　　10 000

根据上述期初余额资料和会计分录，在“原材料”和“应付账款”两个总分类账户及其各自所属明细分类账户中平行登记。

点拨

将期初余额分别记入“原材料”和“应付账款”这两个总分类账户及其各自所属的明细分类账户中。

根据上述会计分录，平行登记“原材料”和“应付账款”这两个总分类账户及其各自所属的明细分类账户，并分别计算各账户的本期发生额和期末余额。

“原材料”和“应付账款”总分类账登记情况分别见表 8–30 和表 8–31。

表 8–30　　　　总分类账

会计科目：原材料　　　　元

2019 年		凭证号数		摘要	借方	贷方	借或贷	余额
月	日	字	号					
3	1			期初余额			借	70 000
	10	略	略	购入 B，C 材料	30 000		借	100 000
	25	略	略	生产用材料		50 000	借	50 000
	31			本月合计	30 000	50 000	借	50 000

表 8–31　　　　总分类账

会计科目：应付账款　　　　元

2019 年		凭证号数		摘要	借方	贷方	借或贷	余额
月	日	字	号					
3	1			期初余额			贷	12 000
	10	略	略	购入 B，C 材料		30 000	贷	42 000
	20	略	略	偿还货款	2 500		贷	39 500
	31			本月合计	2 500	30 000	贷	39 500

“原材料”明细分类账登记情况见表 8–32、表 8–33、表 8–34。

表 8-32　　原材料明细分类账

明细账户名称：A 材料

2019 年		凭证号数		摘要	收入			发出			结存		
月	日	字	号		数量（吨）	单价（元/吨）	金额（元）	数量（吨）	单价（元/吨）	金额（元）	数量（吨）	单价（元/吨）	金额（元）
3	1			期初余额							100	500	50 000
	25	略	略	生产用材料				50	500	25 000	50	500	25 000
	31			本月合计				50	500	25 000	50	500	25 000

表 8-33　　原材料明细分类账

明细账户名称：B 材料

2019 年		凭证号数		摘要	收入			发出			结存		
月	日	字	号		数量（千克）	单价（元/千克）	金额（元）	数量（千克）	单价（元/千克）	金额（元）	数量（千克）	单价（元/千克）	金额（元）
3	1			期初余额							2 000	10	20 000
	10	略	略	购入材料	1 000	10	10 000				3 000	10	30 000
	25	略	略	生产用材料				1 500	10	15 000	1 500	10	15 000
	31			本月合计	1 000	10	10 000	1 500	10	15 000	1 500	10	15 000

表 8-34　　原材料明细分类账

明细账户名称：C 材料

2019 年		凭证号数		摘要	收入			发出			结存		
月	日	字	号		数量（件）	单价（元/件）	金额（元）	数量（件）	单价（元/件）	金额（元）	数量（件）	单价（元/件）	金额（元）
3	10	略	略	购入材料	2 000	10	20 000				2 000	10	20 000
	25	略	略	生产用材料				1 000	10	10 000	1 000	10	10 000
	31			本月合计	2 000	10	20 000	1 000	10	10 000	1 000	10	10 000

“应付账款”明细分类账登记情况见表 8-35、表 8-36、表 8-37。

表 8-35　　应付账款明细分类账

明细账户名称：甲工厂　　元

2019 年		凭证号数		摘要	借方	贷方	借或贷	余额
月	日	字	号					
3	1			期初余额			贷	4 000
	20	略	略	偿还货款	2 500		贷	1 500
	31			本月合计	2 500		贷	1 500

表 8-36 应付账款明细分类账

明细账户名称：乙工厂 元

2019 年		凭证号数		摘要	借方	贷方	借或贷	余额
月	日	字	号					
3	1			期初余额			贷	8 000
	31			本月合计			贷	8 000

表 8-37 应付账款明细分类账

明细账户名称：丙工厂 元

2019 年		凭证号数		摘要	借方	贷方	借或贷	余额
月	日	字	号					
3	10	略	略	购入 B，C 材料		30 000	贷	30 000
	31			本月合计		30 000	贷	30 000

第四节 编制会计报表

填制会计凭证，登记会计账簿后，发生的各项经济业务都已在凭证、账簿中进行了连续、系统的记录和反映。但是，凭证、账簿的资料比较分散，不能总括反映经济活动的全貌，所以应定期把分散在凭证、账簿中的日常核算资料进行归类、整理、汇总，使之形成简明、系统的会计核算指标体系。

一、会计报表的概念、类型和作用

1. 会计报表的概念

会计报表是会计核算的最终结果，它是依据日常核算资料编制的，全面反映企业在一定时期内财务状况、经营成果和现金流量的报告文件。

2. 会计报表的类型

会计报表的类型有很多，具体见表 8-38。

表 8-38　　会计报表的类型

分类标准	类型	具体运用
所属期间	年度报表	
	半年度报表	
	季度报表	至少应当包括资产负债表和利润表
	月度报表	
反映的内容性质	成本费用报表	资产负债表
	财务状况报表	
	经营结果报表	利润表
反映的资金运动状况	静态报表	资产负债表
	动态报表	利润表和现金流量表

3. 会计报表的作用

一是能为企业提供信息资料，便于内部经营管理；二是能够为投资者和债权人进行合理投资决策提供依据；三是有利于国家经济管理部门进行宏观调控和综合管理。

二、资产负债表的编制

1. 资产负债表的概念和编制依据

资产负债表是反映企业某一特定日期（如月末、季末、年末等）财务状况的会计报表，又叫静态报表。

资产负债表的编制依据是“资产 = 负债 + 所有者权益”。根据这一会计等式，资产负债表依照一定的分类标准和顺序，将企业在一定日期的全部资产、负债和所有者权益项目进行适当分类、汇总、排列。

2. 资产负债表的格式

资产负债表有表首、正表两部分。资产负债表正表的格式一般有报告式和账户式两种。报告式资产负债表是上下结构——上半部列示资产，下半部列示负债和所有者权益。账户式资产负债表是左右结构——左边列示资产，右边列示负债和所有者权益。资产各项目的合计等于负债和所有者权益各项目的合计，即满足“资产 = 负债 + 所有者权益”这一会计等式的要求。我国《企业会计准则》规定我国的资产负债表采用账户式。我国一般企业资产负债表的标准格式见表 8-39。

表 8-39　　　　资产负债表

编制单位：　　　　年　月　日　　　　元

资产	期末余额	上年年末余额	负债和所有者权益（或股东权益）	期末余额	上年年末余额
流动资产：			流动负债：		
货币资金			短期借款		
交易性金融资产			交易性金融负债		
衍生金融资产			衍生金融负债		
应收票据			应付票据		
应收账款			应付账款		
应收款项融资			预收款项		
预付款项			合同负债		
其他应收款			应付职工薪酬		
存货			应交税费		
合同资产			其他应付款		
持有待售资产			持有待售负债		
一年内到期的非流动资产			一年内到期的非流动负债		
其他流动资产			其他流动负债		
流动资产合计			流动负债合计		
非流动资产：			非流动负债：		
债权投资			长期借款		
其他债权投资			应付债券		
长期应收款			其中：优先股		
长期股权投资			永续债		
其他权益工具投资			租赁负债		
其他非流动金融资产			长期应付款		
投资性房地产			预计负债		
固定资产			递延收益		
在建工程			递延所得税负债		
生产性生物资产			其他非流动负债		
油气资产			非流动负债合计		
使用权资产			负债合计		
无形资产			所有者权益（或股东权益）：		
开发支出			实收资本（或股本）		
商誉			其他权益工具		
长期待摊费用			其中：优先股		
递延所得税资产			永续债		

续表

资产	期末余额	上年年末余额	负债和所有者权益（或股东权益）	期末余额	上年年末余额
其他非流动资产			资本公积		
非流动资产合计			减：库存股		
			其他综合收益		
			专项储备		
			盈余公积		
			未分配利润		
			所有者权益（或股东权益）合计		
资产总计			负债和所有者权益（或股东权益）总计		

3. 资产负债表的编制方法

资产负债表包括“年初余额”和“期末余额”两栏，应分别填列。

（1）“年初余额”的填列

资产负债表“年初余额”栏内的各项数字应根据上年末资产负债表“期末余额”栏内各项数字填列。如果本年度各个项目的名称和内容与上年度不一致，应按照本年度的规定对上年末资产负债表各项目的名称和数据进行调整，按调整后的数据填列。

（2）“期末余额”的填列

资产负债表“期末余额”的填列方法见表 8–40。

表 8–40　　资产负债表“期末余额”填列方法

项目	填列方法
货币资金	根据“库存现金”“银行存款”“其他货币资金”科目的期末余额合计数填列
交易性金融资产	根据“交易性金融资产”科目的相关明细科目余额分析填列
应收票据	根据“应收票据”科目的期末余额，减去“坏账准备”科目中相关坏账准备期末余额后的金额分析填列
应收账款	根据“应收账款”科目的期末余额，减去“坏账准备”科目中相关坏账准备期末余额后的金额分析填列
预付款项	根据“预付账款”和“应付账款”科目所属各明细科目的期末借方余额合计数，减去“坏账准备”科目中相关预付账款计提的坏账准备期末余额后的净额填列。例如，“预付账款”科目所属明细科目期末为贷方余额的，应在本表“应付账款”项目内填列
其他应收款	根据“应收利息”“应收股利”和“其他应收款”科目的期末余额合计数，减去“坏账准备”科目中相关坏账准备期末余额后的金额填列。其中的“应收利息”仅反映相关金融工具已到期可收取但于资产负债表日尚未收到的利息。基于实际利率法计提的金融工具的利息应包含在相应金融工具的账面余额中

续表

项目	填列方法
存货	根据“材料采购”“原材料”“库存商品”“周转材料”“委托加工物资”“发出商品”“生产成本”和“受托代销商品”等科目的期末余额合计数，减去“受托代销商品款”“存货跌价准备”科目期末余额后的净额填列。材料采用计划成本核算，以及库存商品采用计划成本核算或售价核算的企业，还应按加或减材料成本差异、商品进销差价后的金额填列
一年内到期的非流动资产	根据有关科目的期末余额分析填列
长期应收款	根据“长期应收款”科目的期末余额，减去相应的“未确认融资收益”科目和“坏账准备”科目所属相关明细科目期末余额后的金额填列
长期股权投资	根据“长期股权投资”科目的期末余额减去“长期股权投资减值准备”科目的期末余额后的净额填列
固定资产	根据“固定资产”科目的期末余额，减去“累计折旧”和“固定资产减值准备”科目的期末余额后的金额，以及“固定资产清理”科目的期末余额填列
在建工程	根据“在建工程”科目的期末余额，减去“在建工程减值准备”科目的期末余额后的金额，以及“工程物资”科目的期末余额，减去“工程物资减值准备”科目的期末余额后的金额填列
无形资产	根据“无形资产”科目的期末余额，减去“累计摊销”和“无形资产减值准备”科目期末余额后的净额填列
开发支出	根据“研发支出”科目所属的“资本化支出”明细科目期末余额填列
长期待摊费用	根据“长期待摊费用”科目期末余额，减去将于一年内（含一年）摊销的数额后的金额分析填列
递延所得税资产	根据“递延所得税资产”科目的期末余额填列
短期借款	根据“短期借款”科目的期末余额填列
交易性金融负债	根据“交易性金融负债”科目的相关明细科目余额填列
应付票据	根据“应付票据”科目的期末余额填列
应付账款	根据“应付账款”和“预付账款”科目所属的相关明细科目的期末贷方余额合计数填列
预收款项	根据“预收账款”和“应收账款”科目所属各明细科目的期末贷方余额合计数填列。若“预收账款”科目所属明细科目期末为借方余额的，应在本表“应收账款”项目内填列
应付职工薪酬	根据“应付职工薪酬”科目所属各明细科目的期末贷方余额分析填列
应交税费	根据“应交税费”科目的期末贷方余额填列。如“应交税费”科目期末为借方余额，以“－”号填列
应付利息	根据“应付利息”科目的期末余额填列
应付股利	根据“应付股利”科目的期末余额填列
其他应付款	根据“应付利息”“应付股利”和“其他应付款”科目的期末余额合计数填列。其中“应付利息”仅反映相关金融工具已到期支付但于资产负债表日尚未支付的利息。基于实际利率法计提的金融工具的利息应包含在相应金融工具的账面余额中

续表

项目	填列方法
一年内到期的非流动负债	根据有关科目的期末余额分析填列
长期借款	根据“长期借款”科目的期末余额，扣除“长期借款”科目所属的明细科目中将在资产负债表日起一年内到期且企业不能自主地将清偿义务展期的长期借款后的金额计算填列
应付债券	根据“应付债券”科目的期末余额分析填列。对于资产负债表日企业发行的金融工具，分类为金融负债的，应在本项目填列，对于优先股和永续债还应在本项目下分别填列
长期应付款	根据“长期应付款”科目的期末余额，减去相关的“未确认融资费用”科目的期末余额后的金额，以及“专项应付款”科目的期末余额填列
递延所得税负债	根据“递延所得税负债”科目的期末余额填列
实收资本（或股本）	根据“实收资本（或股本）”科目的期末余额填列
资本公积	根据“资本公积”科目的期末余额填列
盈余公积	根据“盈余公积”科目的期末余额填列
未分配利润	根据“本年利润”科目和“利润分配”科目的余额计算填列。未弥补的亏损在本项目内以“－”号填列

三、利润表的编制

1. 利润表的概念和编制依据

利润表是反映企业在一定会计期间经营成果的报表。利润表又称损益表、收益表，是一个动态报表。

利润表的编制依据是“收入－费用＝利润”。利润表根据收入、费用和利润之间的关系，按照利润形成的过程顺序编制。

2. 利润表的格式

利润表一般有单步式利润表和多步式利润表两种格式。单步式利润表是将当期所有的收入列在一起，然后将所有的费用列在一起，两者相减得出当期净损益。多步式利润表是将当期的收入、费用、利得、损失等项目按性质加以归类，按利润形成的主要环节列示一些中间性利润指标，如营业利润、利润总额、净利润，分步计算当期净损益。我国《企业会计准则》规定，利润表采用多步式结构。我国一般企业利润表的标准格式见表 8-41。

表 8-41 利润表

编制单位： 年 月 元

项目	本年数	上年数
一、营业收入		
减：营业成本		
税金及附加		
销售费用		
管理费用		
研发费用		
财务费用		
其中：利息费用		
利息收入		
加：其他收益		
投资收益（损失以“–”号填列）		
其中：对联营企业和合营企业的投资收益		
以摊余成本计量的金融资产终止确认收益（损失以“–”号填列）		
净敞口套期收益（损失以“–”号填列）		
公允价值变动收益（损失以“–”号填列）		
信用减值损失（损失以“–”号填列）		
资产减值损失（损失以“–”号填列）		
资产处置收益（损失以“–”号填列）		
二、营业利润（亏损以“–”号填列）		
加：营业外收入		
减：营业外支出		
三、利润总额（亏损总额以“–”号填列）		
减：所得税费用		
四、净利润（净亏损以“–”号填列）		
（一）持续经营净利润（净亏损以“–”号填列）		
（二）终止经营净利润（净亏损以“–”号填列）		
五、其他综合收益的税后净额		
（一）不能重分类进损益的其他综合收益		
（二）将重分类进损益的其他综合收益		
六、综合收益总额		
七、每股收益：		
（一）基本每股收益		
（二）稀释每股收益		

3. 利润表的编制方法

第一步，以营业收入为基础，减去营业成本、税金及附加、销售费用、管理费用、研发费用、财务费用，加上其他收益、投资收益（或减去投资损失）、净敞口套期收益（或减去净敞口套期损失）、公允价值变动收益（或减去公允价值变动损失）、资产处置收益（或减去资产处置损失）、资产减值损失、信用减值损失，计算出营业利润。

第二步，以营业利润为基础，加上营业外收入，减去营业外支出，计算出利润总额。

第三步，以利润总额为基础，减去所得税费用，计算出净利润（或净亏损）。

第四步，以净利润（或净亏损）和其他综合收益的税后净额为基础，计算出综合收益总额。

第五步，以综合收益总额为基础，计算出每股收益。

利润表各项目均须填列“本期金额”和“上期金额”两栏。

“上期金额”栏内各项数字应根据上年该期利润表的“本期金额”栏内所列示数字填列。

“本期金额”的填列方法见表 8–42。

表 8–42　　利润表“本期金额”填列方法

项目	填列方法
营业收入	根据“主营业务收入”和“其他业务收入”科目的发生额分析填列
营业成本	根据“主营业务成本”和“其他业务成本”科目的发生额分析填列
税金及附加	根据“税金及附加”科目的发生额分析填列
销售费用	根据“销售费用”科目的发生额分析填列
管理费用	根据“管理费用”科目的发生额分析填列
研发费用	根据“管理费用”科目下的“研发费用”明细科目的发生额，以及“管理费用”科目下的“无形资产摊销”明细科目的发生额分析填列
财务费用	根据“财务费用”科目的相关明细科目发生额分析填列。其中，“利息费用”项目应根据“财务费用”科目的相关明细科目的发生额分析填列，“利息收入”项目应根据“财务费用”科目的相关明细科目的发生额分析填列
其他收益	根据“其他收益”科目的发生额分析填列
投资收益	根据“投资收益”科目的发生额分析填列。如为投资损失，本项目以“–”号填列
公允价值变动收益	根据“公允价值变动损益”科目的发生额分析填列。如为净损失，本项目以“–”号填列
信用减值损失	根据“信用减值损失”科目的发生额分析填列
资产减值损失	根据“资产减值损失”科目的发生额分析填列

续表

项目	填列方法
资产处置收益	根据“资产处置损益”科目的发生额分析填列。如为处置损失，本项目以“-”号填列
营业外收入	根据“营业外收入”科目的发生额分析填列
营业外支出	根据“营业外支出”科目的发生额分析填列
所得税费用	根据“所得税费用”科目的发生额分析填列

思考与练习

1. 什么是原始凭证，什么是记账凭证？它们各有哪些种类？

2. 记账凭证的审核内容有哪些？

3. 简述会计账簿的登记要求。

4. 根据以下资料填制现金支票（如图 8-6 所示）。

昌明公司出纳李红从银行提取现金 28 543 元，备发工资。

昌明公司开户行为交通银行北京分行，账号为 020000100901213644121；统一社会信用代码为 911101052886548055，电话为 010-88772396。

交通银行
现金支票存根
30101112
23097212
附加信息
出票日期 年 月 日
收款人：
金 额：
用 途：
单位主管 会计

交通银行 现金支票 30101112 23097212
出票日期（大写） 年 月 日 付款行名称：交通银行北京分行
收款人： 出票人账号：020000100901213644121
人民币（大写） 亿 千 百 十 万 千 百 十 元 角 分
付款期限自出票之日起十天
用途 密码
上列款项请从
我账户内支付
出票人签章 复核 记账

正面

附加信息：
收款人签章
年 月 日
身份证件名称： 发证机关：
号码
（贴粘单处）
根据《中华人民共和国票据法》等法律法规的规定，签发空头支票由中国人民银行处以票面金额5%但不低于1000元的罚款。

背面

图 8-6 现金支票

5. 根据以下资料填写付款凭证（见表 8-43）。

昌盛公司于 2019 年 4 月 15 日支付上月职工工资 15 000 元，开出支票一张。出纳根据审核无误的原始凭证（工资表和支票存根）填制付款凭证。

表 8-43　　　　付款凭证

贷方科目：　　　　年　月　日　　　　字第　　号

摘　要	借方科目		记账	金　额									
	总账科目	明细科目		千	百	十	万	千	百	十	元	角	分
合计													

会计主管：　　记账：　　出纳：　　复核：　　制单：

附单据　　张

6. 根据以下资料编制资产负债表。

2019 年 4 月 30 日，光华公司各账户余额见表 8-44。

表 8-44　　　　光华公司各账户余额　　　　元

账户名称	借方余额	账户名称	贷方余额
库存现金	8 000	累计折旧	450 000
银行存款	600 000	短期借款	400 000
交易性金融资产	50 000	应付票据	100 000
原材料	300 000	应付账款	100 000
库存商品	150 000	其他应付款	2 500
生产成本	15 000	应交税费	98 000
应收账款	40 000	预收账款	30 000
其他应收款	5 000	应付职工薪酬	20 000
应收票据	20 000	应付利息	80 000
预付账款	30 000	实收资本	500 000
长期股权投资	70 000	长期借款	100 000
固定资产	500 000	本年利润	200 000
无形资产	342 500	坏账准备	50 000
合计	2 130 500	合计	2 130 500

part

09

第九章 会计实务专题

学习目标

- 了解银行结算账户开立和撤销的程序
- 掌握提现业务、现金送存业务、转账支票业务的处理方法
- 掌握报销业务的流程和相关要求
- 掌握阅读资产负债表、利润表的基本方法
- 掌握基本财务指标的计算和应用方法

第一节 银行业务处理

一、银行结算账户开立和撤销

1. 银行结算账户的开立

企业应当在注册地或住所地开立银行结算账户，用以办理存款、取款、转账等结算业务。符合异地（跨省、市、县）开户条件的，也可以在异地开立银行结算账户。开立银行结算账户应遵循存款人自主原则，除国家法律、行政法规和国务院规定外，任何单位和个人不得强令存款人到指定银行开立银行结算账户。企业向银行申请开立结算账户的步骤如下：

（1）选银行

一般应根据下列几种情况选择银行：单位与银行是否邻近；银行服务设施及项目是否先进、齐全，能否直接办理异地快速结算；银行信贷资金是否雄厚，能否在企业困难时期提供一定的贷款支持。

（2）选账户

银行结算账户指银行为存款人开立的办理资金收付结算的人民币活期存款账户。银行结算账户分为单位银行结算账户和个人银行结算账户。单位银行结算账户分为基本存款账户、一般存款账户、专用存款账户、临时存款账户四种。一个企业只能开立一个基本存款账户。银行存款账户的类型见表 9–1。

表 9–1　银行存款账户的类型

类型	说明
基本存款账户	存款人因办理日常转账结算和现金收付需要开立的银行结算账户。企业法人、非法人企业、机关、事业单位等存款人可以申请开立此类账户
一般存款账户	存款人因借款或其他结算需要，在基本存款账户开户银行以外的银行营业机构开立的银行结算账户
专用存款账户	存款人按照法律、行政法规和规章，对其特定用途资金进行专项管理和使用而开立的银行结算账户
临时存款账户	存款人因临时需要并在规定期限内使用而开立的银行结算账户。存款人在设立临时机构、开展异地临时经营活动、注册验资时，可以申请开立此类账户

（3）填申请

存款人申请开立单位银行结算账户时，应填写“开立单位银行结算账户申请书”（见表 9–2），并加盖单位公章以及法定代表人（单位负责人）或其授权代理人的签名或者盖章。存款人有上级法人或主管单位的，应在开户申请书上如实填写相关信息。存款人有关联企业的，应填写“关联企业登记表”。

表 9-2 开立单位银行结算账户申请书

<table>
<tr><td>存款人名称</td><td colspan="4"></td><td>电话</td><td></td></tr>
<tr><td>地址</td><td colspan="4"></td><td>邮编</td><td></td></tr>
<tr><td>存款人类别</td><td colspan="3"></td><td>组织机构代码</td><td colspan="2"></td></tr>
<tr><td rowspan="2">法定代表人（ ）
单位负责人（ ）</td><td>姓名</td><td colspan="5"></td></tr>
<tr><td>证件种类</td><td></td><td>证件号码</td><td colspan="3"></td></tr>
<tr><td>行业分类</td><td colspan="6">A□ B□ C□ D□ E□ F□ G□ H□ I□ J□
K□ L□ M□ N□ O□ P□ Q□ R□ S□ T□</td></tr>
<tr><td>注册资金</td><td colspan="3"></td><td colspan="2">地区代码</td><td></td></tr>
<tr><td>经营范围</td><td colspan="6"></td></tr>
<tr><td>证明文件种类</td><td colspan="3"></td><td colspan="2">证明文件编号</td><td></td></tr>
<tr><td>税务登记证号</td><td colspan="6"></td></tr>
<tr><td>关联企业</td><td colspan="6"></td></tr>
<tr><td>账户性质</td><td colspan="6">基本存款账户□ 一般存款账户□
专用存款账户□ 临时存款账户□</td></tr>
<tr><td>资金性质</td><td colspan="2"></td><td>有效日期</td><td colspan="3">年 月 日</td></tr>
<tr><td colspan="7">以下为存款人上级法人或主管单位信息：</td></tr>
<tr><td colspan="2">上级法人或主管单位名称</td><td colspan="5"></td></tr>
<tr><td rowspan="2">法定代表人（ ）
单位负责人（ ）</td><td>姓名</td><td colspan="5"></td></tr>
<tr><td>证件种类</td><td></td><td>证件号码</td><td colspan="3"></td></tr>
<tr><td colspan="7">以下栏目由开户银行审核后填写：</td></tr>
<tr><td>开户银行名称</td><td colspan="6"></td></tr>
<tr><td>开户银行代码</td><td></td><td>账号</td><td></td><td>开户日期</td><td colspan="2"></td></tr>
<tr><td colspan="2">本存款人申请开立银行结算账户，并承诺所提供的开户资料真实、有效，若有伪造、欺诈，承担法律责任

存款人（公章）

年 月 日</td><td colspan="3">开户银行审核意见：

经办人（签章）
开户银行（签章）

年 月 日</td><td colspan="2">人民银行审核意见（非核准类账户除外）：

经办人（签章）
人民银行（签章）

年 月 日</td></tr>
</table>

知识窗

开户资料

1. 基本存款账户、临时存款账户（不含验资账户）所需资料

（1）营业执照正本及副本（原件）（三证合一）及相关资料。

（2）法定代表人身份证（原件）。

（3）经办人身份证（原件）。

（4）授权书（法定代表人签字或签章）。

（5）企业公章、财务章、法定代表人章。

（6）反洗钱要求的提供受益人信息所需要的资料。

2. 一般存款账户、非预算专用存款账户所需资料

（1）营业执照正本及副本（原件）（三证合一）及相关资料。

（2）开立一般存款账户的证明或专用存款账户的专款专用证明。

（3）机构信用代码证。

（4）法定代表人身份证（原件）。

（5）经办人身份证（原件）及授权书（法定代表人签字或签章）。

（6）企业公章、财务章、法定代表人章。

（7）反洗钱要求的提供受益人信息所需要的资料。

注：如为异地客户，还需法定代表人面签，并在开户申请书上签字。

2. 银行结算账户的撤销

撤销是指存款人因开户资格或其他原因终止银行结算账户使用的行为。

（1）撤销银行结算账户的条件

当出现被撤并、解散、宣告破产或关闭，注销、被吊销营业执照，因迁址需要变更开户银行等情况时，存款人应向开户银行提出撤销银行结算账户的申请。

此外，银行对一年未发生收付活动且未欠开户银行债务的单位银行结算账户，会通知单位限期办理销户手续，逾期视同自愿销户。

（2）企业撤销银行结算账户的手续

存款人申请撤销银行结算账户时，应填写“撤销银行结算账户申请书”（见表9-3），与开户银行核对银行结算账户存款余额，交回各种重要空白票据及结算凭证，银行核对无误后方可办理销户手续。存款人尚未清偿其开户银行债务的，不能申请撤销该账户。

申请撤销单位银行结算账户时，应加盖单位公章以及法定代表人（单位负责人）

或其授权代理人的签名或者盖章。

表 9-3　　　　撤销银行结算账户申请书

<table>
<tr><td>账户名称</td><td colspan="3"></td></tr>
<tr><td>开户银行名称</td><td colspan="3"></td></tr>
<tr><td>开户银行代码</td><td></td><td>账号</td><td></td></tr>
<tr><td>账户性质</td><td colspan="3">基本（　）　专用（　）　一般（　）　临时（　）　个人（　）</td></tr>
<tr><td>销户原因</td><td colspan="3"></td></tr>
<tr><td colspan="2">本存款人申请撤销上述银行结算账户，并承诺所提供的正面文件真实、有效

存款人（签章）
年　月　日</td><td colspan="2">开户银行审核意见：

经办人（签章）
开户银行（签章）
年　月　日</td></tr>
</table>

二、常见银行业务处理

1. 提现业务

例 9-1

2019 年 4 月 2 日，北京市中环公司财务部门开出现金支票 1 张，提取现金 5 800 元作为备用金。公司开户银行为交通银行北京分行，账号为 110007609048708091012，现金支票号为 23093254。

该业务处理过程如下：

第一步，出纳填写支票领用登记簿并交财务部负责人审核签字，见表 9-4。

表 9-4　　　　支票领用登记簿

日期	支票类型	支票号码	收款单位	金额（元）	领用人	核准人
2019 年 4 月 2 日	现金	23093254	本企业	5 800	刘浩	孙立

第二步，出纳填写现金支票正联及存根，财务部负责人在现金支票正联加盖公司财务专用章及法定代表人印章，在现金支票正联背面加盖公司财务专用章，如图 9-1 和图 9-2 所示。

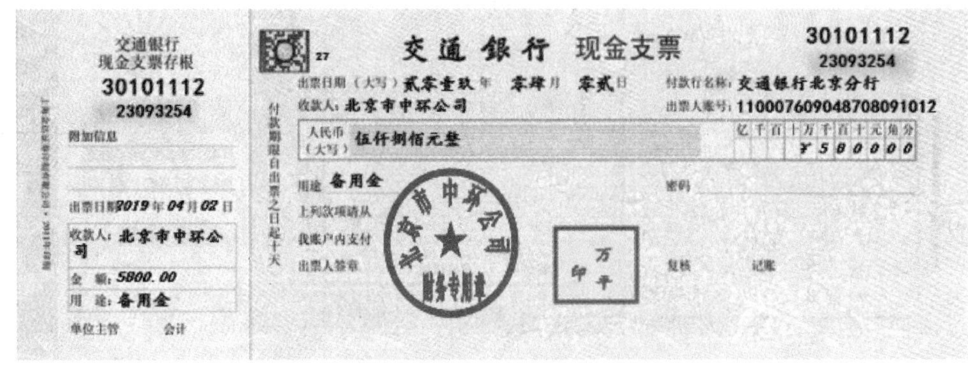
交通银行
现金支票存根
30101112
23093254
附加信息
出票日期2019年04月02日
收款人：北京市中环公司
金　额：5800.00
用　途：备用金
单位主管　　会计

交通银行　现金支票　30101112　23093254
出票日期（大写）贰零壹玖年　零肆月　零贰日　付款行名称：交通银行北京分行
收款人：北京市中环公司　出票人账号：110007609048708091012
人民币（大写）伍仟捌佰元整　亿千百十万千百十元角分　¥580000
付款期限自出票之日起十天
用途　备用金　密码
上列款项请从
我账户内支付
出票人签章　复核　记账

图 9-1　现金支票正联及存根

附加信息：
收款人签章
2019年04月02日
身份证件名称：　发证机关：
号码
（贴粘单处）
根据《中华人民共和国票据法》等法律法规的规定，签发空头支票由中国人民银行处以票面金额5%但不低于1000元的罚款。

图 9-2　现金支票正联背面

第三步，出纳将现金支票正联剪下，送交开户银行，办理提现手续。

第四步，出纳将现金支票存根传给总账报表会计，用以填制记账凭证（见表 9-5）。

表 9-5　　记账凭证

2019 年 4 月 2 日　　记字第 1 号

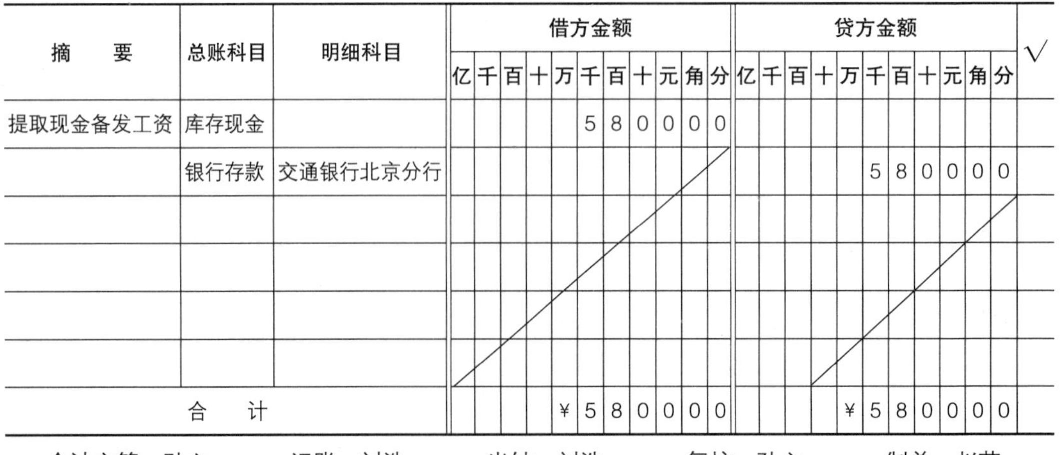

摘要	总账科目	明细科目	借方金额											贷方金额											√
			亿	千	百	十	万	千	百	十	元	角	分	亿	千	百	十	万	千	百	十	元	角	分	
提取现金备发工资	库存现金							5	8	0	0	0	0												
	银行存款	交通银行北京分行																	5	8	0	0	0	0	
合　计							¥	5	8	0	0	0	0					¥	5	8	0	0	0	0	

会计主管：孙立　　记账：刘浩　　出纳：刘浩　　复核：孙立　　制单：赵莉

附单据 1 张

点拨

实际工作中，有些企业的提现和现金送存银行等业务的记账凭证填制由出纳完成。上例假定由总账报表会计负责填制。

第五步，出纳对财务部负责人审核无误的记账凭证进行复核，复核无误后登记银行存款日记账（见表 9–6）和库存现金日记账（见表 9–7）。

表 9–6　　　　银行存款日记账

第 3 页

开户行：交通银行北京分行

账　号：110007609048708091012

2019 年		凭证		摘　要	借　方											贷　方											余　额											核对
月	日	种类	号数		亿	千	百	十	万	千	百	十	元	角	分	亿	千	百	十	万	千	百	十	元	角	分	亿	千	百	十	万	千	百	十	元	角	分	
4	1			期初余额																										3	0	2	5	2	5	0	0	
4	2	记	1	提现备用																	5	8	0	0	0	0				2	9	6	7	2	5	0	0	

表 9–7　　　　库存现金日记账

2019 年		凭证		票据号数	摘　要	借　方									贷　方									余　额									核对
月	日	种类	号数			百	十	万	千	百	十	元	角	分	百	十	万	千	百	十	元	角	分	百	十	万	千	百	十	元	角	分	
4	1				期初余额																						5	6	0	0	0	0	
4	2	记	1		提现备用				5	8	0	0	0	0												1	1	4	0	0	0	0	

2. 现金送存业务

例 9–2

2019 年 4 月 5 日，北京市中环公司出纳将收取的现金 3 500 元（100 元纸币 30 张、50 元纸币 4 张、10 元纸币 30 张）存入银行。

该业务处理过程如下：

第一步，出纳清点票币，不足一卷的一般不送存银行，留备找零。

第二步，出纳填写现金存款凭条，将它和现金一并交银行收款，银行核对后加盖“现金收讫”章，如图 9–3 所示。

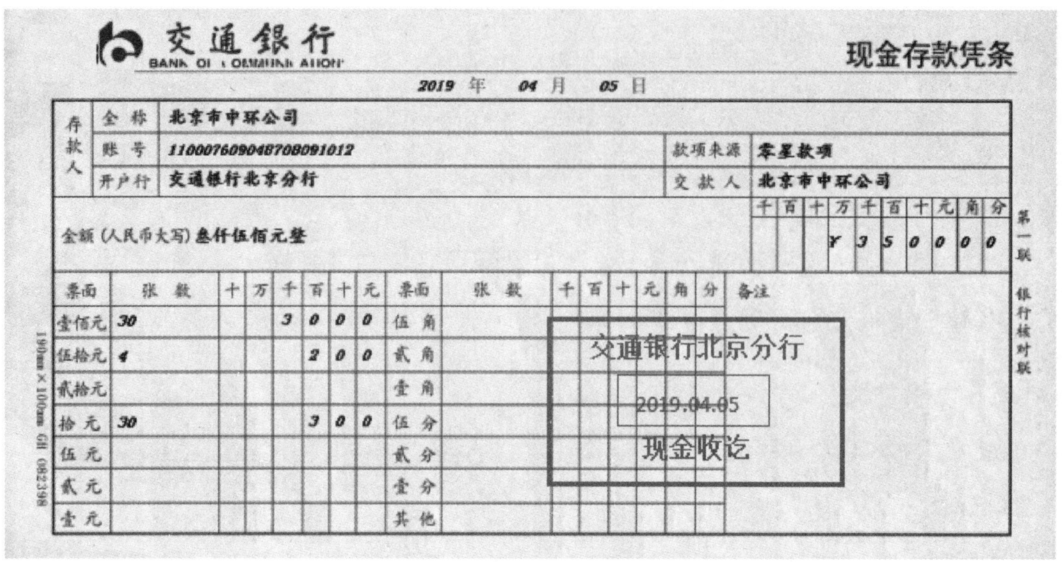

交通银行 BANK OF COMMUNICATIONS　　现金存款凭条

2019 年 04 月 05 日

存款人	全称	北京市中环公司		
	账号	110007609048708091012	款项来源	零星款项
	开户行	交通银行北京分行	交款人	北京市中环公司

金额（人民币大写）叁仟伍佰元整	千	百	十	万	千	百	十	元	角	分
				¥	3	5	0	0	0	0

券面	张数	十	万	千	百	十	元	券面	张数	千	百	十	元	角	分	备注
壹佰元	30			3	0	0	0	伍角								
伍拾元	4				2	0	0	贰角								
贰拾元								壹角								
拾元	30				3	0	0	伍分								
伍元								贰分								
贰元								壹分								
壹元								其他								

交通银行北京分行　2019.04.05　现金收讫

第一联　银行核对联

190mm×100mm　GH 082398

图 9-3　现金存款凭条

第三步，出纳将盖有银行“现金收讫”章的现金存款凭条第一联取回，经财务部负责人审核后，总账报表会计据以填制记账凭证，见表 9-8。

表 9-8　　记账凭证

2019 年 6 月 10 日　　记字第 2 号

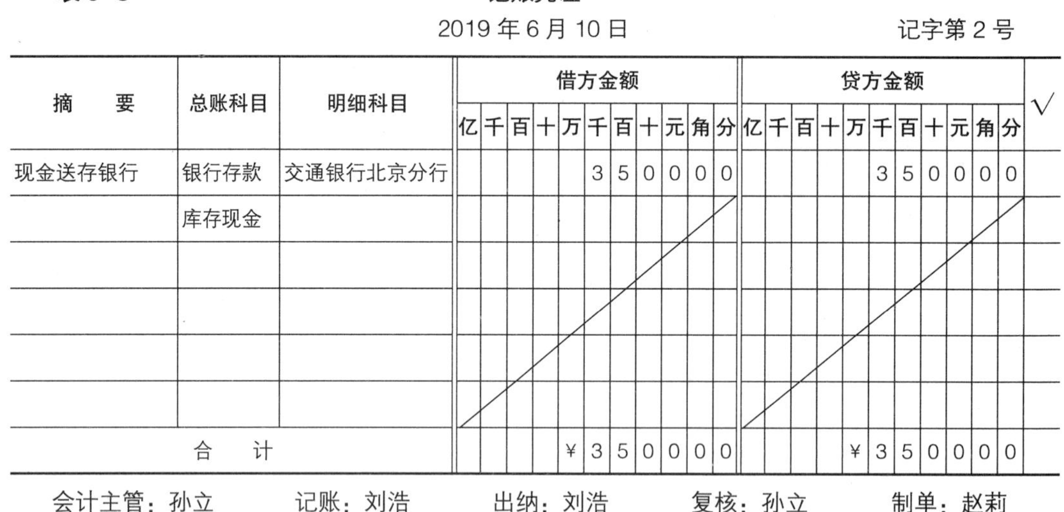

摘要	总账科目	明细科目	借方金额											贷方金额											√
			亿	千	百	十	万	千	百	十	元	角	分	亿	千	百	十	万	千	百	十	元	角	分	
现金送存银行	银行存款	交通银行北京分行						3	5	0	0	0	0												
	库存现金																		3	5	0	0	0	0	
合计							¥	3	5	0	0	0	0					¥	3	5	0	0	0	0	

会计主管：孙立　　记账：刘浩　　出纳：刘浩　　复核：孙立　　制单：赵莉

附单据 1 张

第四步，出纳对财务部负责人审核无误的记账凭证进行复核，无误后登记库存现金日记账和银行存款日记账。

3. 转账支票业务——收款

例 9-3

2019 年 4 月 10 日，北京市中环公司收到北京华大科技公司（开户银行为中国工商银行北京海淀支行，账号为8142045276341443）转账支票一张（票号为NI58964）50 000元，偿付之前所欠货款，当日存入公司银行账户。

该业务处理过程如下：

第一步，出纳填写进账单，将转账支票送交本公司开户银行进账，银行盖“转讫”章。出纳将进账单回单联带回，做收款凭据，如图9-4所示。

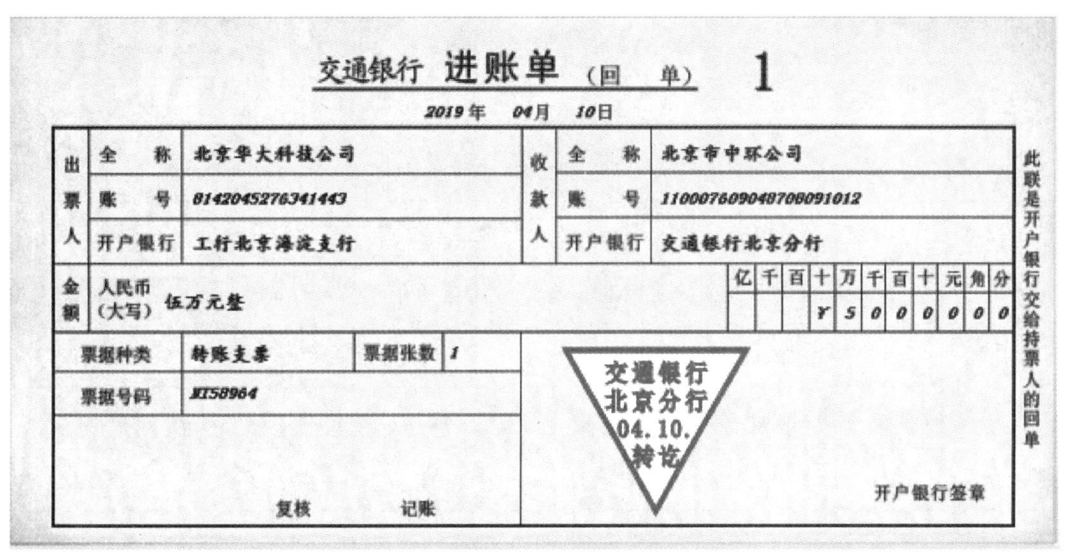

交通银行 进账单（回　单） 1

2019年 04月 10日

出票人			收款人		
全称	北京华大科技公司		全称	北京市中环公司	
账号	8142045276341443		账号	110007609048708091012	
开户银行	工行北京海淀支行		开户银行	交通银行北京分行	
金额	人民币（大写）	伍万元整		￥5000000	
票据种类	转账支票	票据张数 1			
票据号码	NI58964				
复核	记账		开户银行签章		

交通银行北京分行04.10.转讫

此联是开户银行交给持票人的回单

图9-4　进账单

第二步，回单联经财务部负责人审核后，交给收入、费用、利润会计填制记账凭证，见表9-9。

表9-9　记账凭证

2019年4月10日　记字第3号

摘要	总账科目	明细科目	借方金额											贷方金额											√
			亿	千	百	十	万	千	百	十	元	角	分	亿	千	百	十	万	千	百	十	元	角	分	
收到前欠货款	银行存款	交通银行北京分行					5	0	0	0	0	0	0												
	应收账款	北京华大科技公司																5	0	0	0	0	0	0	
合计						¥	5	0	0	0	0	0	0				¥	5	0	0	0	0	0	0	

会计主管：孙立　记账：刘浩　出纳：刘浩　复核：孙立　制单：赵莉

附单据1张

第三步，出纳根据财务部负责人审核无误的记账凭证登记银行存款日记账。

4. 转账支票业务——付款

例 9-4

2019 年 4 月 14 日，从北京华大科技公司（增值税一般纳税人，纳税人识别号为 420563426735637）购入材料 1 批，货款共计 2 700 000 元，增值税为 351 000 元。开出交通银行转账支票 1 张，票号为 23909014，用以支付全额货款。增值税专用发票已收到，货物已验收入库。采购材料明细表见表 9-10。

表 9-10　　采购材料明细表

商品编号	商品名称	型号	数量（台）	单价（元/台）	金额（元）
C01	Z 型电动机	ZD0001	2 000	450	900 000
C02	离心式风机	LF0002	2 000	250	500 000
C03	Y 型电动机	YZ0001	4 000	200	800 000
C04	电热元件	DR0002	5 000	100	500 000

该业务处理过程如下：

第一步，出纳复核业务凭证，开具转账支票，如图 9-5 所示。

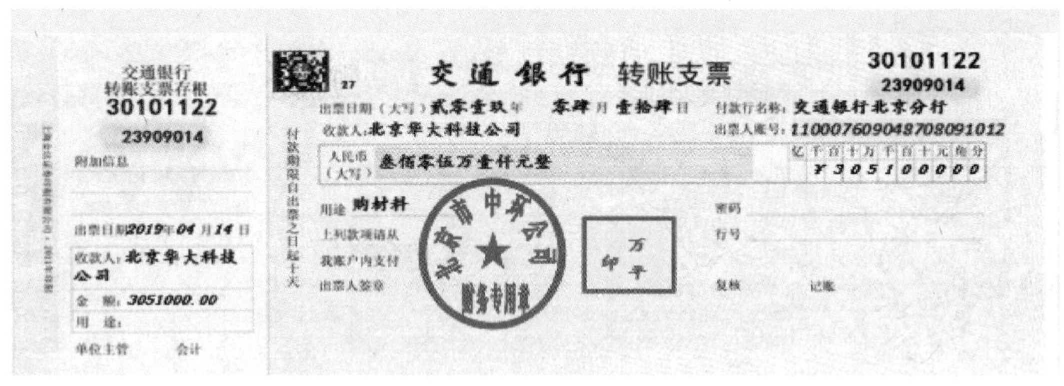

交通银行
转账支票存根
30101122
23909014
附加信息
出票日期 2019 年 04 月 14 日
收款人：北京华大科技公司
金　额：3051000.00
用　途：
单位主管　　会计

交通银行　转账支票　30101122 23909014
出票日期（大写）贰零壹玖年 零肆月 壹拾肆日　付款行名称：交通银行北京分行
收款人：北京华大科技公司　出票人账号：110007609048708091012
人民币（大写）叁佰零伍万壹仟元整　¥305100000
用途 购材料　密码
上列款项请从我账户内支付　行号
出票人签章　复核　记账
付款期限自出票之日起十天

图 9-5　转账支票

第二步，将增值税专用发票（如图 9-6 所示）、转账支票存根、入库单（见表 9-11）一起传给会计填制记账凭证（见表 9-12）。

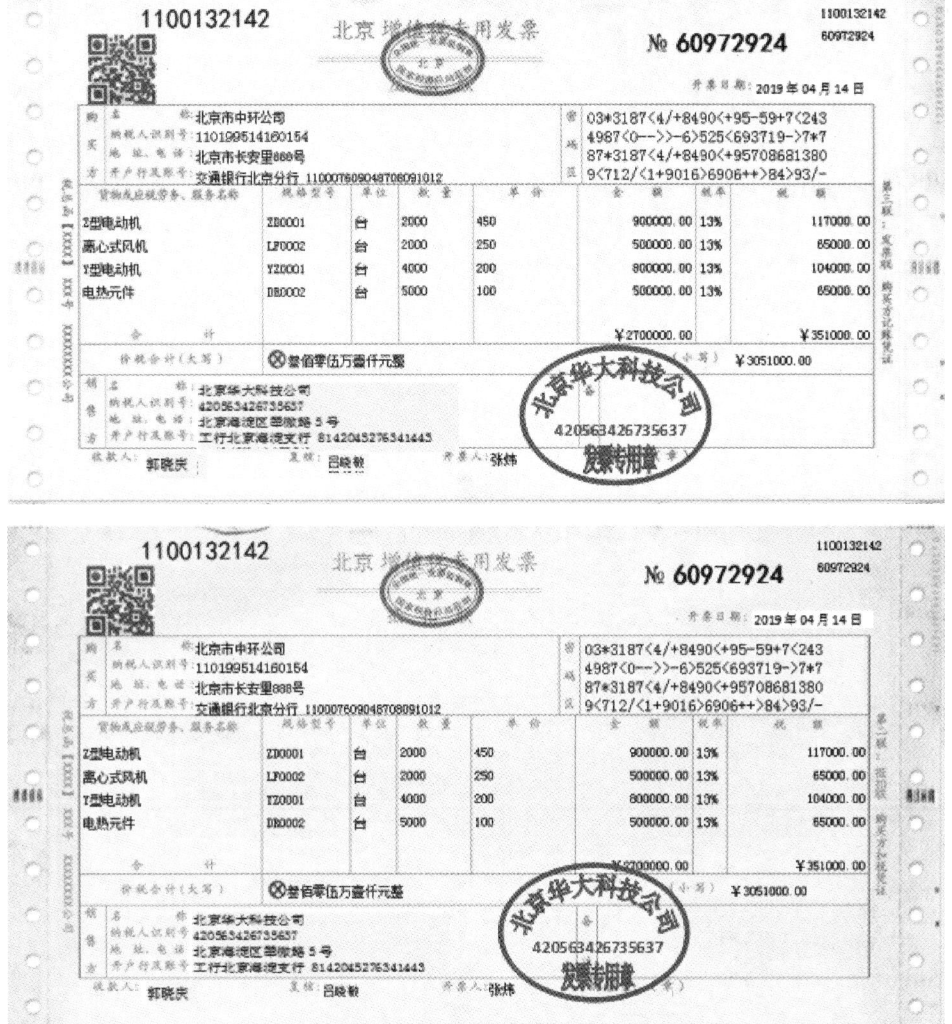

1100132142　北京增值税专用发票　№ 60972924　1100132142 60972924

开票日期：2019 年 04 月 14 日

购买方　名称：北京市中环公司
纳税人识别号：110199514160154
地址、电话：北京市长安里888号
开户行及账号：交通银行北京分行 110007609048708091012

密码区：03*3187<4/+8490<+95-59+7<243
4987<0-->>-6>525<693719->7*7
87*3187<4/+8490<+95708681380
9<712/<1+9016>6906++>84>93/-

货物或应税劳务、服务名称	规格型号	单位	数量	单价	金额	税率	税额
Z型电动机	ZD0001	台	2000	450	900000.00	13%	117000.00
离心式风机	LF0002	台	2000	250	500000.00	13%	65000.00
Y型电动机	YZ0001	台	4000	200	800000.00	13%	104000.00
电热元件	DR0002	台	5000	100	500000.00	13%	65000.00
合　计					¥2700000.00		¥351000.00

价税合计（大写）⊗叁佰零伍万壹仟元整　（小写）¥3051000.00

销售方　名称：北京华大科技公司
纳税人识别号：420563426735637
地址、电话：北京海淀区翠微路 5 号
开户行及账号：工行北京海淀支行 8142045276341443

北京华大科技公司 420563426735637 发票专用章

收款人：郭晓庆　复核：吕晓敏　开票人：张炜

第三联：发票联 购买方记账凭证

1100132142　北京增值税专用发票　№ 60972924　1100132142 60972924

开票日期：2019 年 04 月 14 日

购买方　名称：北京市中环公司
纳税人识别号：110199514160154
地址、电话：北京市长安里888号
开户行及账号：交通银行北京分行 110007609048708091012

密码区：03*3187<4/+8490<+95-59+7<243
4987<0-->>-6>525<693719->7*7
87*3187<4/+8490<+95708681380
9<712/<1+9016>6906++>84>93/-

货物或应税劳务、服务名称	规格型号	单位	数量	单价	金额	税率	税额
Z型电动机	ZD0001	台	2000	450	900000.00	13%	117000.00
离心式风机	LF0002	台	2000	250	500000.00	13%	65000.00
Y型电动机	YZ0001	台	4000	200	800000.00	13%	104000.00
电热元件	DR0002	台	5000	100	500000.00	13%	65000.00
合　计					¥2700000.00		¥351000.00

价税合计（大写）⊗叁佰零伍万壹仟元整　（小写）¥3051000.00

销售方　名称：北京华大科技公司
纳税人识别号：420563426735637
地址、电话：北京海淀区翠微路 5 号
开户行及账号：工行北京海淀支行 8142045276341443

北京华大科技公司 420563426735637 发票专用章

收款人：郭晓庆　复核：吕晓敏　开票人：张炜

第二联：抵扣联 购买方扣税凭证

图 9-6　增值税专用发票

表 9-11　入库单

2019 年 4 月 14 日　　单号 00025478

交来单位及部门	采购部	发票号码或生产单号码	60972924	验收仓库	1 号仓库	入库日期	2019 年 4 月 14 日			
编号	名称及型号	单位	数量		实际价格		计划价格		价格差异（元）	
			交库	实收	单价（元 / 台）	金额（元）	单价（元 / 台）	金额（元）		
C01	Z 型电动机 ZD0001	台	2 000	2 000	450.00	900 000.00				
C02	离心式风机 LF0002	台	2 000	2 000	250.00	500 000.00				
C03	Y 型电动机 YZ0001	台	4 000	4 000	200.00	800 000.00				
C04	电热元件 DR0002	台	5 000	5 000	100.00	500 000.00				
合　计						¥2 700 000.00				

会计联

部门经理：张丽　　会计：王丽　　仓库：张华　　经办人：艾峥

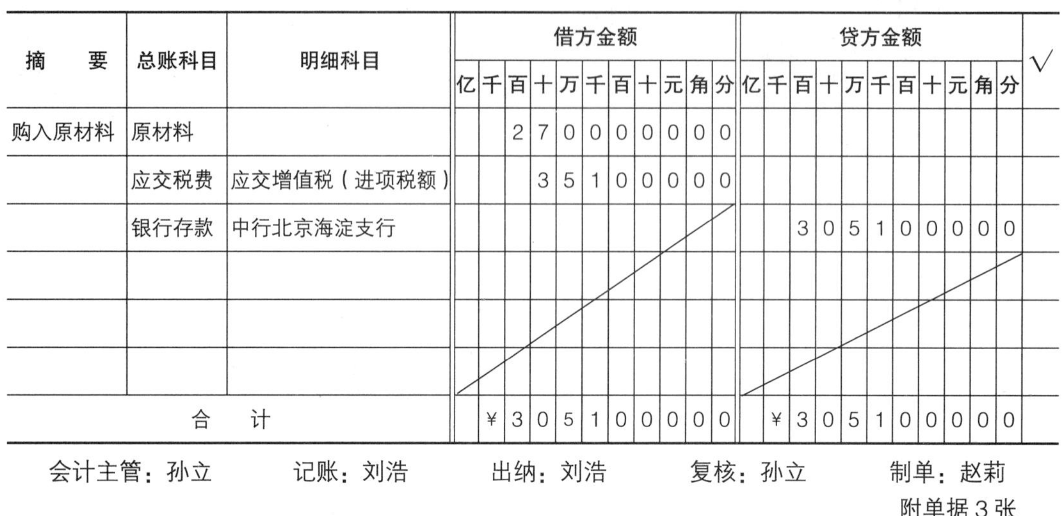

表 9-12　　记账凭证

2019 年 4 月 14 日　　记字第 4 号

摘　要	总账科目	明细科目	借方金额											贷方金额											√
			亿	千	百	十	万	千	百	十	元	角	分	亿	千	百	十	万	千	百	十	元	角	分	
购入原材料	原材料				2	7	0	0	0	0	0	0	0												
	应交税费	应交增值税（进项税额）				3	5	1	0	0	0	0	0												
	银行存款	中行北京海淀支行														3	0	5	1	0	0	0	0	0	
合　计				¥	3	0	5	1	0	0	0	0	0		¥	3	0	5	1	0	0	0	0	0	

会计主管：孙立　　记账：刘浩　　出纳：刘浩　　复核：孙立　　制单：赵莉

附单据 3 张

第三步，出纳根据财务部负责人审核无误的记账凭证登记银行存款日记账。

第二节　差旅费报销业务处理

一、业务流程

1. 填写费用申请单

出差前，出差人应当先填写一张出差申请单（见表 9-13），写明出差的人员、时间、地点、事由、所需经费等内容，经主管领导审核同意并签字批准，方能出差。

表 9-13　　出差申请单

单位：　　年　月　日

出差人			部门		职务	
出差事由						
暂支旅费		出差时间	自　年　月　日　时起 至　年　月　日　时止　共　日			
出差地点						
拟乘坐交通工具						
单位负责人			部门负责人		填表人	

2. 借支差旅费

如果出差人在出差前需要借支差旅费，则应填写借款单（见表 9–14），领取支票或现金借款作为出差的经费。有时，也会由出差人先垫付资金，等出差回来后再到财务部门办理报销手续。

表 9–14　　借款单

年　月　日

<table>
<tr><td>借款部门</td><td colspan="3"></td></tr>
<tr><td>借款理由</td><td colspan="3"></td></tr>
<tr><td>借款数额</td><td colspan="3">人民币（大写）　　¥________</td></tr>
<tr><td>本部门负责人意见</td><td></td><td colspan="2">借款人（签章）</td></tr>
<tr><td>领导批示</td><td colspan="2">会计主管审批</td><td>付款记录
年　月　日以第　号支票或现金支出凭单付给</td></tr>
</table>

3. 出差归来整理报销票据

出差期间，无论是使用支票还是使用现金，出差人都应及时向对方索取发票，同时要保证发票上填写的时间、项目、金额真实准确、内容完整。也就是说，每一笔支出都应当有相应的发票记录和证明。为了便于会计核算和票据保管，报销人还需要将各种发票分类整理，并按要求粘贴在票据粘贴单上。

4. 填写差旅费报销单

整理好票据后，报销人应将这些票据附在差旅费报销单（见表 9–15）后面，并以此为据，使用黑色墨水笔填写差旅费报销单。其中，“日期”为填单日期，“部门”为出差人员所在部门，“附件张数”为后附票据的张数。应按实际情况写明出差人、级别、出差事由、出发到达的时间和地点，以及所乘坐的交通工具、发生的交通费用。一般企业安排人员出差会有相应补贴，出差补贴按往返的自然天数乘以补贴标准计算。“其他费用”栏一般填写出差期间发生的住宿费、市内交通费之类的杂费，这些项目按实际情况填写即可。最后，加总报销项目的总金额，并根据预借差旅费情况计算应补（退）金额。

表 9-15 差旅费报销单

部门： 年 月 日 附件 张 元

<table>
<tr><td colspan="3">出差人</td><td colspan="3"></td><td colspan="2">级别</td><td colspan="2"></td><td colspan="3">出差事由</td><td colspan="3"></td></tr>
<tr><td colspan="4">出发</td><td colspan="4">到达</td><td rowspan="2">交通工具</td><td colspan="2">交通费</td><td colspan="2">出差补贴</td><td colspan="3">其他费用</td></tr>
<tr><td>月</td><td>日</td><td>时</td><td>地点</td><td>月</td><td>日</td><td>时</td><td>地点</td><td>票据张数</td><td>金额</td><td>天数</td><td>金额</td><td>项目</td><td>票据张数</td><td>金额</td></tr>
<tr><td></td><td></td><td></td><td></td><td></td><td></td><td></td><td></td><td></td><td></td><td></td><td></td><td></td><td>住宿费</td><td></td><td></td></tr>
<tr><td></td><td></td><td></td><td></td><td></td><td></td><td></td><td></td><td></td><td></td><td></td><td></td><td></td><td>市内交通费</td><td></td><td></td></tr>
<tr><td></td><td></td><td></td><td></td><td></td><td></td><td></td><td></td><td></td><td></td><td></td><td></td><td></td><td>通信费</td><td></td><td></td></tr>
<tr><td></td><td></td><td></td><td></td><td></td><td></td><td></td><td></td><td></td><td></td><td></td><td></td><td></td><td>其他</td><td></td><td></td></tr>
<tr><td colspan="9">合计</td><td></td><td></td><td></td><td></td><td>合计</td><td></td><td></td></tr>
<tr><td colspan="3" rowspan="2">报销总额</td><td colspan="7" rowspan="2">人民币（大写） ¥________</td><td rowspan="2">预借旅费</td><td colspan="2" rowspan="2">¥</td><td>补偿金额</td><td colspan="2">¥</td></tr>
<tr><td>退还金额</td><td colspan="2">¥</td></tr>
<tr><td colspan="3">部门负责人</td><td colspan="3"></td><td colspan="3">财务部负责人</td><td colspan="3"></td><td colspan="2">单位负责人</td><td colspan="2"></td></tr>
</table>

审核： 出纳： 借款人：

5. 审批和报销

填好的报销单需要先交给所属的部门负责人审核。部门负责人要确认每一笔支出是否真实合理，在审核的票据上要注明“已核”或“属实”字样，并同时签署名字和日期。

部门负责人签字后，报销人再将报销单送交财务部门进一步审核，并由财务部负责人签字认可。最后，上报单位负责人签字审批，单位负责人签字后视为同意财务部门付款报销，报销人即可将审批后的差旅费报销单交给出纳办理款项结算。

点拨

快速有效审核票据的方法

一看外观。审核票据粘贴是否规范，字迹有无涂改。

二看金额。审核各项费用金额大小写是否与后附原始票据金额相符。

三看内容。审核各项费用是否切合实际，有无虚报、多报。

四看签字。审核费用签批手续是否齐全。

二、报销票据的要求

各种票据是财务报销的依据，只有取得真实有效的票据才能证明发生了真实合理的业务。此时，财务人员才可以按照会计准则的要求入账。一般情况下，符合财务报销规范的票据应当满足以下要求：

第一，报销的企业发票均应有全国统一发票监制章，行政事业性收费和政府性基金票据应有省级以上财政部门的票据监（印）制章。

第二，内容填写应齐全。例如，客户名称应当填写完整的全称。如果购买物品，发票上必须填写商品名称、数量、单价、金额，并附有购货清单。

第三，取得的发票上必须盖有收款单位的发票专用章。

第四，报销票据上的合计总价计算正确，大小写金额应一致。

第五，报销票据上所填项目应当清晰可见，不得存在涂改、刮擦的迹象。如果发现票据开具金额有误，应当要求开票单位重新填开，不得直接在原始票据上更正。发现票据有其他错误的，应当要求开票单位重开或更正，更正处应加盖开票单位印章。

三、报销票据整理与粘贴

1. 报销票据整理

为方便票据的查询和保管，报销人取得票据后应予妥善保存，防止票据污损，并应当将手中形状各异的票据进行系统的分类整理。例如，差旅费票据通常须按照住宿、交通、餐饮、通信等类别分别粘贴。

对稍长于票据粘贴单的原始票据，在不影响票据内容清晰完整的前提下，可以将多余的部分剪掉，使票据和粘贴单大小一致。

当原始票据的页面超出票据粘贴单时，应先将票据与粘贴单上边线对齐或稍低于上边线。然后，将票据下方折叠成与下边线对齐。具体折叠方法如图 9-7 所示。

2. 报销票据粘贴

在粘贴报销票据时，要尽量做到整洁美观、便于查阅，其注意事项有以下几点：

一是附件不能使用订书钉等易锈蚀金属性物品固定，而应使用胶水粘贴。

二是将胶水涂抹在票据的左上角，正面朝上，沿着粘贴单装订线内侧和粘贴单上、下、左、右四个边依次均匀排开，横向粘贴，这样可以避免中间厚、四周薄的情况，便于会计凭证的装订整理。

三是对张数较多但页面较小的票据（如火车票、路桥费收据、定额发票等），应横向粘贴，从右至左，呈阶梯状依次摊开，如图 9-8 所示。粘好后再捏住粘贴单的左上角抖几下，检查是否有未粘住或未粘牢的现象。

四是最好将纸张大小和金额相同、内容相近的票据粘贴在一起。票据比较多时可使用多张粘贴单。

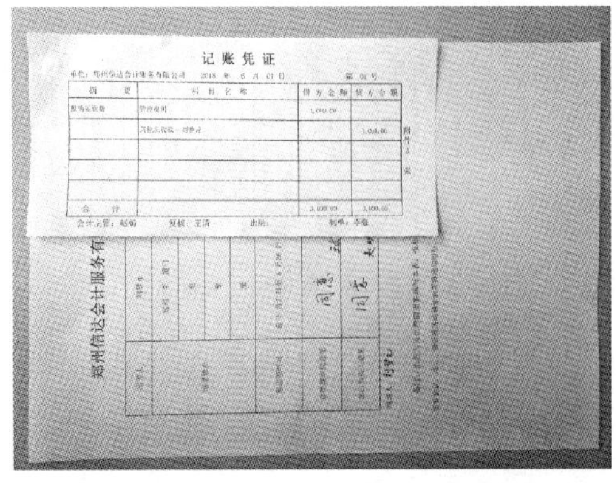
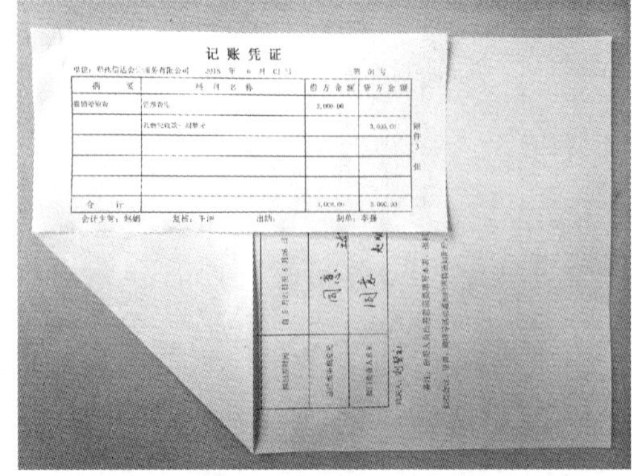
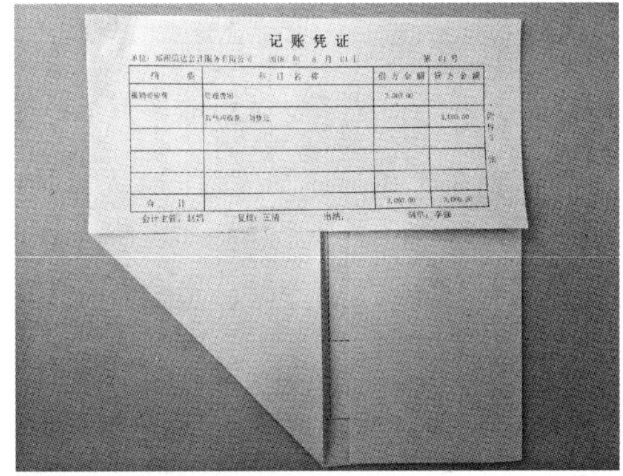
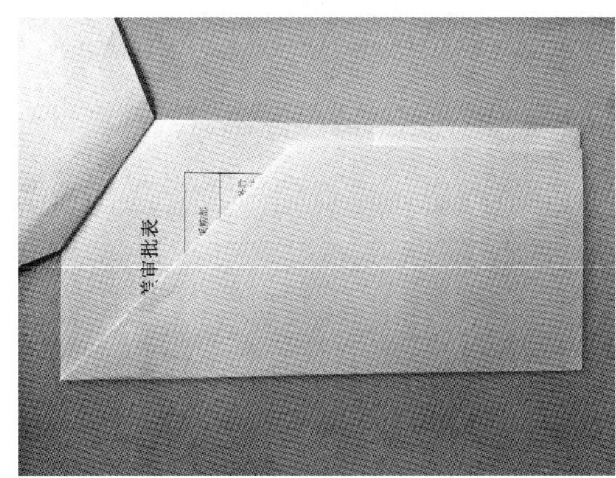

图 9-7　票据折叠方法示意图

图 9-8　票据粘贴方法

五是最好在粘贴单的空白处注明每一类票据的张数、金额和金额合计，以便统计附件张数和加总金额。

四、报销票据填写

将外来的报销票据整理好后，需要根据这些票据填写差旅费报销单，并把它们附在差旅费报销单后。

差旅费报销单相关事项的填写及相关人员的签名必须用黑色墨水笔书写，严禁使用圆珠笔填写或签名。填写时，应做到文字及金额正确、字迹工整、格式规范、无涂改乱画。若票据的金额栏内预印了固定的数位，则书写金额时大写金额首位前一栏空白处应填写符号“⊗”注销，小写金额首位前一栏空白处应填写符号“¥”封口。若票据的金额栏内未预印固定的数位，则书写金额时大写金额应紧接在“人民币”3 个字后面书写，小写金额应写至角、分位。大写金额与小写金额应一致，报销单金额与所附票据金额应一致。正确的大写数字是：壹、贰、叁、肆、伍、陆、柒、捌、玖、拾、佰、仟、万、亿，货币单位是：圆、角、分、零、整。

第三节　读懂财务报表

财务报表是一套汇总企业重要财务信息的专用表格，主要包括资产负债表、利润表和现金流量表。这三张报表可以反映一个企业近期的偿债能力、营运能力、盈利能力和资金状况。

一、财务报表提供的信息

1. 资产负债表提供的信息

资产负债表清晰地列明了截至会计期末，企业拥有多少资产、负债和所有者权益，资产负债表提供的信息见表 9-16。

表 9-16　　资产负债表提供的信息

总体信息	具体内容
企业资产分布情况	企业的总资产有多少，具体包括哪些资产。其中，有多少是变现能力强的流动资产，多少是变现能力弱的非流动资产
企业负债分布情况	企业的负债总额有多少，具体包括哪些负债。其中，哪些需要在 1 年内偿还，哪些可以在 1 年以后偿还
企业净资产构成情况	投资者投入企业的资本金有多少，这些投入在经营中所赚取的利润又有多少留在了企业
企业偿债能力	企业有多少资产可以保障各项负债如期偿还

2. 利润表提供的信息

利润表是反映企业在一定期间（如某月、某年）经营成果的财务报表。通过这张报表，企业在某一会计期间是盈利还是亏损一目了然。利润表提供的信息见表 9–17。

表 9–17　　利润表提供的信息

总体信息	具体内容
企业收入情况	是日常的营业收入和投资收益多，还是偶然的营业外收入多
企业成本费用支出	企业的营业成本、税金、销售费用、管理费用、财务费用、营业外支出、所得税费用等各发生了多少
企业获利能力	取得的收入能为企业带来多大的利润

3. 现金流量表提供的信息

现金流量表可以反映企业在某一会计期间分别从经营活动、筹资活动、投资活动中流入多少现金，又曾经把这些钱用到哪些地方，最终还剩下多少钱。

二、阅读财务报表的简要流程

资产负债表、利润表、现金流量表三张报表虽然结构简单，却提供了众多的财务信息。下面以常用的资产负债表和利润表为例介绍阅读财务报表的简要流程。

1. 把握总额和结果

对于资产负债表，首先应关注资产、负债和所有者权益的总额，了解目前企业的资产有多少，较前期是增是减，增减的原因是什么。例如，光明公司 2019 年年底的资产负债表见表 9–18。

表 9–18　　资产负债表

编制单位：光明公司　　2019 年 12 月 31 日　　元

资产	期末余额	上年年末余额	负债和所有者权益（或股东权益）	期末余额	上年年末余额
流动资产：			流动负债：		
货币资金	2 665 944	1 737 938	短期借款	912 200	642 600
交易性金融资产	76 032	83 916	交易性金融负债		
衍生金融资产			衍生金融负债		
应收票据	108 000	144 000	应付票据	405 216	514 260
应收账款	1 058 000	1 701 450	应付账款	440 218	1 383 570
应收款项融资			预收款项	468 000	146 268
预付款项	266 000	382 914	合同负债		
其他应收款	684 684	376 110	应付职工薪酬	507 294	824 405

续表

资产	期末余额	上年年末余额	负债和所有者权益（或股东权益）	期末余额	上年年末余额
存货	5 769 814	6 096 834	应交税费	399 888	545 544
合同资产			其他应付款	1 637 310	1 623 240
持有待售资产			持有待售负债		
一年内到期的非流动资产			一年内到期的非流动负债	450 000	450 000
其他流动资产			其他流动负债		
流动资产合计	10 628 474	10 523 162	流动负债合计	5 220 126	6 129 887
非流动资产：			非流动负债：		
债权投资	1 414 800	1 049 850	长期借款	2 663 136	3 272 400
其他债权投资			应付债券		
长期应收款			其中：优先股		
长期股权投资			永续债		
其他权益工具投资			租赁负债		
其他非流动金融资产			长期应付款	499 000	607 000
投资性房地产			预计负债		
固定资产	5 826 366	6 395 726	递延收益		
在建工程	1 954 502	1 253 214	递延所得税负债		
生产性生物资产			其他非流动负债		
油气资产			非流动负债合计	3 162 136	3 879 400
使用权资产			负债合计	8 382 262	10 009 287
无形资产	253 584	324 612	所有者权益（或股东权益）：		
开发支出			实收资本（或股本）	8 060 000	7 200 000
商誉			其他权益工具		
长期待摊费用	547 200	616 500	其中：优先股		
递延所得税资产			永续债		
其他非流动资产			资本公积	663 916	654 187
非流动资产合计	9 996 452	9 639 902	减：库存股		
			其他综合收益		
			专项储备		
			盈余公积	3 137 760	2 186 154
			未分配利润	380 988	113 436
			所有者权益（或股东权益）合计	12 242 664	10 153 777
资产总计	20 624 926	20 163 064	负债和所有者权益（或股东权益）总计	20 624 926	20 163 064

从上表可以看出，光明公司 2019 年年末的资产总额比年初上升了，年末的负债总额与年初相比下降了，而年末的所有者权益总额比年初大，说明企业资产规模在扩大。这种增长不是依靠举借债务，而是靠所有者权益的增加即自身经营的积累带来的，这是一种健康的发展趋势。因此，从观察总额入手可以把握企业财务状况的发展方向。

点拨

总体来看，可以从资产负债表右边看企业的融资和实力，从左边看企业的经营策略。

对于利润表，应当首先关注报表最后一行的净利润，即赚了多少钱（见表 9-19）。

表 9-19　　利润表

编制单位：光明公司　　2019 年 12 月　　元

项目	本期金额	上期金额
一、营业收入	8 580 260	6 372 900
减：营业成本	6 364 500	3 646 560
税金及附加	674 350	734 788
销售费用	623 660	712 300
管理费用	441 960	321 780
研发费用		
财务费用	158 880	186 480
其中：利息费用	60 000	80 000
利息收入	1 120	2 000
加：其他收益		
投资收益（损失以“-”号填列）	665 780	788 860
其中：对联营企业和合营企业的投资收益		
以摊余成本计量的金融资产终止确认收益（损失以“-”号填列）		
净敞口套期收益（损失以“-”号填列）		
公允价值变动收益（损失以“-”号填列）	700 000	196 800
信用减值损失（损失以“-”号填列）		
资产减值损失（损失以“-”号填列）	-10 000	-10 000
资产处置收益（损失以“-”号填列）		
二、营业利润（亏损以“-”号填列）	1 672 690	1 746 652
加：营业外收入	413 280	456 500

续表

项目	本期金额	上期金额
减：营业外支出	644 960	796 350
三、利润总额（亏损总额以“-”号填列）	1 441 010	1 406 802
减：所得税费用	801 850	826 862
四、净利润（净亏损以“-”号填列）	639 160	579 940
（一）持续经营净利润（净亏损以“-”号填列）	639 160	579 940
（二）终止经营净利润（净亏损以“-”号填列）		
五、其他综合收益的税后净额		
（一）不能重分类进损益的其他综合收益		
（二）将重分类进损益的其他综合收益		
六、综合收益总额	639 160	579 940
七、每股收益：		
（一）基本每股收益		
（二）稀释每股收益		

注：假设营业收入均为销售收入，营业成本均为销售成本。

2. 观察细节和变化

观察财务报表细节和变化的顺序如图 9-9 所示。

资产负债表从上往下看，逐个项目观察，看各类资产、负债、所有者权益的分布情况。然后从左向右看哪个数字变化最大，变化速度最快，从而发现导致总额变化的主要原因。

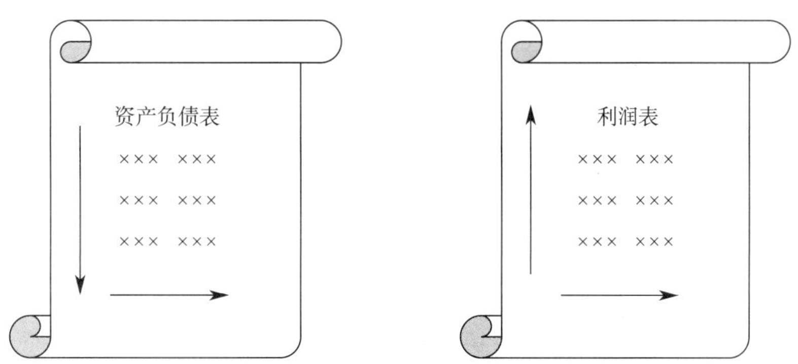

图 9-9 观察财务报表细节和变化的顺序

以表 9-18 为例，光明公司资产总额增加的原因是所有者权益增加了。而所有者权益之所以增加，一是由于实收资本增加，说明企业的投资者继续把资金注入企业；二是由于企业盈余公积、未分配利润增加。所有者权益后两项的增加说明企业实现了盈利，而且未分配利润的增幅最大，这进一步验证了企业经营状况良好的结论。

利润表从下往上看，可以发现企业利润来源所在。其中，企业的营业利润是日常经营活动所得，最能代表企业的盈利水平。如果一个企业赚了很多钱，但大多是通过无法控制的事项或偶然交易获得的，那么这种盈利状况很可能只是昙花一现。然后，从左向右看利润表，将本期数和上期数进行比较，看业绩是否有所提升。

以表 9–19 为例，光明公司本年营业利润较上年有一定提升，而且其增幅大于利润总额的增幅，说明企业今年的经营业绩较好。

三、根据财务报表分析企业经营情况

按照上述流程，可以大致了解企业的财务状况和经营成果的基本情况。但是，要想准确判断企业的经营状况，还需要借助一些财务指标对企业的财务信息进行一系列常规检查。

1. 偿债能力

（1）资产负债率

该指标表明企业负债占资产的比重，通常可以用来检查企业的财务状况是否稳定。该指标越小，说明企业的长期偿债能力越强，但并非对所有人来说都是越小越好。对债权人而言，负债率越小越好，因为这表明企业偿债更有保障；对投资者而言，负债率过小说明企业较多利用自有资本维持生产经营，较少发挥借入资金的财务杠杆作用获取收益。因此，企业的负债要适当，一般来说，较为理想的资产负债率不超过 50%。

$$资产负债率 = 负债总额 \div 资产总额 \times 100\%$$

例 9–5

根据表 9–18 计算该企业 2019 年年初及年末的资产负债率。

$$2019\ 年年初资产负债率 = 10\ 009\ 287 \div 20\ 163\ 064 \times 100\% \approx 49.64\%$$

$$2019\ 年年末资产负债率 = 8\ 382\ 262 \div 20\ 624\ 926 \times 100\% \approx 40.64\%$$

（2）流动比率

该指标表示每一元流动负债有多少元流动资产作为偿付担保，反映了企业偿付短期负债的能力。对企业来说，流动比率过高表明企业资产利用率低下，管理松懈，没有充分运用目前的借款能力，经营过于保守。流动比率过低，则表明企业短期偿债能力较弱，财务风险较大。一般来说，该比率的理想值为 2。

$$流动比率 = 流动资产 \div 流动负债$$

点拨

为什么流动比率为 2 比较理想?

流动资产中变现能力最差的存货约占流动资产的一半，剩下的流动性较大的流动资产至少要等于流动负债，这样企业的短期偿债能力才有保证。

例 9-6

根据表 9-18 计算该企业 2019 年年初及年末的流动比率。

2019 年年初流动比率 =10 523 162÷6 129 887≈1.72

2019 年年末流动比率 =10 628 474÷5 220 126≈2.04

(3)速动比率

速动比率是在流动比率的基础上，将变现能力最差的存货从流动资产中剔除，以便更准确地反映企业短期偿债能力。一般来说，速动比率的理想值为 1。如果一个企业的速动比率大于 1，则表明其短期偿债能力比较强。但有时也存在例外情况，例如，账面上存在大量呆账，或是应收账款余额的季节性变化较大时，即使该指标大于 1 也不能保证企业的偿债能力强。

速动比率 =(流动资产 - 存货)÷ 流动负债

例 9-7

根据表 9-18 计算该企业 2019 年年初及年末的速动比率。

2019 年年初速动比率 =(10 523 162-6 096 834)÷6 129 887≈0.72

2019 年年末速动比率 =(10 628 474-5 769 814)÷5 220 126≈0.93

2. 营运能力

(1)应收账款周转率

该比率反映了企业应收账款变现速度的快慢和管理效率的高低。分子的“销售收入”为时期数，因此分母“应收账款”应与之口径相同，计算该时期“应收账款”平均余额。一般来说，应收账款周转率越高，平均收账期越短，说明应收账款的收回越快。此外，该指标还可以配合速动比率验证企业短期偿债能力的强弱。

应收账款周转率 = 销售收入 ÷ 应收账款平均余额

应收账款平均余额 =(应收账款期初余额 + 应收账款期末余额)÷2

例 9-8

已知光明公司 2019 年应收账款账户的年初余额为 1 701 450 元，年末余额为

1 058 000 元，根据表 9–18、表 9–19 计算该企业 2019 年应收账款周转率。

2019 年应收账款周转率 =8 580 260÷［（1 701 450+1 058 000）÷2］≈6.22（次）

（2）存货周转率

该比率反映了企业的销售状况及存货资金占用状况。在正常情况下，存货周转率越高，即相应的周转天数越少，说明存货周转越快，相应的利润率也就越高。存货周转率综合反映了企业供、产、销的管理水平。

存货周转率 = 销售成本 ÷ 存货平均余额

存货平均余额 =（存货期初余额 + 存货期末余额）÷2

例 9–9

根据表 9–18、表 9–19 计算该企业 2019 年存货周转率。

2019 年存货周转率 =6 364 500÷［（5 769 814+6 096 834）÷2］≈ 1.07（次）

（3）总资产周转率

该指标反映资产总额的周转速度。周转越快，说明企业全部资产的使用效率越高。企业可以通过薄利多销的办法加速资产周转，从而带来利润绝对值的增加。

总资产周转率 = 销售收入 ÷ 总资产平均余额

总资产平均余额 =（资产期初余额 + 资产期末余额）÷2

例 9–10

根据表 9–18、表 9–19 计算该企业 2019 年总资产周转率。

2019 年总资产周转率 =8 580 260÷［（20 163 064+20 624 926）÷2］≈0.42（次）

3. 盈利能力

（1）销售净利率

该指标可以反映每取得一元销售收入带来的净利润有多少，代表了企业销售收入的获利能力。

销售净利率 = 净利润 ÷ 销售收入 ×100%

例 9–11

根据表 9–19 计算该企业 2019 年销售净利率。

2019 年销售净利率 =639 160÷8 580 260×100% ≈ 7.45%

（2）销售毛利率

该指标是企业销售净利率的基础，没有足够大的毛利率便不能盈利。

销售毛利率 =［（销售收入 – 销售成本）÷ 销售收入］×100%

例 9-12

根据表 9-19 计算该企业 2019 年销售毛利率。

2019 年销售毛利率 =（8 580 260−6 364 500）÷8 580 260×100% ≈ 25.82%

（3）资产净利率

该指标把企业在一定期间的净利润与企业的资产相比较，从而反映企业资产利用的综合效果。指标越高，表明资产的利用效率越高。

资产净利率 = 净利润 ÷ 总资产平均余额 ×100%

例 9-13

根据表 9-18、表 9-19 计算该企业 2019 年资产净利率。

2019 年资产净利率 =639 160÷［（20 163 064+20 624 926）÷2］×100%≈3.13%

思考与练习

1. 简述银行结算账户开立和撤销的程序。

2. 简述转账支票业务的处理方法。

3. 报销票据的要求有哪些?

4. 资产负债率、流动比率、速动比率分别反映了企业哪方面的经营状况?

5. 某公司采购部李芳受部门经理赵明安排由郑州赴北京采购一批设备，出差时间为 2019 年 8 月 4 日至 8 月 6 日。李芳于 2019 年 8 月 1 日提出申请，并借支差旅费 2 000 元。2019 年 8 月 7 日李芳出差归来，持经部门经理赵明、财务主管周涛、总经理方程审批后的差旅费报销单及相关发票（火车票 2 张共 486 元，住宿发票 1 张共 400 元，出租车发票 5 张共 150 元，出差补助 80 元 / 天共 240 元）报销差旅费 1 276 元，冲销月初预支款 2 000 元，余款 724 元缴回出纳处。出纳向其开具收款收据 1 张。

请根据上述资料，依次填写出差申请单（见表 9-20）、借款单（见表 9-21）、差旅费报销单（见表 9-22）及收款收据（见表 9-23），并编制相关会计分录。

表 9-20　　出差申请单

单位：　　　　　　　　　　　　　　　　年　　月　　日

<table>
<tr><td>出差人</td><td></td><td>部门</td><td></td><td>职务</td><td></td></tr>
<tr><td>出差事由</td><td colspan="5"></td></tr>
<tr><td>暂支旅费</td><td></td><td rowspan="3">出差时间</td><td colspan="3" rowspan="3">自　　年　　月　　日　　时起
至　　年　　月　　日　　时止　　共　　日</td></tr>
<tr><td>出差地点</td><td></td></tr>
<tr><td>拟乘坐
交通工具</td><td></td></tr>
<tr><td>单位负责人</td><td></td><td>部门负责人</td><td></td><td>填表人</td><td></td></tr>
</table>

表 9-21　　借款单

年　　月　　日

<table>
<tr><td>借款部门</td><td colspan="2"></td></tr>
<tr><td>借款理由</td><td colspan="2"></td></tr>
<tr><td>借款数额</td><td colspan="2">人民币（大写）　　　　　　¥________</td></tr>
<tr><td>本部门负责人意见</td><td></td><td>借款人（签章）</td></tr>
<tr><td>领导批示</td><td>会计主管审批</td><td>付款记录
　　年　月　日以第　号支票或现金支出凭单付给</td></tr>
</table>

表 9-22　　差旅费报销单

部门：　　　　　　　年　　月　　日　　　　附件　　张　　　元

<table>
<tr><td colspan="3">出差人</td><td colspan="3"></td><td colspan="3">级别</td><td colspan="3">出差事由</td><td colspan="4"></td></tr>
<tr><td colspan="4">出发</td><td colspan="4">到达</td><td rowspan="2">交通工具</td><td colspan="2">交通费</td><td colspan="2">出差补贴</td><td colspan="3">其他费用</td></tr>
<tr><td>月</td><td>日</td><td>时</td><td>地点</td><td>月</td><td>日</td><td>时</td><td>地点</td><td>票据张数</td><td>金额</td><td>天数</td><td>金额</td><td>项目</td><td>票据张数</td><td>金额</td></tr>
<tr><td></td><td></td><td></td><td></td><td></td><td></td><td></td><td></td><td></td><td></td><td></td><td></td><td></td><td>住宿费</td><td></td><td></td></tr>
<tr><td></td><td></td><td></td><td></td><td></td><td></td><td></td><td></td><td></td><td></td><td></td><td></td><td></td><td>市内交通费</td><td></td><td></td></tr>
<tr><td></td><td></td><td></td><td></td><td></td><td></td><td></td><td></td><td></td><td></td><td></td><td></td><td></td><td>通信费</td><td></td><td></td></tr>
<tr><td></td><td></td><td></td><td></td><td></td><td></td><td></td><td></td><td></td><td></td><td></td><td></td><td></td><td>其他</td><td></td><td></td></tr>
<tr><td colspan="9">合计</td><td></td><td></td><td></td><td></td><td>合计</td><td></td><td></td></tr>
<tr><td colspan="3" rowspan="2">报销
总额</td><td colspan="7" rowspan="2">人民币
（大写）　　　　　¥________</td><td rowspan="2">预借
旅费</td><td colspan="2" rowspan="2">¥</td><td>补偿金额</td><td colspan="2">¥</td></tr>
<tr><td>退还金额</td><td colspan="2">¥</td></tr>
<tr><td colspan="3">部门负责人</td><td colspan="4"></td><td colspan="3">财务部负责人</td><td colspan="3"></td><td>单位负责人</td><td colspan="2"></td></tr>
</table>

审核：　　　　　　　　出纳：　　　　　　　　借款人：

表 9-23　　　　收款收据

年　月　日　　　　收字第　号

收到：

金额：人民币（大写）　　　　¥________

事由：

（单位盖章）　　　　收款人：

6. 昌明公司 2019 年 12 月 31 日资产负债表和利润表分别见表 9-24 和表 9-25，请根据财务报表计算该公司 2019 年以下各项指标：资产负债率、流动比率、速动比率、应收账款周转率、存货周转率、销售净利率、销售毛利率、资产净利率。

表 9-24　　　　资产负债表

编制单位：昌明公司　　　　2019 年 12 月 31 日　　　　万元

资产	期末余额	上年年末余额	负债和所有者权益（或股东权益）	期末余额	上年年末余额
流动资产：			流动负债：		
货币资金	5 050	2 850	短期借款	485	650
交易性金融资产	175	425	交易性金融负债		
衍生金融资产			衍生金融负债		
应收票据	80	75	应付票据		
应收账款	3 855	3 500	应付账款	1 295	1 945
应收款项融资			预收款项		
预付款项	810	650	合同负债		
其他应收款			应付职工薪酬	975	585
存货	2 820	2 610	应交税费	2 590	1 620
合同资产			其他应付款		
持有待售资产			持有待售负债		
一年内到期的非流动资产			一年内到期的非流动负债	485	385
其他流动资产			其他流动负债		
流动资产合计	12 790	10 110	流动负债合计	5 830	5 185
非流动资产：			非流动负债：		
债权投资	1 650	975	长期借款	975	650
其他债权投资			应付债券	640	400

续表

资产	期末余额	上年年末余额	负债和所有者权益（或股东权益）	期末余额	上年年末余额
长期应收款			其中：优先股		
长期股权投资			永续债		
其他权益工具投资			租赁负债		
其他非流动金融资产			长期应付款		
投资性房地产			预计负债		
固定资产	6 280	5 650	递延收益		
在建工程			递延所得税负债		
生产性生物资产			其他非流动负债		
油气资产			非流动负债合计	1 615	1 050
使用权资产			负债合计	7 445	6 235
无形资产	75	90	所有者权益（或股东权益）：		
开发支出			实收资本（或股本）	5 850	4 860
商誉			其他权益工具		
长期待摊费用			其中：优先股		
递延所得税资产	55	75	永续债		
其他非流动资产			资本公积	2 370	1 560
非流动资产合计	8 060	6 790	减：库存股		
			其他综合收益		
			专项储备		
			盈余公积	3 240	2 595
			未分配利润	1 945	1 650
			所有者权益（或股东权益）合计	13 405	10 665
资产总计	20 850	16 900	负债和所有者权益（或股东权益）总计	20 850	16 900

表 9-25　　利润表

编制单位：昌明公司　　2019 年 12 月　　万元

项目	本期金额	上期金额
一、营业收入	53 500	40 580
减：营业成本	31 900	25 500
税金及附加	2 450	1 875

续表

项目	本期金额	上期金额
销售费用	1 750	1 575
管理费用	2 750	2 450
研发费用		
财务费用	195	165
其中：利息费用	263	235
利息收入	68	70
加：其他收益		
投资收益（损失以“-”号填列）	350	245
其中：对联营企业和合营企业的投资收益		
以摊余成本计量的金融资产终止确认收益（损失以“-”号填列）		
净敞口套期收益（损失以“-”号填列）		
公允价值变动收益（损失以“-”号填列）	25	15
信用减值损失（损失以“-”号填列）		
资产减值损失（损失以“-”号填列）		
资产处置收益（损失以“-”号填列）		
二、营业利润（亏损以“-”号填列）	14 830	9 275
加：营业外收入	165	195
减：营业外支出	95	120
三、利润总额（亏损总额以“-”号填列）	14 900	9 350
减：所得税费用	4 910	3 110
四、净利润（净亏损以“-”号填列）	9 990	6 240
（一）持续经营净利润（净亏损以“-”号填列）		
（二）终止经营净利润（净亏损以“-”号填列）		
五、其他综合收益的税后净额		
（一）不能重分类进损益的其他综合收益		
（二）将重分类进损益的其他综合收益		
六、综合收益总额	9 990	6 240
七、每股收益：		
（一）基本每股收益		
（二）稀释每股收益		

注：假设营业收入均为销售收入，营业成本均为销售成本。